中国改革新起点

张占斌　著

人民出版社

策划编辑:郑海燕
责任编辑:郑海燕　张　燕
封面设计:吴燕妮
责任校对:吕　飞

图书在版编目(CIP)数据

中国改革新起点/张占斌 著. —北京:人民出版社,2017.6
ISBN 978-7-01-017634-5

Ⅰ.①中…　Ⅱ.①张…　Ⅲ.①中国经济-经济改革-文集　Ⅳ.①F12-53

中国版本图书馆 CIP 数据核字(2017)第 080711 号

中国改革新起点
ZHONGGUO GAIGE XINQIDIAN

张占斌　著

人民出版社 出版发行
(100706　北京市东城区隆福寺街 99 号)

北京汇林印务有限公司印刷　新华书店经销

2017 年 6 月第 1 版　2017 年 6 月北京第 1 次印刷
开本:710 毫米×1000 毫米 1/16　印张:19.5
字数:307 千字

ISBN 978-7-01-017634-5　定价:65.00 元

邮购地址 100706　北京市东城区隆福寺街 99 号
人民东方图书销售中心　电话 (010)65250042　65289539

目　录

第四部分　改革创新新理念

第五部分　简政放权新突破

第六部分　城乡协同新动力

第七部分　经济转型新亮点

第八部分　东北振兴新机遇

前　言

20世纪70年代末，从“文化大革命”灾难中走出来的中国，痛定思痛，开始了渐进式改革的伟大探索。三十多年来，我们解放思想、排除万难，“摸着石头过河”，调整生产关系，放胆发展生产力，紧紧抓住经济建设这个中心不动摇，坚定推进市场化改革的历史进程，逐步建立了社会主义市场经济体制。正是有了这些历史性的突破，推动我们这个国家成为世界第二大经济体，实现了从低收入国家向中等收入国家的历史性跃升，开辟了中国特色社会主义的新道路，创造了震惊世界的“中国奇迹”。

今天(2017年2月19日)，是中国改革开放的总设计师、中国特色社会主义道路的开创者邓小平逝世20周年纪念日。以邓小平为代表的中国共产党人在中国举步维艰的20世纪70年代末，把中国的历史巨轮导向了改革开放的航道，让中国迎接人类文明的八面来风，这是决定当代中国命运的关键抉择。改革开放是党和人民事业大踏步赶上时代的重要法宝。继承邓小平的思想遗产，就是要继续深化改革，敢于担当，努力推进中华民族伟大复兴的历史进程。

现在，我们又一次站在了历史的新起点上。这个新起点，就是中国全面深化改革、增加经济社会发展新动力的新起点，就是中国适应经济发展新常态、转变经济发展方式的新起点，就是中国同世界深度互动、向世界深度开放的新起点。向“两个一百年”目标奋进的中国，面对跨越“中等收入陷阱”等问题的挑战，也会有诸多“成长的烦恼”。我们坚信，只要坚持党的基本路线不动摇，牢牢把握以人民为中心的发展思想，坚定不移地全面深化改革，就会有强身健体的真本事，就能够抵御“左”和“右”的各种错误影响，就能够不断推进国家治理体系和治理能力现代化，就能够不断完善和发展中国特色的社会主义。我们的中国，就一定能够创造出新的感动世界的“中国故事”。

第一部分

治国理政新思想

中国特色社会主义政治经济学的发展*

巨大的变革时代催生先进的思想理论体系，先进的思想理论体系指引又将极大地推动时代的变革步伐。党的十八大以来，习近平总书记代表党中央发表了系列重要讲话，这是指导我们在新的历史阶段进行具有新的历史特点伟大斗争的最鲜活的马克思主义。在中国经济社会转型的关键时刻，我们需要全面地而不是片面地、系统地而不是零碎地、实际地而不是空洞地，在读原著学原文悟原理中把握其精髓。特别值得重视的是，习近平总书记围绕经济建设和经济改革的重要讲话，回答了我们这样的经济大国向何处去的大问题，发展了马克思主义政治经济学，是当代中国特色社会主义政治经济学的新突破。

一、怎么看：中国经济发展进入新常态

习近平总书记在2013年的中央经济工作会议上首次提出中国经济发展进入“新常态”。提出中国经济新常态，是在深入分析当前国内外宏观经济新形势和深刻揭示中国经济潜在增长率新变化的基础上，对我国未来经济社会发展新趋势的一种战略判断。在认识新常态上，要准确把握内涵，注意克服几种倾向。其一，新常态不是一个事件，不要用好或坏来判断。其二，新常态不是一个筐子，不要什么都往里面装。其三，新常态不是一个避风港，不要把不好做或难做好的工作都归结为新常态，中国经济新常态的提出，是立足时代的

---

* 载《政治经济学评论》2016年第4期，原标题为《习近平经济思想与当代中国特色社会主义政治经济学的发展》。

一项重大的理论创新，是新版的马克思主义政治经济学，是中国特色社会主义市场经济理论的新突破。习近平总书记提出经济新常态，表明党对经济建设规律的把握更加成熟，对科学发展的认识更加自觉。

一是增长速度由高速转向中高速。这是经济新常态的表象特征。二是发展方式从规模速度型粗放增长转向质量效率型集约增长。这是经济新常态的基本要求。三是产业结构由中低端水平转向中高端水平。这是经济新常态的主攻方向。四是增长动力由要素驱动投资驱动转向创新驱动。这是经济新常态的核心内涵。五是资源配置由市场起基础性作用转向起决定性作用。这是经济新常态的机制保障。六是经济福祉由先好先富转向包容共享。这是经济新常态的发展结果。新常态下需要坚持的新思维主要有：一是坚持稳中求进的总体基调，保持战略定力与平常心；二是高度重视防范各种风险，保持合理的经济发展速度；三是推进经济结构的优化升级，实现实实在在和没有水分的增长；四是必须将生态文明理念融入到经济发展之中，努力建设美丽中国；五是牢牢把握正确方向不动摇，加大全面深化改革的力度。

二、怎么办：用新发展理念引领新变革

党的十八届五中全会鲜明地提出，实现“十三五”时期发展目标，必须牢固树立创新、协调、绿色、开放、共享的发展理念。这是指导我国“十三五”乃至更长时期经济社会发展的总纲和灵魂，是关系我国发展全局的一场深刻变革。五大发展理念的提出，是以习近平同志为核心的党中央领导集体治国理政思想的集中体现，是对中国特色社会主义建设实践规律的深刻总结，是当代中国新版的马克思主义政治经济学，是对当代中国马克思主义发展观的深化和提升。

创新是引领发展的第一动力，是引领经济新常态的关键因素。协调是持续健康发展的内在要求，是引领经济新常态的重要保证。绿色发展是永续发展的必要条件，是引领经济新常态的重要体现。开放是国家繁荣发展的必由之路，是引领经济新常态的重要条件。共享是中国特色社会主义的本质要求，是引领经济新常态的落脚点。习近平总书记指出，新发展理念要落地生根、变成普遍实践，关键在于各级领导干部的认识和行动。习近平总书记在讲话中

从深学笃用、用好辩证法、创新手段、守住底线等方面，深刻阐明了落实新发展理念的基本要求。

三、如何干：推进供给侧结构性改革

2015 年 11 月 10 日，习近平总书记在中央财经领导小组第十一次会议上讲话，首次提出“供给侧改革”。推进供给侧结构性改革，既是因应国际经济形势的剧烈变化，也是基于我国经济发展中存在的突出矛盾与主要问题，解决了当前我国如何干的大问题。中央提出积极推进供给侧改革以来，社会各个方面都在认真研讨中央精神。我们注意到，当前社会上对供给侧的理解各式各样，有些符合中央精神，也有一些不完全符合，甚至体现出“庸俗化”“短期化”“绝对化”三个特点。供给侧管理不是对需求侧管理的简单代替，而是各有侧重、相互促进。供给侧改革是要更好地发挥政府作用，而不是要搞新计划经济。供给侧改革与西方经济学中的供给学派提出的观点有本质的区别。

对此，需要引起重视并进行正面宣传和阐释。供给侧结构性改革的实质是政府与市场关系的再平衡，其核心是政府管理的制度和体制创新。政府是制度供给的主体。供给侧结构性改革的主战场是释放要素市场的活力。推进供给侧结构性改革，战略上要着眼于打好持久战，坚持稳中求进，把握好节奏和力度；战术上要抓住关键点，主要是抓好去（减）产能、去（减）库存、去（减）杠杆、降成本、补短板五大任务。新常态下，我们要更加突出全面深化改革特别是供给侧结构性改革的重要作用，积极释放“中国红利”，促进形成中高端水平和高效率增长。

四、为谁干：把以人民为中心的发展思想体现在发展各个环节

以人民为中心的发展思想具有丰富的思想内涵和坚强有力的指导作用，是在更新理念、更大格局、更强措施、更高水平上服务于人民的科学指南，是当代马克思主义政治经济学的新境界新思维新发展，是实现“两个一百年”奋斗目标和中华民族伟大复兴中国梦的重要遵循。以人民为中心的发展思想包含

着深刻的理论内涵和坚定的价值追求，彰显了马克思主义政治经济学的根本立场，蕴藏着推动国家发展和民族进步的根本力量，体现了中国共产党人为人民服务的根本宗旨。以人民为中心的发展思想具有丰富的思想内涵和鲜明的政治导向。始终坚持人民主体地位，牢牢把握人民至上的价值取向。坚持逐步实现共同富裕，牢牢把握发展为民的根本要求。努力促进人的全面发展，牢牢把握依靠人民的发展理念。始终保持与人民的血肉联系，牢牢把握民意为重的评价标准。按照"四个全面"战略布局的要求，把以人民为中心的发展思想落到实处。贯彻落实全面建成小康社会的要求，补齐民生短板，努力提高全体人民福祉。贯彻落实全面深化改革的要求，增强发展的内生动力，让人民得到更多实惠。贯彻落实全面依法治国的要求，推进法治中国建设，让人民切实感受到公平正义的阳光。贯彻落实全面从严治党的要求，不断提高党的执政能力和执政水平，增强人民对中国特色社会主义事业的信心。

以人民为中心的发展思想*

"天下顺治在民富，天下和静在民乐。"党的十八大以来，以习近平同志为核心的党中央把以人民为中心的发展思想摆在治国理政的突出位置。习近平总书记强调："人民对美好生活的向往，就是我们的奋斗目标"，"我们必须把人民利益放在第一位"；以人民为中心的发展思想"不能只停留在口头上、止步于思想环节，而要体现在经济社会发展各个环节"。以人民为中心的发展思想具有丰富的内涵和强有力的指导作用，是新形势下坚持党的根本宗旨的科学指南。

一、以人民为中心的发展思想彰显马克思主义立场和我们党的不懈追求

我们党是全心全意为人民服务的党，我们国家是人民当家作主的国家，党和国家一切工作的出发点和落脚点是实现好、维护好、发展好最广大人民的根本利益。以人民为中心的发展思想彰显马克思主义的立场、观点、方法，充分体现了中国共产党人的不懈追求。

彰显了马克思主义政治经济学的根本立场。马克思主义政治经济学是马克思主义的重要组成部分，是观察和分析经济社会的望远镜和显微镜，也是马克思主义政党为人民谋利益、坚持人民利益至上的必修课。习近平总书记指出："要坚持以人民为中心的发展思想，这是马克思主义政治经济学的根本立场。"中国共产党历来重视对马克思主义政治经济学的学习、研究、运用，在新

---

* 载《人民日报》2017年2月22日，原标题为《常怀忧民爱民为民惠民之心——深入学习贯彻以人民为中心的发展思想》。

民主主义革命时期、社会主义建设时期、改革开放历史新时期，都对马克思主义政治经济学进行了创造性发展，形成了一系列创新理论成果。以人民为中心的发展思想解决了“为什么人、由谁享有”这个发展的根本问题，坚持发展为了人民、发展依靠人民、发展成果由人民共享，深化了马克思主义关于人民群众创造历史的观点，体现了中国特色社会主义的本质特征和社会主义市场经济发展的根本目的，彰显了马克思主义政治经济学的根本立场。

彰显了中国共产党人的根本宗旨。习近平总书记指出：“我们讲宗旨，讲了很多话，但说到底还是为人民服务这句话。我们党就是为人民服务的。”作为一个建党九十多年、执政六十多年的马克思主义政党，我们党始终坚持人民主体地位，始终站在实现好、维护好、发展好最广大人民根本利益的立场上看问题、做事情。九十多年来，我们党紧紧依靠人民完成了新民主主义革命，实现了民族独立、人民解放；紧紧依靠人民完成了社会主义革命，确立了社会主义基本制度，开始了社会主义建设；紧紧依靠人民进行改革开放新的伟大革命，开创、坚持、发展了中国特色社会主义。我们党来自人民、植根人民、服务人民，全心全意为人民服务是我们党区别于其他一切政党的根本标志。以人民为中心的发展思想充分体现了尊重历史发展规律和尊重人民主体地位的一致性，充分体现了中国共产党人全心全意为人民服务的根本宗旨和“人民对美好生活的向往，就是我们的奋斗目标”的价值追求。

彰显了当代中国经济社会发展的基本价值取向。创新、协调、绿色、开放、共享的发展理念突出目标牵引、坚持问题导向、着力补齐短板，深刻揭示了在当今时代实现更高质量、更有效率、更加公平、更可持续发展的科学路径，是关系我国发展全局的一场深刻变革。以人民为中心的发展思想把增进人民福祉、促进人的全面发展、朝着共同富裕方向稳步前进作为经济社会发展的出发点和落脚点，是贯穿新发展理念的灵魂。比如，创新发展重在调动 13 亿多人民的积极性、主动性、创造性，发挥人民首创精神，促进大众创业、万众创新；协调发展重在解决发展不平衡的问题，使人民在发展中获得更多福祉；绿色发展重在引导人民在生产生活中珍惜生态、保护环境，努力提高环境质量，促进人与自然和谐共生；开放发展重在推动互利共赢、共同发展，通过“一带一路”建设等，协同推进沿线国家和地区人民之间的经贸合作与人文交流；共享发展重在补齐短板，作出更有效的制度安排，使全体人民充分共享发展成果。牢固树立以人民为中心的发展思想，才能正确把握历史前进和经济社会发展的基本规律，不断开创中国特色社会主义事业新局面。

二、深入理解以人民为中心的发展思想的丰富内涵

“政之所兴在顺民心，政之所废在逆民心”。人民是创造历史的动力，是决定我们前途命运的根本力量。改革开放以来，我们在认识和实践上的每一次突破和发展，改革开放中每一个新事物的出现和发展，改革开放每一个方面经验的创造和积累，无不来自亿万人民的实践和智慧。以人民为中心的发展思想坚持人民是推动发展的根本力量，具有丰富的思想内涵。

牢牢把握人民至上的价值取向，始终坚持人民主体地位。马克思、恩格斯在《共产党宣言》中庄严宣告：“过去的一切运动都是少数人的或者为少数人谋利益的运动。无产阶级的运动是绝大多数人的、为绝大多数人谋利益的运动。”习近平总书记深刻指出：“人民是创造历史的动力，我们共产党人任何时候都不要忘记这个历史唯物主义最基本的道理。”中国共产党诞生于国家衰败与民族苦难之时，成长于战火纷飞之中，成熟于社会主义建设之中。正是紧紧依靠人民这个最根本的力量，我们党逐步成为推动国家繁荣发展和社会进步的先锋队。新形势下，我国经济社会发展面临着前所未有的机遇和挑战，更加需要紧紧依靠人民破解发展难题、增强发展动力、厚植发展优势，创造历史伟业。因此，习近平总书记明确要求，“尊重人民主体地位，聚焦人民实践创造”“充分发扬民主，广泛汇聚民智，最大激发民力，形成人人参与、人人尽力、人人都有成就感的生动局面。”牢固树立以人民为中心的发展思想，就是要坚持人民主体地位，自觉拜人民为师，充分尊重人民创造的经验、拥有的权利，依靠人民谋求发展，团结亿万人民共同奋斗。

牢牢把握发展为民的根本要求，逐步实现共同富裕。逐步实现共同富裕是社会主义的本质要求，建成惠及 13 亿多人口的全面小康社会是我们党的第一个百年奋斗目标。无论是全面建成小康社会还是逐步实现共同富裕，都是为了促进人的全面发展，顺应人民对过上更美好生活的新期盼。党的十八大以来，以习近平同志为核心的党中央坚持发展为民的根本要求，让改革发展成果更多更公平地惠及广大人民，使人民群众在共建共享中有更多获得感。近

年来,我国改革发展取得丰硕成果,民生福祉持续改善:九年义务教育巩固率为93%,普及程度超过高收入国家平均水平;实施就业优先战略,“十二五”时期城镇新增就业人数超过6400万,2016年城镇新增就业人数超过1300万;居民收入增速连年跑赢GDP增速,城乡收入差距逐步缩小;建立起覆盖13亿多人口的世界最大规模的社会保障安全网;全面打响脱贫攻坚战,精准扶贫、精准脱贫成效显著。坚持以人民为中心的发展思想,在经济平稳健康发展的基础上使改革发展成果更多更公平地惠及全体人民,就能如期全面建成小康社会,朝着共同富裕的目标稳步前进。

牢牢把握民意为重的评价标准,密切党同人民群众的血肉联系。民心是最大的政治。习近平总书记指出:“检验我们一切工作的成效,最终都要看人民是否真正得到了实惠,人民生活是否真正得到了改善,人民权益是否真正得到了保障”,“做好经济社会发展工作,民生是‘指南针’。”牢牢把握民意为重的评价标准,是坚持立党为公、执政为民的内在要求,是党和人民事业不断发展的重要保证。党的十八大以来,以习近平同志为核心的党中央坚持全面从严治党,用铁的纪律维护党的团结统一,以零容忍态度惩治腐败,相继开展了党的群众路线教育实践活动、“三严三实”专题教育、“两学一做”学习教育,党风政风呈现新气象,受到人民群众的衷心拥护和支持。天下何以治？得民心而已;天下何以乱？失民心而已。习近平总书记强调:“只要我们管党治党不放松、正风肃纪不停步、反腐惩恶不手软,就一定能赢得这场输不起也决不能输的斗争!”践行以人民为中心的发展思想,就是要充分尊重人民意愿、顺应人民期待、赢得人民拥戴,密切党同人民群众的血肉联系。

三、协调推进“四个全面”战略布局,把以人民为中心的发展思想落到实处

“四个全面”战略布局是我们党在新形势下治国理政的总方略,是事关党和国家长远发展的总战略。按照协调推进“四个全面”战略布局的要求推动以人民为中心的发展思想落实,才能把这一思想体现在发展各个环节,更好地促进发展、造福人民。

贯彻落实全面建成小康社会的要求,补齐民生短板,努力增进人民福祉。

全面建成小康社会的目的是让人民过上好日子，主要衡量标准是看人民生活水平和质量是否普遍提高。深入贯彻落实以人民为中心的发展思想，必须在全面建成小康社会的征程中不断提高全体人民福祉，其中一项关键任务是补齐民生短板、加强民生保障。截至2016年年底，我国还有4000多万贫困人口，如果到2020年这些贫困人口无法脱贫、生活得不到明显改善，那就没有体现出我国社会主义制度的优越性，就不能称之为全面小康社会。加快补齐民生短板，必须雪中送炭，坚持精准扶贫、精准脱贫基本方略，打赢脱贫攻坚战；加快推进以人为核心的新型城镇化，解决好“三个一亿人”问题，不断推进农民工市民化进程，提高户籍人口城镇化水平；不断提高社会保障水平，在更高水平上增加教育、就业、基本医疗等公共服务的供给；坚持绿色发展，为人民提供更干净的水、更新鲜的空气和更放心的食品，全方位增进人民福祉。

贯彻落实全面深化改革的要求，增强发展的内生动力，让人民得到更多实惠。以人民为中心的发展思想最终要落到发展上来。没有经济发展，造福人民、增进人民福祉就成了空话。当前，我国经济发展进入新常态，经济增速由高速向中高速转换，结构性失衡问题突出，迫切需要通过全面深化改革破除发展的体制机制障碍。我们要牢牢把握全面深化改革的要求，谋求遵循经济规律的科学发展、遵循自然规律的可持续发展、遵循社会规律的包容性发展，发挥好经济体制改革的牵引作用，深化国有企业、财税、金融、土地、科技、收入分配、对外开放等关键领域和重要环节的改革创新，推进供给侧结构性改革取得重要进展，不断增强经济发展的内生动力，为增进人民福祉奠定坚实的物质基础。

贯彻落实全面依法治国的要求，推进法治中国建设，让人民切实感受到公平正义。公平正义是社会主义的本质特征。坚持以人民为中心的发展思想，要回应人民群众对公平正义的期待，为营造公平正义的经济社会环境提供法治保障，让人民切实感受到公平正义。为此，应全面推进法治中国建设，坚持运用法治思维和法治方式开展工作、解决问题、推进改革发展；坚持公正司法，努力让人民群众在每一个司法案件中都能感受到公平正义，决不能让不公正的审判伤害人民群众感情、损害人民群众权益；坚持人民主体地位，切实保障公民享有权利和履行义务，保障人民平等参与、平等发展权利，依法惩治偏离公平竞争规则的市场行为；积极培育社会主义法治文化，让依法办事在全社会蔚然成风。

贯彻落实全面从严治党的要求，不断提高党的执政能力和执政水平，增强人民对中国特色社会主义事业的信心。办好中国的事情，关键在党。落实好以人民为中心的发展思想，关键也在党。站在新的历史起点上，我们党担负重大的历史使命，面临种种风险和挑战。完成历史使命、战胜风险挑战，必须管好党、治好党，确保党始终成为中国特色社会主义事业的坚强领导核心。把全面从严治党落到实处，就要坚持走群众路线，与人民同苦、同乐、同命运。习近平总书记指出："我们要珍惜人民给予的权力，用好人民给予的权力，自觉让人民监督权力，紧紧依靠人民创造历史伟业，使我们党的根基永远坚如磐石。"坚持以人民为中心的发展思想，应做到珍惜民力民智、解决民困民难、维护民生民利，时刻聆听百姓的呼声建议，切身体验人民的喜怒忧乐，准确把握群众的思想脉搏。只有敬畏人民、依靠人民、服务人民，才能得民心、聚民力，把改革发展的每一项工作做实、做细、做好，不断取得中国特色社会主义事业新胜利。

创新发展思想论析*

创新是对旧事物的变革和新事物的创立，泛指一切创造性的活动。在经济学范畴，按照美籍奥地利经济学家约瑟夫·熊彼特的创新理论观点，把由于创新而带来的不断地从经济体系内部革新经济结构的过程，即不断地破坏旧结构、不断地创造新结构的过程称之为"创造性毁灭过程"或"创造性破坏过程"。我国经济学家吴敬琏也强调，"与科学相关的技术的发展和广泛运用，是现代经济增长中效率改进的一个基本源泉"。党的十八大以来，习近平总书记多次强调创新驱动发展战略的重大意义，并把科技创新放在了更加重要的位置，先后赴中国科学院、武汉东湖国家自主创新示范区、大连高新技术产业园区等地调研，针对我国当前创新驱动发展战略实施的现状、问题和举措等发表了一系列重要讲话。2013 年 9 月 30 日，中共中央政治局举行第九次集体学习，习近平总书记指出要把创新驱动发展作为面向未来的一项重大战略实施好。2014 年 1 月 6 日，习近平总书记在会见探月工程嫦娥三号任务参研参试人员代表时再次强调，坚持走中国特色自主创新道路，敢于走别人没有走过的路，不断在攻坚克难中追求卓越，加快向创新驱动发展转变。党的十八届五中全会将"坚持创新发展"作为"十三五"时期必须牢固树立的五大发展理念之一，并排在首位；习近平总书记强调，"落实创新驱动发展战略，必须把重要领域的科技创新摆在更加突出的地位"。习近平总书记关于创新驱动发展战略的重要论述，对于激发全社会创造新活力，塑造经济新常态发展新动力，拓展新时期发展新空间，具有重大而深远的指导意义。

---

* 载《中共贵州省委党校学报》2015 年第 6 期，原标题为《习近平总书记创新发展思想论析》。

一、把创新摆在国家发展全局的战略核心位置

习近平总书记在党的十八届五中全会上强调:“必须把创新摆在国家发展全局的核心位置,不断推进理论创新、制度创新、科技创新、文化创新等各方面创新,让创新贯穿党和国家一切工作,让创新在全社会蔚然成风。”这一重要论述,扩展了对“创新”的理解和认识,丰富了“创新”的内涵与外延,有利于我们将“坚持创新发展”这一基本理念贯穿于经济社会建设的全过程。

从理论创新角度看,习近平总书记提出了一系列新理论和新观点。马克思主义理论创新是以实践发展为基础、以回应和解决问题为导向的,理论的每一步创新,又指导和带动了实践的进一步发展。在2013年的中央经济工作会议上,习近平总书记首次提出了“新常态”概念,此后多次对“新常态”的特征、内涵、路径等作了深刻的论述和分析,揭示了中国经济潜在增长率的新变化,研判了我国未来经济社会发展的新趋势,这既是对马克思主义政治经济学的重大理论创新,也是发展经济学的新突破。习近平总书记在党的十八届三中全会上强调:“市场决定资源配置是市场经济的一般规律,市场经济本质上就是市场决定资源配置的经济。”这里实质上提出了“市场决定论”,这也是我们党在认识市场与政府关系上的一次重大理论创新,集中凸显了习近平总书记创新思想的理论亮点。

从制度创新角度看,习近平总书记推动了一系列制度改革与创新措施。创新既包括技术创新,也包括理念、制度、机制创新。创新不仅能够直接转化为生产力,而且具有乘数作用,可以放大各生产要素的效应,从而提升国家综合竞争力,提高经济发展的质量和效益,促进转型升级。党的十八届三中全会以“全面深化改革”为主题,是我们党进行制度创新的一个里程碑式的会议。习近平总书记指出:“全面深化改革的总目标是完善和发展中国特色社会主义制度,推进国家治理体系和治理能力现代化。”在这里,习近平总书记将“制度创新”提到了全面深化改革“总目标”的高度,从而强化了“制度”在治国理政中的重中之重。党的十八届三中全会确定了336项重要改革举措。当前,在所有制、财税、金融、价格、收入分配、人口计生等领域的改革势如破竹,极大地推动了中国制度创新的进程。

从科技创新角度看，习近平总书记部署了一系列重大科技改革与举措。纵观两百余年来世界工业化进程，国际形势风云变幻，科技创新和体制创新始终是主宰国家兴衰和国力消长的根本力量所在。习近平总书记强调："科技是国家强盛之基，创新是民族进步之魂。"党的十八大以来，我国在强化企业技术创新主体地位、加强知识产权运用和保护、完善国家重大科研基础设施、改革院士遴选和管理体制等方面迈出了重要步伐。习近平总书记在党的十八届五中全会提出，要加快建设以国家实验室为引领的创新基层平台。可以预期，在未来一段时期，我国的科技创新将在全球日趋激烈的竞争中赢得更大优势。与此同时，习近平总书记还对"大众创业、万众创新"作了一系列的战略部署，有力地推动了在中华大地上出现大众创新创业的生动局面。

从文化创新角度看，习近平总书记实现了一系列文化创新的成果。"取其精华，去其糟粕"，这是文化创新必然要经历的过程。一方面，我们不能离开传统，空谈文化创新，因为任何时代的文化，都离不开传统文化的继承；另一方面，我们的文化创新要能够体现时代精神，能"推陈出新，革故鼎新"，能实现与其他民族和国家的广泛交流。党的十八大以来，习近平总书记走遍了七大洲五大洋，交流广泛，倡导合作共赢理念，有力地促进了中国文化与世界各个民族和国家不同文化的交融和互通。2013 年 9 月和 10 月，习近平总书记在中亚和东南亚国家期间，先后提出了"一带一路"的重大倡议，得到了国际社会的高度关注。随着"一带一路"愿景与行动的加快实施，我国与沿线国家和地区通过互办文化年、艺术节、电影节、电视周等文化活动，使文化交流达到了新的高度，有力地推动了中华文化的创新。

二、实现从要素驱动、投资驱动向创新驱动转变

改革开放三十多年来，我国既有的经济增长模式主要是依靠大量的劳动力、资本、资源等传统要素投入，与许多发展中国家走过的道路一样，是一种典型的要素驱动型。从当前的情况看，出现了许多新情况、新变化，按照传统的经济增长方式，传统的生产要素供给均面临着一系列的瓶颈制约因素。

从劳动力角度看，改革开放以来，随着东部沿海地区经济的崛起，我国农村人口大规模地向东部沿海地区转移，由于我国的劳动人口（16—60 岁）在

总人口中所占的比重较大,从整体上看,劳动力总体上处于无限供给的状态,但这一情况在最近几年已悄然发生了变化。长三角、珠三角等地都接连出现不同程度的"民工荒"现象,或者说,经济学意义上的"刘易斯拐点"已加速到来。劳动力市场供求关系的变化,反映到实体经济中,就是劳动力成本的持续上升。据《全国农民工监测调查报告》的数据显示:2005 年以前,农民工月平均工资不足 1000 元,此后农民工工资开始缓步攀升,2013 年外出农民工人均月收入(不包括包吃包住)2609 元,较 2012 年增长 13.9%。不仅如此,全社会的整体工资水平都在攀升,"巴拉萨—萨缪尔森效应"正在显现。①

从资本角度看,在早期的发展经济学理论体系中,资本是一国经济增长的决定性力量。通过多年的对外开放以及国内经济发展所形成的积累,我国资本总量已经十分充足。中国人民银行的最新统计数据表明,截止到 2015 年 6 月底,我国个人存款余额已达 53.9 万亿元。但是,高额储蓄并不意味着高效的投资。事实上,从我国的实际情况看,居民的储蓄转为投资还存在一系列的体制障碍,主要表现在投资总量过度依赖政府投资,对企业投资、社会投资造成了"挤出效应"。应当清醒地看到,随着几轮积极财政政策的刺激,我国的政府公共投资已面临边际回报率递减的尴尬境地,同时,地方债务风险显性化等严重问题也不得不引起重视。

从资源角度看,资源总量虽然大,但由于我国人口基数多,各类资源的人均保有量显著低于世界平均水平。改革开放以来,我国经济快速增长,与此同时,土地、矿产资源等各类要素的消耗量急速上升,而资源产出率却并不高。国家统计局的数据表明,2013 年我国 GDP 已占到世界经济总量的 12.3%,但消耗的煤炭、一次性能源和淡水却分别占世界消耗总量的 50.3%、22.4%和 15%左右。事实上,资源的粗放式利用和过度消耗,不仅不利于经济的可持续增长,而且带来了严重的环境污染和生态退化,导致雾霾等天气频发。

因此,随着支撑过去经济高速增长的传统人口红利、资源红利和环境红利的逐渐衰减,我国以要素驱动、投资驱动为主的发展道路已走到尽头。经济新常态下,能否通过加快实施创新驱动发展战略,以科技创新促经济发展,以经

① 巴拉萨—萨缪尔森效应:又称"巴萨效应",是国际经济学中的一个概念,具体是指在经济增长率越高的国家,工资实际增长率越高、实际汇率的上升也越快的现象。

济发展推动科技创新，是有效解决发展面临的不平衡、不协调和不可持续问题的必由之路。

三、紧握科技创新这根“撬动地球的杠杆”

“苟日新，日日新，又日新。”党的十八届三中全会提出必须把实施创新驱动发展战略摆在国家发展全局的重要位置，对“深化科技体制改革”作了具体的战略部署，这对于我国加快建设创新型国家、开启迈向科技强国新征程具有十分重大的意义。习近平总书记指出：“科技创新，就像撬动地球的杠杆，总能创造令人意想不到的奇迹。”

第一，现代化的历程本质上是科技进步和创新的历史，实施创新驱动发展战略决定着中华民族前途命运。习近平总书记指出，科技是国家强盛之基，创新是民族进步之魂。从世界范围看，近代社会经济政治发展始终与科技革命、科技创新相伴而行，每一次革命性的科技突破都会造就新的世界强国，谁抓住了科技创新的机遇，谁就掌握了向强国迈进的“金钥匙”。历史上，我国的经济发展水平曾长期居于世界首位，但18世纪后科技发展水平被西方国家赶超并逐步拉开，错过了代表当时先进生产力发展方向的工业革命，最终沦落到落后挨打的地步。新中国成立尤其是改革开放以来，党和政府尤为重视科技事业的发展，出台了一系列旨在促进科技创新的方针政策，取得了一批基础性、战略性、前沿性和原创性重大科技创新成果，有力地支撑了国民经济社会的稳步发展，提升了国家的核心竞争力。历史雄辩而生动地告诉我们，科学是最高意义上的革命力量，各国综合国力的竞争说到底就是科技实力的竞争，具有强大的科技创新力量是成为世界经济强国的前提条件和客观基础。

第二，创新是破解经济发展深层次矛盾和问题、增强经济发展内生动力和活力的根本措施。从我国发展现状来看，创新驱动是形势所迫。当前，我国经济总量已居世界第二位，但万元GDP能耗在世界上还处于高位，产能过剩问题较为严重，环境污染持续加重，经济发展中不平衡、不协调、不可持续问题依然突出。同时，科技创新对经济的拉动作用仍然较小，很多核心技术受制于人，一些重点领域还处于跟踪模仿为主的阶段，“中国创造”大幅落后于“中国制造”，“中国智造”还没有成为中国工业的代名词，经济发展在很大程度上受制于科技发展水平，经济发展已经到了“无创新则无出路”的关键节点。在新的经济发展阶段，需要推动产业向价值链中高端跃进，提升经济的整体质量；需要打造新的经济增长点，拓展市场空间，满足社会需求；需要培育未来发展的支柱性、先导性产业，形成全球领域的竞争新优势。这些方面的现实需要激发经济发展的内生动力和活力，根本出路就在于创新，关键要靠科技力量，依靠科技创新引领、支撑经济发展和社会进步。正如习近平总书记所强调的：“如果把科技创新比作我国发展的新引擎，那么改革就是点燃这个新引擎必不可少的点火系。我们要采取更加有效的措施完善点火系，把创新驱动的新引擎全速发动起来。”

第三，新一轮科技革命和产业变革，为我们实施创新驱动发展战略提供了难得的重大机遇。当今世界正掀起新一轮技术革命，一些重要的科学问题和关键核心技术已经呈现出革命性突破的先兆，我们如果不能紧跟技术创新潮流，在未来的全球经济版图中就可能失去话语权。科技革命的发生源于知识与技术体系创新和突破的革命性驱动，取决于现代化进程中形成的强大需求拉动。历史经验表明，每一次全球性经济危机都是上一轮科技革命逐渐式微、新的重大科技即将登台的标志。1857 年和 1929 年两次大的世界经济危机之后，分别爆发了电气革命和电子革命两次技术革命高潮。2008 年国际金融危机后，不少国家都把科技创新作为走出经济困境的重要支撑力量。从当前和未来一段时期看，新一轮科技创新的范围涵盖信息技术、生物技术、新材料、新能源、航天技术、海洋技术等诸多新兴领域，大数据、云计算、3D 打印等前沿新技术发展方兴未艾，将对社会生产和生活方式带来革命性变化。从世界科技发展的态势看，奠定现代科技基础的重大科学发现基本发生在 20 世纪上半叶，“科学的沉寂”至今已达 60 余年，科技知识体系积累的内在矛盾已经凸显，变革突破的能量正在不断积累，一场新科技革命和产业革命即将到来。这启示我们：必须增强忧患意识，紧紧抓住和用好新一轮科技革命和产业变革的机遇，前瞻谋划、及早着手，力争抢占全球科技创新制高点。

四、最根本的是要增强自主创新能力

“实施创新驱动发展战略，最根本的是要增强自主创新能力，最紧迫的是要破除体制机制障碍，最大限度解放和激发科技作为第一生产力所蕴藏的巨大潜能。”习近平总书记强调的这三个“最”，从本质上揭示了实施创新驱动发展战略的关键难题和期盼。

第一，着力推动科技创新与经济社会发展紧密结合。当前，我国科技体制中还存在许多迫切需要解决的问题，如科技创新与经济发展“两张皮”问题，使得科技创新的应有作用没有得到充分发挥。习近平总书记强调，关键是要处理好政府和市场的关系，通过深化改革，进一步打通科技和经济社会发展之间的通道，让市场真正成为配置创新资源的力量，让企业真正成为技术创新的主体。推动科技创新与经济社会发展紧密结合，一要进一步突出企业的技术创新主体地位，充分发挥企业在技术创新决策、研发投入、科研组织和成果转化中的主体作用，变“要我创新”为“我要创新”；二要健全技术创新市场导向机制，加大应用研究向市场转化的力度，推动科技成果产业化进程，建立健全产学研协同创新的体制机制；三要大力减少和纠正政府用行政手段包揽、直接介入或干预科技创新活动的做法，把主要精力放在完善创新激励政策、营造公平公正的竞争环境上来，发挥好“推手”作用，为科技创新之树“施肥增养”。

第二，着力增强自主创新能力与掌握关键核心技术。实施创新驱动发展战略，促进科技实力提升是基本前提，而促进自主创新能力大幅提升是关键环节。只有把核心技术牢牢地掌握在自己手中，才能在日趋激烈的国家竞争中立于不败之地。习近平总书记指出，要大幅提高自主创新能力，关键要掌握核心技术。在载人航天、探月工程、载人深潜、超级计算机、高级杂交水稻、高速铁路、核电技术等领域实现重大突破，这是我国自主创新能力显著提高的突出表现。加强自主创新能力，一要抓住关系国家全局的一些关键领域和重大科技项目，牢牢把握战略方向，加强产学研紧密合作，开展协同创新和联合攻关，破除制约科技成果转移转化的障碍，提升国家创新体系整体效能；二要健全激励机制，引导、鼓励、支持企业和个人从事重大原创成果和关键核心技术研究，大幅提升原始创新、集成创新和引进消化吸收再创新能力；三要支持和加强基础学科、基础理论研究，夯实自主创新的基础；四要优化科技资源配置，改革中央财政科技计划管理方式，建立公开统一的国家科技管理平台。政府重点支持基础研究、前沿技术和重大关键共性技术研究，鼓励原始创新，加快实施国家科技重大项目，向社会全面开放重大科研基础设施和大型科研仪器。

第三，着力完善人才发展机制与人才培养保障制度。诺贝尔经济学奖获得者西奥多·舒尔茨曾提出"人力资本理论"，其核心思想是呼吁各个国家要重视人力资本的积累。要围绕有利于发挥人的创造力这一核心命题，制定政策措施，创新体制机制。在实施创新驱动发展战略的征程中，着力完善人才发展机制与人才培养保障制度，其根本目的就是要促进创新人力资本的积累。一要用好用活人才，破除阻碍人才发挥作用的各种体制机制障碍，打破各种瓶颈制约因素，充分调动各类科技人员创新创业的积极性；二要深化教育体制综合改革，努力形成有利于创新人才成长的育人环境，逐渐把更多资源投到"人"身上而不是"物"上面，努力培养出更多的像德国工程师、科学家那样的尖端人才；三要不断优化完善人才引进政策措施，进一步制定更加积极的国际人才引进计划，优化国内政策环境，吸引更多海外高端人才到国内从事创新创业工作；四要改革院士遴选和管理体制，优化学科布局，提高中青年人才比例，为年轻的科技创新人才脱颖而出创造条件。

第四，着力扩大科技开放合作与充分利用全球创新资源。近些年，伴随着中国经济发展和全球化进程，我国一些企业依托海外研发机构从全球范围获取创新资源，积极参与国际竞争。例如华为、中兴、联想、海尔等公司，通过企业研发国际化，成为中国企业参与国际竞争的重要力量。当前，我国的科技创新正在加快"走出去"和"引进来"的步伐，下一步还有很多事情要做：一要把握全球科技资源流动和配置规律，积极参与国际规则制定，合理运用国际规则，加大对国际创新资源的引进力度，提高我国科技创新的国际影响力；二要做好科技交流与科技合作工作，深入研究当前及未来一段时期的世界科技发展态势、全球范围内国际科技合作的大趋势，关注发达国家和重要发展中国家在重点领域的科研优势，积极参与前沿领域的合作研究，实施面向周边的科技开放合作战略；三要支持企业和高水平科研机构在海外建立研发机构，加强引进海外优秀智力资源到中国来创新创业。

五、抢占全球科技创新主动权和制高点

习近平总书记在党的十八届五中全会上再次强调："深入实施创新驱动发展战略。发挥科技创新在全面创新中的引领作用，加强基础研究，强化原始

创新、集成创新和引进消化吸收再创新。”面对世界科技革命和产业变革历史性交汇和抢占未来制高点的竞争日趋激烈的形势，对科技进步和创新提出了更加全面、更加紧迫的需求。我们必须牢固树立“坚持创新发展”的理念，统筹布局、积极谋划、科学决策，努力抢占全球科技创新主动权和制高点。

第一，深化改革，释放科技体制创新红利。实施创新驱动发展战略涉及面广，牵涉链长，面对的矛盾和问题很多。唯有改革，才能破除阻碍创新的思想藩篱；唯有改革，才能冲破制约创新的体制机制。党的十八届三中全会明确指出，要“建立健全鼓励原始创新、集成创新、引进消化吸收再创新的体制机制，健全技术创新市场导向机制，发挥市场对技术研发方向、路线选择、要素价格、各类创新要素配置的导向作用”。习近平总书记亦强调，“要着力从科技体制改革和经济社会领域改革两个方面同步发力，改革国家科技创新战略规划和资源配置体制机制”。在此过程中，我们必须直面问题、承认差距，深入剖析我国科技发展与经济社会发展不相适应的突出矛盾，找准束缚创新的体制机制弊端，明确改革路线图，破除制约科技成果转移转化的障碍，消除科技创新中的“孤岛现象”，以改革促创新，使社会各类创新要素有序流动、有机结合，确保创新驱动发展战略真正落到实处。

第二，系统谋划，完善国家创新体系建设。推动实施创新驱动发展战略，应当充分发挥制度优势，形成推进创新的强大合力。一是要做好创新驱动发展战略的顶层设计，明晰新时期科技发展的总体目标、战略任务和政策措施，确保创新驱动发展战略稳步有序推进，扎实落地；二是要着力构建以企业为主体、市场为导向、产学研相结合的技术创新体系，完善市场导向的创新格局，发挥市场在科技资源配置中的决定性作用；三是要发挥制度优势，集合科技界、产业界等社会各方面力量共同参与创新合作，在重大创新领域组建一批国家实验室①，打造共享创新资源的合作研发与产业应用平台；四是要敏锐把握世界科技创新发展趋势，并在此基础上结合我国发展需求，牵头组织一批国际大科学计划和大科学工程。

第三，依托优势，发挥科研机构骨干引领作用。形成带动产业发展的核心

① “组建一批国家实验室”是党的十八届五中全会关于“实施创新驱动发展战略”的一项重要决策部署。

技术，对于实现创新驱动发展战略具有重要引领作用，这需要努力实现优势领域和关键技术的重大突破。在这个过程中，要发挥国家科研机构的骨干引领作用，努力实现“四个率先”。习近平总书记在中国科学院调研时强调，要“紧紧围绕实施创新驱动发展战略，不断出创新成果、出创新人才、出创新思想，率先实现科学技术跨越，率先建成国家创新人才高地，率先建成国家高水平科技智库，率先建设国际一流科研机构”。科研机构要立足长远，制定分阶段的战略任务和发展路线图，加快提升科技创新能力，加快重大成果产出。各地高新技术区要发挥科技和人才密集的综合优势，加大实施创新驱动发展战略力度，充分发挥好高新区在全国科技创新中的示范引领作用。

第四，加大投入，营造良好宏观政策环境。实施创新驱动发展战略离不开政府支持和良好的政策环境。习近平总书记强调：“要加大政府科技投入力度，引导企业和社会增加研发投入，加强知识产权保护，完善推动企业技术创新的税收政策，加大资本市场对科技型企业的支持力度。”对政府而言：一要投入。加大财政支持力度，利用财政资金支持、奖励创新研究，而且要“好钢用在刀刃上”，做到该花的钱一分不少，不该花的钱一分不能多；二要引导。加快建设一批国家实验室，充分利用好国家科技重大专项和重大工程等抓手，引导社会投入，集中力量抢占制高点；三要减负。重点是减轻创新型企业税收负担，支持企业技术创新，让企业有更大能力和更多财力从事创新研究和技术改造升级；四要保护。用完善的立法、严格的执法、公正的司法保护知识产权，为创新营造健康的法治环境，使竞争机制在创新中发挥作用；五要衔接。在社会资本与社会创新之间搭建畅通的桥梁，引导社会资本向创新领域增加投入，激发全社会的创新活力、释放全社会的创新潜力，从而为我国加快实现创新型国家和科技强国提供战略支撑。

扶贫开发思想探析*

党的十八大以来，习近平总书记多次深入贫困地区调研，并就扶贫开发工作发表了一系列重要讲话，深刻阐释了扶贫开发对于全面建成小康社会的重要意义，形成了新的历史时期我国扶贫开发战略思想。习近平总书记的扶贫开发思想，是伟大中国梦理论的重要组成部分。扶贫是全面建成小康社会的重点和难点，更是实现伟大中国梦首先要解决好的问题。

一、社会主义本质思想

"贫穷不是社会主义。如果贫困地区长期贫困，面貌长期得不到改变，群众生活长期得不到明显提高，那就没有体现我国社会主义制度的优越性，那也不是社会主义。"

习近平总书记在这里指明，扶贫开发要始终以消除贫困为首要任务，以改善民生为基本目的，以实现共同富裕为根本方向，坚定不移地推进我国扶贫开发事业，从而充分体现社会主义制度的优越性。扶贫是世界性难题，特别是对于发展中国家来说，更是有着诸多条件的限制。我国是社会主义国家，消除贫困，改善民生，实现共同富裕，是党和政府的重要使命。新中国成立以来，我国一直高度重视减贫工作。自 1949 年以来的社会主义建设发展史，从本质上说就是消除贫困、改善民生、实现共同富裕的历史。无论是从 1949 年到 1978 年对减贫道路的探索，还是 20 世纪 80 年代中期开始实施《国家八七扶贫攻坚计划（1994—2000 年）》，以及《中国农村扶贫开发纲要（2001—2010 年）》和《中国农村扶贫开发纲要（2011—2020 年）》，启动有计划有组织的大规模扶贫，扶

* 载《国家治理》2015 年第 9 期，原标题为《习近平同志扶贫开发思想探析》。

贫开发一直伴随着我国社会主义建设和改革开放。

改革开放以来我们已经使6亿多人脱贫，成为全球首个实现联合国千年发展目标、贫困人口减半的国家。但是2014年年底，我国仍有7000多万人没有脱贫。现在我国扶贫开发已经从解决温饱为主要任务的阶段转入巩固温饱成果，加快脱贫致富，改善生态环境，提高发展能力，缩小发展差距的新阶段。当前，我们面临扶贫开发工作依然艰巨而繁重，已进入啃硬骨头、攻坚拔寨的冲刺期，减贫难度越来越大。我们面临的发展阶段决定了必须高度重视扶贫开发工作，这是社会主义本质属性、应有之义。

二、重中之重思想

"'三农'工作是重中之重，革命老区、民族地区、边疆地区、贫困地区在'三农'工作中要把扶贫开发作为重中之重，这样才有重点。"

习近平总书记在这里意在表明，要更有效地帮助贫困地区加快发展，支持贫困农户增收脱贫，提高发展能力。2012年12月，习近平总书记到河北阜平看望慰问困难群众时曾论述过全面建成小康社会与贫困地区小康的辩证关系。他强调，"全面建成小康社会，最艰巨最繁重的任务在农村、特别是在贫困地区。没有农村的小康，特别是没有贫困地区的小康，就没有全面建成小康社会"。根据管理学中的木桶理论，决定水桶盛水量多少的关键因素不是其最长板块，而是其最短板块。我国实现小康社会的决定性因素不在城市，而在农村，在于农村贫困地区和贫困人口这块"短板"。

"小康"一词，今天已经被中国共产党人赋予了更深刻的内涵。在"四个全面"战略布局中，全面建成小康社会是处于引领地位的战略目标。全面小康与中国梦相互激荡，凝聚为全社会的最大公约数，成为中国共产党带领全国各族人民共同奋斗的时代主题。

三、内生外生动力思想

"推进扶贫开发、推动经济社会发展，首先要有一个好思路、好路子。要坚持从实际出发，因地制宜，理清思路、完善规划、找准突破口。"

在这里习近平总书记实际上提出了培育内生外生动力同时扶贫的思想。一是因地制宜发展。习近平总书记在宁德工作时就提出，“要使弱鸟先飞，飞得快、飞得高，必须探讨一条因地制宜发展经济的路子”。党的十八大后，习近平总书记又进一步完善了这一思想，他指出，“实现脱贫致富，不仅要解放思想，更要把握方向、找对路子”。实践证明，贫困地区只要立足实际，找准主攻方向，发挥好比较优势，完全可以加快发展。二是增强扶贫外生动力。不让贫困代代相传，要改变贫困地区、贫困人口的生存发展环境，加快水电路房等基础设施建设，实现基本公共服务主要指标接近全国平均水平。要发展学前教育，确保实现义务教育，强化职业教育，努力提高贫困人口的基本技能，使贫困地区、贫困家庭劳动力更好地融入工业化、城镇化过程。三是增强扶贫内生动力。习近平总书记指出，“贫困地区发展要靠内生动力，如果凭空救济出一个新村，简单改变村容村貌，内在活力不行，劳动力不能回流，没有经济上的持续来源，这个地方下一步发展还是有问题”。要通过组织贫困人口参与扶贫项目的决策、实施和监督，提高自我组织、自我发展的能力，增强造血功能，增强内生动力和发展活力。

四、精准扶贫的思想

“抓扶贫开发，既要整体联动、有共性的要求和措施，又要突出重点、加强对特困村和特困户的帮扶。”

在这里习近平总书记提出了精准扶贫的思想。精准扶贫是解决扶贫开发工作中底数不清、目标不准、效果不佳等问题的重要途径。精准扶贫的核心内容是做到“真扶贫、扶真贫”，其实质是使扶贫资源更好地瞄准贫困目标人群。精准扶贫主要由两部分内容构成，即识别贫困人口和瞄准扶贫资源。识别贫困人口主要是通过一系列扶贫工作机制、程序、工具等，将具体的贫困人口准确辨别出来，并通过建立扶贫信息网络系统对贫困人口进行动态管理。瞄准扶贫资源则是在对贫困人口有效识别的基础上，以一定方式投入扶贫资源，推动目标区域经济发展和目标人群脱贫致富。精准扶贫的最终目的在于减少贫困人口和消除贫困，即通过对扶贫资源的有效利用使贫困人口稳定脱贫致富和提高生活质量。

然而,从扶贫效果看,扶贫资源更好地瞄准贫困目标人群是一个世界性难题。发达国家贫困人口少、国家财政能力强,在瞄准贫困上通常采取的是高福利的普惠性政策,从而在减贫上获得了较高的瞄准精度。发展中国家贫困人口众多、国家财政能力有限,往往采取选择性瞄准并建立相应减贫干预体系。改革开放以来,我国在不同发展时期选取了片区瞄准、县级瞄准、村级瞄准等多种瞄准贫困的方式。现在精准扶贫的含义在逐步深化、扩展。

五、体制机制创新思想

"贫困地区要把提高扶贫对象生活水平作为衡量政绩的主要考核指标。"

改革创新扶贫开发体制机制特别是考核机制,对贫困县由主要考核地区生产总值向主要考核扶贫开发工作成效转变,引导贫困地区党政领导班子和领导干部把工作重点放在扶贫开发上。一是创新贫困地区干部考核方式。2014年中组部、国务院扶贫办印发《关于改进贫困县党政领导班子和领导干部经济社会发展实绩考核工作的意见》,明确贫困县主要考核扶贫工作。考核指挥棒的这样调整,必将引导贫困地区领导干部,把工作重点转到扶贫开发上来。二是切实落实领导责任。习近平总书记强调,"要强化扶贫开发工作领导责任制,把中央统筹、省负总责、市(地)县抓落实的管理体制,片为重点、工作到村、扶贫到户的工作机制,党政一把手负总责的扶贫开发工作责任制,真正落到实处"。

六、社会合力思想

"扶贫开发是全党全社会的共同责任,要动员和凝聚全社会力量广泛参与。要坚持专项扶贫、行业扶贫、社会扶贫等多方力量,多种举措有机结合和互为支撑的'三位一体'大扶贫格局,健全东西协作、党政机关定点扶贫机制,广泛调动社会各界参与扶贫开发积极性。"

扶贫是全社会的事情,但是必须创造一个机制,让政府、企业、贫困户共赢,才能将扶贫攻坚工作社会化、可持续。一是创新工作格局。充分发挥政府引导和市场机制作用,构建政府、市场、社会协同推进的大扶贫开发格局。通过进一步市场化改革调动社会创造力，通过政府不断加大扶贫力度创造脱贫环境，通过研究完善相关政策，建立社会扶贫服务平台，鼓励和引导各类企业、社会组织和个人等社会力量积极参与扶贫开发。二是完善体制机制。出台政策吸引社会各类资源要素向贫困地区流动。政府应在加大扶贫开发投入的同时，简政放权、转变职能，做好扶贫开发顶层设计，为市场主体创造良好环境，吸引各类资源要素向贫困地区配置、各种市场主体到贫困地区投资兴业，构建政府、市场、社会协同推进的大扶贫开发格局。

第二部分

经济发展新常态

中国经济新常态的趋势性特征及政策取向*

习近平总书记在2013年的中央经济工作会议上首次使用“新常态”这一概念，2014年5月考察河南时，7月在党外人士座谈会上再提“新常态”，11月在APEC工商领导人峰会开幕式上首次全面阐释中国经济新常态，12月在中央经济工作会议上对经济新常态趋势性特征与重点任务做了更深入的阐述。这些重要论述、重大判断、重要部署，表明党对经济建设规律的把握更加成熟，对科学发展的认识更加自觉。中国经济新常态的提出，是立足时代的一项重大的理论创新，是新版的马克思主义政治经济学，是中国特色社会主义市场经济理论的新突破，带有战略性和全局性的历史意义。我们要科学研判经济运行新走势，准确认识经济新常态的趋势性特征，把握重大的发展机遇，妥善应对经济发展中面临的各种风险和困难，以全面深化改革促进创新发展，主动适应和积极引领中国经济新常态。

一、中国经济新常态的丰富内涵和趋势性特征

2014年11月在APEC工商领导人峰会开幕式上，习近平总书记指出：“中国经济呈现出新常态，有几个主要特点。一是从高速增长转为中高速增长。二是经济结构不断优化升级，第三产业、消费需求逐步成为主体，城乡区域差距逐步缩小，居民收入占比上升，发展成果惠及更广大民众。三是从要素驱动、投资驱动转向创新驱动。”在12月中央经济工作会议上，习近平总书记又从9个方面论述了“新常态”的趋势性变化，强调我国经济正在向形态更高

---

* 载《国家行政学院学报》2015年第1期。

级、分工更复杂、结构更合理的阶段演化，经济发展进入新常态。我们的学习理解认为，习近平总书记提出经济新常态，很大程度上是想说明：经过改革开放三十多年的伟大奋斗，我国已经站在了一个新发展阶段的历史起点上，是个经济大国了，已经是一个有影响的经济大国。但是，放眼世界来看，还不是真正的世界经济强国，实现中华民族复兴的中国梦，还有很长的路要走。我们要跨越"中等收入陷阱"，就不能停留在经济大国的认识水平和发展水平。我们需要科学认识中国经济新常态的趋势性特征，有强烈的问题意识，敢于担当，勇于突破，靠改革和创新着力解决我国发展面临的一系列突出矛盾和问题，开启从经济大国走向经济强国的新征程。

习近平总书记强调的中国经济新常态，是高瞻远瞩的全局性、方向性、战略性的判断，揭示了中国经济潜在增长率的新变化，研判了未来经济发展的新趋势，体现了对国内外宏观经济形势新变化的深谋远虑，表达了对经济增长速度放缓和质量效益提高的深切关注。如果用一句话来解释，那就是"经济结构的全方位优化升级"。如果再展开一些，则具体包括经济增长速度转换、经济发展方式转变、经济增长动力变化、资源配置方式转换、产业结构调整转型、经济福祉包容共享等在内的丰富内涵和重要特征。认识新常态，适应新常态，引领新常态，是当前和今后一个时期我国经济发展的大逻辑。

一是增长速度由超高速向中高速转换。这是经济新常态的表象特征。改革开放三十多年来，我国经济年均增长率保持了接近两位数的超高速和高速增长。2008 年受国际金融危机影响，经济增长速度有所放缓，而 2012 年和 2013 年的经济增速进一步回落到 7.7%。根据国家统计局最新的季度统计数据，预计 2014 年的增长率在 7.4%，经济增速进一步呈现放缓态势。为什么放缓？从国际经验看，经济增速的适度回落是一个国家或地区达到中等收入水平之后的普遍规律，比如，第二次世界大战后的日本、韩国、德国等一些经济追赶型和工业化崛起型国家，在经历了 20 世纪六七十年代的持续高速增长之后，皆普遍地出现了经济增速回落的情形。从国际情况看，自 2008 年的国际金融危机以来，全球经济呈现出"总量需求缓慢增长、经济结构深度调整"的明显特征，尤其是发达国家的经济增长普遍乏力，使得我国的外部需求出现常态性萎缩。从国内情况看，我国经历了三十多年高强度大规模开发建设后，能源、资源、环境的制约影响越来越明显，过度依靠要素驱动和投资驱动的经济高速增长模式已难以为继，经济发展面临瓶颈，转型升级迫在眉睫。总的来看，由于中国经济潜在增长率的变化，经济增速放缓是趋势性的，但这并不意味着经济质量和效益的降低。这恰恰是“调速不减势、量增质更优”的发展机遇。由于我国经济有巨大韧性、潜力和回旋余地，在我国真实的城镇化率未达到峰值以前，保持中高速增长是可以期待的。我们要对经济速度的“换挡期”变化保持战略定力，用“平常心”对待中高速增长新常态。

二是发展方式从规模速度型粗放增长向质量效率型集约增长转换。这是经济新常态的基本要求。改革开放三十多年来，我国经济发展突飞猛进，取得了举世瞩目的成就。但重规模、重速度导致的发展不平衡、不协调、不可持续等问题也非常突出。“跑马圈地、占山为王”的粗放式增长极为普遍，黑色的GDP、带血的GDP困扰我们多年，市场竞争主要靠数量扩张和价格的无序竞争，环境承载能力已经达到或接近上限，“十面霾伏”频频给我们敲响警钟。投资和消费关系不匹配，城乡区域发展不协调，就业总量压力和结构性矛盾并存，收入分配问题突出，等等。随着我国消费需求由模仿型排浪式特征向个性化多样化特征转变、出口由单纯的低成本快速扩张向高水平“引进来”大规模“走出去”并重转变、生产要素相对优势由传统人口红利优势向人力资本质量和技术进步优势转变，要求我们必须转变经济发展方式，打造中国经济升级版。要在改进官员考核办法、提高经济质量和效益，在质量型差异化的市场竞争、推进绿色和可持续发展、更加注重保障和改善民生等方面发力，努力提升“中国质量”，实现经济发展方式向质量效率型集约增长转变。

三是产业结构由中低端水平向中高端水平转换。这是经济新常态的主攻方向。长期以来，我国产业发展方式较为粗放，高投入、高消耗、低产出的产业占据很大比重，产业结构主要位于全球价值链的中低端，比较利益不高，存在着科技创新能力不足，科技与产业的融合力度不够、产业竞争力不强、核心技术受制于他人等诸多问题。三十多年的衬衫、拖鞋、玩具经济已经疲惫不堪，钢铁、水泥、玻璃经济已经到了峰值。现在看，由于我国传统产业供给能力大幅超出需求，传统人口红利在逐步减少，“刘易斯拐点”正在加速到来。产业结构必须从增量扩张为主转向调整存量、做优增量优化升级，企业兼并重组、生产相对集中不可避免。伴随着经济增速下调，各类隐性风险逐步显性化，客观上要求我们主动放慢经济增长速度，为产业结构转型升级预留出充足的空间。2013 年的统计数据表明，我国第三产业增加值占 GDP 比重达 46.1%，首次超过第二产业。2014 年上半年，这一比例业已攀升至 46.6%。同时，新兴产业、服务业、小微企业作用更加凸显，生产小型化、智能化、专业化、个性化逐步成为产业组织的新特征，这些趋势性变化显现了结构优化迹象。经济新常态下，需要进一步大力推动战略性新兴产业、先进制造业等产业的发展，优先发展生产性和生活性服务业，通过逐步化解产能过剩风险等举措，提升我国产业在全球价值链中的地位，努力走出“微笑曲线”的底端，奋力打造“中国效益”。

四是增长动力由要素驱动投资驱动向创新驱动转换。这是经济新常态的核心内涵。当前，我国经济发展中的石油、天然气等重要矿产资源的对外依存度在不断提高，传统的人口红利在逐步消失，要素的边际供给增量显然已难以支撑传统的经济高速发展路子。过去劳动力成本低是最大优势，现在人口老龄化日趋发展，农业富余劳动力减少，要素的规模驱动力减弱，经济增长将更多依靠人力资本质量和技术进步，必须让创新成为驱动发展新引擎。面对世界科技创新和产业革命的新一轮浪潮，存在着我国与其他国家抢占山头和制高点的问题。在巨大的压力下，中国企业主动转型、加强创新的意愿在明显加强，经济增长的动力正逐渐转入创新驱动新常态。课题组的研究表明，2013 年我国全要素生产率水平是 1978 年的近三倍，综合来分析，这是由体制改革、技术进步、结构优化等一系列因素综合作用的结果。值得指出的是，随着第三次工业革命迎面而来，马云创造了阿里巴巴的奇迹，这样的例子将来还会有更多出现在世人面前，一些新技术、新产品、新业态、新商业模式的投资机会将会大量涌现，这无疑将会成为经济发展新的动力和增长点。

五是资源配置由市场起基础性作用向起决定性作用转换。这是经济新常态的机制保障。改革开放以来，我们坚持市场导向的改革方向，突破了计划经济体制。1992 年党的十四大提出实行社会主义市场经济体制。从以往二十多年的实践看，我国的经济体制基本上是政府主导的不完善的市场经济，成绩不小，但问题也不少，比如，资源配置的明显不合理、出现不少胡雪岩式的“红顶商人”，经济领域严重腐败频发等。党的十八届三中全会《中共中央关于全面深化改革若干重大问题的决定》提出“使市场在资源配置中起决定性作用和更好发挥政府作用”，党的十八届四中全会提出“社会主义市场经济本质上是法治经济”，表明了党对市场经济规律的认识达到了新的高度。在市场起决定性作用的新常态下，我们要尊重市场、理解市场，政府不搞强刺激大放水，主要通过转变职能、简政放权、减税让利、鼓励创业、支持创新，加快形成统一透明有序规范的市场环境，将资源配置的决定权限交给市场，通过市场方式解决好以高杠杆和泡沫化为主要特征的各类风险，既要全面化解产能过剩，也要通过发挥市场机制作用探索未来产业发展方向，不断增强经济内生动力，并通过合理运用区间调控、定向调控和结构性改革等方式来完善市场机制，弥补“市场失灵”，更好发挥政府作用。

六是经济福祉由先好先富型向包容共享型转换。这是经济新常态的发展结果。“人民对美好生活的向往，就是我们的奋斗目标。”改革开放以来，城乡人民收入增加，人民生活有了很大的改善。但是，由于政府调控不力、市场体制不完善，导致收入分配差距较大，经济利益的分配仍然存在着许多问题。如何释放改革红利，让城乡人民分享经济发展的成果，极为重要。要坚持守住底线、突出重点、完善制度、引导舆论的基本思路，多些雪中送炭，更加注重保障基本民生，更加关注低收入群众生活。随着我国新型工业化、信息化、城镇化和农业现代化的协调发展，新农村建设的加快推进，城乡关系也出现新气象，城乡二元结构正加快向一元结构转型，城乡要素平等交换和公共资源均衡配置呈现出良性循环的态势，以工促农、以城带乡、工农互惠、城乡一体的新型工农城乡关系正在加速形成。国家统计局的数据表明，近几年来，我国农村居民收入增速明显快于城镇居民，城乡收入差距正在逐步缩小。同时，居民收入占国民收入比重亦有所提高，收入分配制度改革正在朝着积极的方向发展。此外，区域增长格局与协调发展也在发生重大而可喜的变化，“一带一路”、京津冀协同发展、长江经济带等新的区域发展战略正在加紧制定和推进中。新常态下，我们要更加注重满足人民群众的需要，更加关注低收入群众的生活，更加注重协同发展，更加重视社会大局稳定，使经济福祉逐步走向包容共享型成为长期趋势。

二、我国宏观经济政策的基本取向和预期目标

经济新常态下，我国经济发展所面临的风险和挑战并不是减少了，而是增

多了。整体上看,经济发展进入新常态,没有改变我国发展仍处于可以大有作为的重要战略机遇期的判断,改变的是重要战略机遇期的内涵和条件;没有改变我国经济发展总体向好的基本面,改变的是经济发展方式和经济结构。当前和未来一段时期,随着世界多极化、经济全球化趋势的深入发展,国际大环境总体对我国经济发展有利,和平与发展仍是时代主题。但国际关系仍然错综复杂,大国与大国之间的博弈,发达国家与发展中国家之间的较量等等,这些外部风险和挑战同样不可小觑。

从短期看,2015 年世界经济预期仍将保持周期性温和复苏态势。国际货币基金组织和世界银行先后在 2014 年年中下调年度全球经济增长预期的同时,并没有调低 2015 年的增长预期,他们预测 2015 年全球经济增长将达到 4%。但世界经济复苏则呈现明显的曲折分化特征。美国经济复苏形势有所好转,就业、房地产等主要指标继续改善,消费者信心走高。欧日经济持续徘徊。欧元区受德法意等大国的拖累,复苏进程再度搁浅,通缩压力不断上升。日本“安倍经济学”和日本 2011 年的“3·11 大地震”后的灾后重建,使日本经济出现了短期性复苏,但长期动力不足和政策效应递减,经济增长的前景不容乐观。新兴经济体集体进入减速调整期,增长放缓势头总体仍在延续,部分国家存在滞胀风险,结构性矛盾依然存在。

从中长期看,我们面临两大挑战和机遇。一是世界经济游戏规则正面临深刻调整。以美国为首的发达国家积极推进 TPP、TTIP,以美联储为中心的六国实行货币互换,对我国深度融入全球经济和产业分工带来新挑战。二是世界正在酝酿新的科技革命和产业变革。新的技术和新的商业模式的应用以及新的投资机会的出现,对传统产业往往具有颠覆性甚至是毁灭性冲击,可能会直接破坏现有的产业体系。当然,这对新常态下的中国经济而言,既是挑战,也是机遇。

我们的判断是,2015 年全球经济增长好于 2014 年是大概率,但仍然存在诸多的不确定性和不稳定性。基于以上的分析和认识,在新的发展阶段,确定短期和长期发展目标,有三个方面需要重点考虑:

一是发展是硬道理,发展需要保持合理的速度。要看到我们的人均 GDP 还不高,在世界上排在 90 位(含地区)以后。我们要牢记中国仍处于并将长期处于社会主义初级阶段这个最大的国情,必须坚持党的基本路线不动摇,坚持以经济建设为中心,把发展作为我们党执政兴国的第一要务。从根本上讲,发展仍然是解决我国所有问题的关键,对此我们不能有丝毫动摇。发展需要一定的速度,这个速度是实现社会比较充分就业所需要的速度,是不带来严重后遗症、经济增长质量较高的速度,是符合经济规律、自然规律和社会规律的速度。

二是抓住创新转型这条主线,提质增效。要实现可持续的中高速增长、可实现的中高端目标,必须依靠创新驱动转型升级。创新是转型升级的最大动力源泉,这里的"创新"不仅仅是指科技创新,它还涉及发展理念的变革、模式的转型、路径的更新、体制的改变、制度的出新,是一种综合性、系统性、战略性的转变。在从经济大国向经济强国迈进发展的新阶段,只有加快创新转型,才能实现长期的中高速增长,并向经济发展的中高端水平迈进。

三是坚持有为有力原则,实现好的新常态。新常态是一种新境界、新趋势、新方向,好的新常态,不是一种自然、必然的状态,它是一种可能最好的状态,如果不去努力,躺着睡大觉、期盼天上掉馅饼,不解决经济结构中出现的各种问题,好的新常态是得不到的。我们必须积极有为,勇于担当,埋头苦干,才能"稳中求进",才能"稳中有进"。当下,要采取措施,解决一些地方官员不作为的突出问题。

在此宏观政策的基本取向下,关于 2015 年的经济目标,有以下两点看法:

一是关于经济总量目标。我们的研究认为,将 2015 年预期经济增长目标定在 7%左右,是比较合适的。理由有以下几条:①根据党的十八大提出的到 2020 年经济规模比 2010 年翻一番的要求,测算表明,年均增速只要达到 7.2%就能完成这一目标,而 2011 年到 2014 年这过去的 3 年,我国 GDP 年均增速预计能达到 8.1%。也就是说,未来 6 年年均增速只要不低于 6.6%,就能实现上述目标。当然,7%左右的目标与"十二五"规划的增长目标也是相一致。②随着我国经济规模的扩大,经济结构的深度调整,这些变化已对就业总量的增长形成强有力的支撑作用,7%左右的增长所带来的实际就业增量比 10 年前 10%以上的增长率还要多,特别是服务业的快速发展对就业增长促进作用越来越大。③与实际经济增长率的调整相比,我们对经济增长目标调整仍然是缓慢的或温和的。改革开放以来的三十多年,我国 GDP 年均增长达到 9.9%,最近三年平均为 7.7%,降幅为 2.2 个百分点。但是,经济目标仅仅只调整了 0.5 个百分点,从 8%左右降至 7.5%左右,若再调低到 7%左右,加总起来也仅调整 1 个百分点。从近几年的实际情况看,社会对经济增速适度放缓的压力承受能力在增强,并不会带来对经济社会大的冲击。④将经济增长目标适度下调,可以适度减轻稳增长压力,为调结构、促改革、惠民生、防风险留出更大的空间。

二是关于其他经济目标。城镇新增就业目标在 1000 万人以上,与 2014 年基本持平。保持城乡居民收入增长与经济增长基本同步。CPI(居民消费价格指数)增长目标定在 3.0%左右,较 2014 年有温和提高,这也是防止通货紧缩的需要。同时,有必要确定三大需求的合理增长目标:投资增长 15%以上,社会消费品零售总额增长 12%—13%左右,广义货币供应量增长 13%左右,出口增长 7%左右。

三、以全面深化改革创新适应并引领经济新常态

2015 年是“十二五”规划的最后一年,做好 2015 年的经济工作能为完成“十二五”规划目标和为“十三五”开局奠定坚实基础。新常态下的 2015 年,既是全面深化改革攻坚的关键一年,也是主动适应经济新常态的起步之年,气可鼓而不可泄,要巩固改革良好势头,再接再厉、趁热打铁、乘势而上,推动全面深化改革不断取得新成效。结合中央经济工作会议的精神,对 2015 年的经济工作有以下总体思路上的思考:

一是优化政策,保持经济中高速发展。中央经济工作会议将“努力保持经济稳定增长”作为 2015 年经济工作主要任务的第一条,足见“保增长”的重要性。应当说,以优化政策为抓手,推动经济平稳增长,无论是财政政策,还是金融政策都有很大的优化空间。要用好用活财政金融产业政策,支持实体经济稳步发展。要坚持稳增长靠宏观调控创新、靠改革激发增长活力,这一已被证明是行之有效的举措。要进一步优化和完善区间调控和定向调控政策。宏观调控具有较强的动态性,更注重解决长期的稳增长问题,目标既是保持经济运行不滑出合理区间,又通过激活力、优结构、释放长期发展潜力,来增强经济发展的可持续性。可考虑结合三驾马车的情况以及行业和区域的变化情况,

在重大基础设施、中西部铁路、城际铁路、水利工程、安居工程、城市交通、地下管网、节能环保等方面定向发力。

二是促进改革，增强经济发展内生动力。中央经济工作会议提出，要加快行政审批、投资、价格、垄断行业、特许经营、政府购买服务、资本市场、民营银行准入、对外投资等领域改革，使改革举措有效转化成发展动力。在进一步深化和巩固以简政放权、放管结合的同时，要全面推进和落实财税体制改革、户籍制度改革、国企改革和要素市场化改革等，努力实现改革的重大突破。建议国务院在取消和下放审批事项的进程中，尤其要重点清理取消能源、医疗、医药等领域不必要的生产经营准入限制、行业管理等规定，进一步完善政府核准的投资项目目录，在合适时机可采取投资项目的负面清单管理模式。要进一步规范企业投资前置审批及中介服务环节，逐步建立健全事中、事后监管机制。创新重点领域投融资方式与机制，进一步健全市政基础设施、水利工程等领域的投资运营机制。加快推进利率、汇率和资源品价格等市场化改革。加快推进机关事业单位养老保险制度和工资制度改革。

三是调整结构，创造中国经济竞争优势。结构性改革是今后改革的重头戏，也是考验我国经济能不能转型升级的关键。中央经济工作会议提出要“积极发现培育新增长点”，这需要结构性改革来推进。需要在需求结构、投资结构、城乡结构、区域结构、产业结构、分配结构等方面发力。这里有几点需要注意：①要着力培育新的经济增长点。既包括培育新的消费增长点，也包括形成新的区域增长极。②要努力优化投资结构。深化国企改革，进一步放宽市场准入，落实促进民间投资的各项政策措施，为激发民间投资的活力营造公平的投资环境。加快制定跨五年规划的棚户区改造、铁路、水利、能源和生态环保等长期重大工程建设。③要积极推进科技创新和体制创新，要继续大力支持已形成新的优势产业，如高铁、核电、光伏、造船和支线飞机等继续做大做强，努力发展“强国产业”“强国技术”。对产能过剩问题，也要有扶有压，既要坚决地淘汰落后的产能，也要积极消化先进的过剩产能，还要结合国际合作适度转移。④推进以人为核心的新型城镇化建设，主要是落实好新型城镇化发展规划，关键是解决好“三个一个亿人”问题。靠新型城镇化的健康发展，来不断优化经济发展空间格局。⑤加快和提升服务业发展水平。扩大服务业的对内对外开放，进一步完善促进服务业快速发展的实施细则，强化服务业发展的战略性安排。

四是改善民生,促进中国经济包容式发展。坚持守住底线、突出重点、完善制度、引导舆论的基本思路,多些雪中送炭,更加注重保障基本民生,更加关注低收入群众生活,更加重视社会大局稳定。我国的基础产业,有的如农业这样的弱势产业,有的如公共基础设施等产业普遍存在投资大、盈利水平低、欠账太多的问题。加强这些短板建设,使短板变长,中国长期稳定发展的可持续性就得以提高。一些民生短板补上,如加强基本社会保障,则有利于扩大消费,增强发展后劲。还有一些民生加强了,如教育和医疗,可以提高人力资源的素质,是推动创新驱动战略的重要条件。要继续加大对"三农"的政策支持力度,精准扶贫。要按照中央经济工作会议的战略部署,加快转变农业发展方式。进一步改善贫困地区义务教育薄弱学校基本办学条件,支持社会资本、社会力量兴办教育。加快推进收入分配制度改革,努力形成公开、透明、有序的收入分配格局。要进一步加强生态文明建设,加强生态保护和污染治理,特别是要大力气治理雾霾,努力使"APEC 蓝"成为一种常态。

五是防范风险,增强经济稳步发展的信心。2015 年可能是各种风险更为集中显现的一年,要注意及时防范和化解风险,避免发生区域性和系统性风险。把经济增长稳定在合理区间是最大的防风险。要善于运用底线思维的方法,凡事从坏处准备,努力争取最好的结果,做到有备无患、遇事不慌,牢牢把握主动权。坚持底线思维,是我们应对当前错综复杂形势的科学方法,更是适应经济新常态的治理理念。我们要适应经济新常态、主动有为,就要对经济新常态发展阶段各种潜在的经济社会风险如房地产风险、地方政府债务风险、金融风险等保持清醒的认识,更好地发挥底线思维的科学预见作用,增强忧患意识和风险意识,未雨绸缪、积极应对经济社会可能出现的各种风险挑战。其中最需要高度警惕的是,随着房地产市场的持续调整,将使地方融资平台和金融机构的隐性风险显性化,要保持定力,有足够的耐心和细心,需要分类施策,通过延长处理时间,积极化解。

六是精心谋划,着眼中国经济健康持续发展。2015 年是规划之年,且"十三五"规划具有"承上启下"的重要作用。"十三五"规划既是一个全面深化改革的规划,也是一个全面实施转型发展战略的规划,以此推进我国体制转型和发展转型目标的实现。"十三五"时期既是实现第一个一百年目标的冲刺阶段,也能为实现第二个一百年目标奠定坚实的基础。要认真研究我国处于经济新常态的新发展阶段所面临的国内外环境变化,准确把握我国经济社会发展的中长期趋势和存在的关键问题,围绕着全面深化改革,全面建成小康社会,对未来五年甚至更长期的发展进行战略谋划。可重点围绕努力跨越"中等收入陷阱",打造中国经济升级版,从经济大国迈向经济强国等战略目标,进行超前的战略安排和制度设计。

中国经济新常态下增长动力的转换*

认识新常态，适应新常态，引领新常态，是当前和今后一个时期我国经济发展的大逻辑。而准确把握和加快实现中国经济新常态下增长动力的转换，则是对未来一段时期我国经济工作的大考量。

一、中国经济原有增长动力正在逐步衰减

中国经济增速趋缓，从本质上看是原有经济增长动力正在逐步衰减，使得经济潜在增长率不断回落。

传统人口红利在逐步消失，劳动力要素配置在发生转换。中国劳动力成本十多年来大幅增长近4倍，单位小时劳动成本由2000年的0.6美元增加至2011年的2.9美元。与此同时，劳动力供给的短缺更加明显。因此，这就从客观上决定了我国依靠劳动力资源丰富、劳动力成本低廉的"传统人口红利"支撑经济高速增长的模式将不复存在。

出口需求发生常态性萎缩，经济需求结构在发生转换。外向型经济发展道路，依靠国际市场消化国内产能，是支撑我国三十多年高速经济增长的重要因素之一。但在经济新常态下，尤其是2008年以来，国际金融危机的深层次影响在不断显现，世界经济复苏的不稳定性、不确定性上升，面临的下行压力和潜在风险有所加大。新兴工业化国家在短时期内，经济同样很难有很大的改观，美欧等经济强国相继提出"再工业化"等措施，发展中国家都在重塑和加快发展具有比较优势的产业，这使得我国的外部需求环境雪上加霜。因此，这种发展态势倒逼我国必须逐步转换需求结构，将扩大国内需求尤其是消费

* 载《前线》2015年第4期。

需求放在更加重要的位置。

产能严重过剩等矛盾突出，要素驱动模式难以为继。过去三十多年我国走的是高投入、高消耗、高污染、低产出的经济发展路子。2013 年，我国经济增长的要素消耗超过全球总量的 22%，单位 GDP 能耗大约是世界水平的 2 倍、发达国家的 4 倍，甚至高于墨西哥、巴西等发展中国家。传统制造业产能普遍过剩，特别是钢铁、水泥、电解铝等高消耗、高排放行业尤为突出。显然，目前依靠要素驱动和投资驱动的经济高速增长模式已难以为继。

能源供给制约因素加剧，资源环境压力逐步凸显。我国能源和资源供给的瓶颈制约因素在逐步凸显。与世界经济强国相比，我国单位产值所消耗的能源、废气排放量、废水处理量等指标都有很大差距，低碳经济、循环经济、绿色经济的发展还有很长的路要走。同时，我国的环境压力进一步加大，全国很多地区雾霾频发，这不仅是对传统发展路子的惩罚，也是能源资源环境制约因素进一步加剧的突出表现。

二、中国经济增长面临新的机遇和动力

虽然中国经济原有的增长动力正在逐步衰减，经济发展正面临着新的困难和挑战，但我们需要历史地、辩证地来看待经济新常态，看待经济增长动力的转换。从中国经济发展的历程看，每一次阶段性转换的背后必然隐藏着更大的发展机遇，关键是我们能否有效地抓住。新的发展机遇，就意味着新的发展动力。

大国红利。经济增速虽然放缓，实际增量依然可观。经过三十多年高速增长，中国经济体量已今非昔比。从经济总量看，我国目前已成为仅次于美国的第二大经济体。从发展速度看，三十多年来，中国经济以世界少有的年均接近两位数的增长速度高速发展，创造了经济增长的“中国奇迹”。经济新常态下，依靠依然可观的实际增长，能够有效保障国家财政实力不断增强，而财力的增加能够对促进经济发展、加强经济和社会中的薄弱环节、切实改善民生、有效应对各种风险和自然灾害的冲击提供有力的资金保障。从我国的发展实际看，依靠依然可观的实际增长，党的十八大确定的“两个一百年”奋斗目标是能够实现的，也将为中国经济带来更多大国红利。

技术红利。经济增长更趋平稳,增长动力更为多元。我国进入经济发展新常态,经济韧性好、潜力足、回旋空间大。从城镇化角度看,我国正在经历世界上速度最快、规模最大的城镇化过程,城镇化伴随的大规模人口迁移,将推动消费持续增长,这将成为中国经济增长的强大推动力。从工业化角度看,我国正处在工业化中期阶段,工业化的任务远没有完成,除东部部分省市基本完成工业化外,中部、西部等省区工业化的发展还不是很充分,仍有很大的发展空间。而我国已有的技术储备和全球技术在新增长点上的探索将为我国产业转型和技术创新提供新的机会,将为工业化的进一步发展提供强劲动力,将为中国经济带来更多技术红利。

发展红利。经济结构优化升级,发展前景更加稳定。2013 年,我国第三产业增加值占 GDP 比重达 46.1%,首次超过第二产业,2014 年上半年,这一比例攀升至 46.6%,这是非常好的经济结构优化迹象。在支撑我国三十多年的高速增长中,内需结构中投资占比相对较高,但 2010 年消费率和投资率达到各占 50%之后,消费率出现较快增长趋势,在经济结构中占比再次超过投资率,消费的基础性作用和投资的关键性作用逐步得到体现。由于地理条件、发展基础、历史文化等因素,我国区域经济结构中东中西部发展差距较大,随着"一带一路"、京津冀协同发展、长江经济带等区域发展战略的制定和实施,区域结构亦在逐步得到优化,将为中国经济带来更多发展红利。

改革红利。政府大力简政放权,市场活力进一步释放。在经济新常态下,政府职能转变的核心仍然是处理好政府和市场的关系。新一届政府将简政放权、转变政府职能作为全面深化改革的"突破口"和"当头炮",目的就是要从体制机制上给各类市场主体松绑,发挥市场在资源配置中的决定性作用。2013 年以来,国家先后取消和下放了共 700 余项行政审批等事项,涉及将工商登记前置审批事项改为后置审批等一系列具体举措。2014 年前 3 个季度全国新登记注册市场主体 920 万户,新增企业数量较 2013 年增长 60%以上。这些举措既对减轻企业负担、激发市场活力发挥了重要作用,也将成为中国经济增长动力转换的重要支撑因素,将为中国经济带来更多改革红利。

三、加快实现经济新常态下的增长动力转换

中国经济正进入由高速增长向中高速转换的新常态，这种转换总体上是向着好的方向在发展，但这种转换并不是自然而然就能够实现的，需要积极谋划，科学研判经济新常态的发展趋势，需要通过不懈的努力才能最终实现新的增长动力的平稳转换。这既是主动适应中国经济新常态的必然选择，也是实现“两个一百年”奋斗目标的客观要求。

创造新的人口红利，优化劳动力要素配置。人力资本日益成为一国的核心竞争力，是一国实现经济增长的主要动力。我国已经是人口大国，但还不是人力资源强国。经济新常态下，要顺利实现劳动力要素配置动力的转换。加快实施科教兴国战略，深化教育领域综合改革，创新高校和科研院所人才培养体制机制，大力促进教育公平与教育普及；加强农民工职业技能培训，使工人的技术素质有大幅度提高，培育支撑中国成为制造业强国的技术工人和工程师，创造新的人口红利；积极应对老龄化趋势，加快建立社会养老服务体系和发展老年服务产业，挖掘早期老年人的劳动力资源潜力。

扩大国内消费需求，优化经济需求结构。经济新常态下，要更加注重内需尤其是国内消费需求拉动经济增长的主引擎作用，充分发挥我国作为经济大国的市场优势、规模优势和制度优势，实现消费扩大与升级新常态。当前，模仿型排浪式消费阶段已经基本结束，个性化、多样化消费渐成主流，要顺利实现经济需求结构的转换。提高居民收入水平，夯实居民消费基础，实现消费扩大与升级；完善社会保障机制，加快基本公共服务体系建设，稳定居民消费预期；优化社会信用环境，提高市场监管能力，使得广大居民能够“放心消费、安全消费”；放宽市场准入门槛，大力培育信息消费、养老服务、医疗健康、旅游度假等新的居民消费热点。

强化科技和产业组织方式创新，加快实现创新驱动新常态。新常态下，经济增长必须是实实在在和没有水分的增长，这其中的关键就是要更多依靠产业化的创新来培育和形成新的增长点；坚持走创新驱动和内生增长之路，鼓励创业带动就业，努力形成“万众创业”“人人创新”的新局面；积极鼓励广大企业实现产业组织方式、商业模式的创新；创造更好的环境，让中国大地成长出

更多的创新型企业;加快生活性和生产性服务业的创新发展。

积极稳妥推进新型城镇化,构建新的区域增长带和增长极。推进中国特色新型城镇化建设,是中国经济新常态的强大引擎。新型城镇化的推进,将会带来城市基础设施、公共服务设施和住宅建设等巨大的投资需求,将为新常态下的中国经济提供持续的动力。我们要坚持以人为核心的城镇化理念,释放农村劳动力、土地和消费的巨大潜力,加快农业发展方式转变,为经济增长提供重要动力。同时,加快"一带一路"建设,密切与沿线国家在贸易和投资领域的往来,实现互通有无、优势互补、共同发展;按照京津冀协同发展战略的部署,积极疏散京津非核心功能,构建整体优势,力求使京津冀成为全球具有重要带动力的特大城市群;加紧实施长江经济带发展规划,以长江黄金水道为依托,激发全流域的经济增长潜力,打造中国经济新的增长极。

加快全面深化改革,释放改革最大红利。有效率的制度安排是经济增长的原动力之一。要按照党的十八大提出的到 2020 年构建系统完备、科学规范、运行有效的制度体系,使各方面制度更加成熟更加定型的目标要求,加快体制改革步伐。要按照党的十八届三中全会的决策部署进一步深化在政府职能转变、现代市场体系、财税体制、金融体制、城乡一体化体制机制等领域的改革,增强改革的系统性、整体性、协同性,敢于啃硬骨头、涉险滩,最大限度地释放改革的红利。要继续推进党风廉政建设和反腐败斗争,充分释放"反腐红利",激发全社会干事创业热情,为经济增长提供法治保障和政治保障。

提高开放型经济水平,积极参与全球经济治理。经济开放与合作是一个国家或地区经济增长的强大动力。新常态下,全球分工格局正在加快重塑,全球经济治理结构日趋复杂,各种各样新的区域合作框架机制在不断推出。我们必须更加积极地促进内需和外需平衡、进口和出口平衡、引进外资和对外投资平衡,逐步实现国际收支基本平衡,构建开放型经济新体制。要积极完善扩大出口和增加进口政策,提高贸易便利化水平,巩固出口市场份额;要利用好上海自由贸易试验区这个创新载体和创新窗口,积极探索体制机制创新,深化与世界各国的交流与合作,扩大中国经济发展的回旋空间;要充分利用上合组织、APEC 会议等区域合作机制,加快研究区域合作框架协议,发挥主动性,积极参与全球经济治理,确保新常态下的中国经济再迈上一个新台阶。

夯实我国经济长期向好的基础*

当前，我国进入了经济发展新常态，这是我国经济向形态更高级、分工更优化、结构更合理的阶段演进的必经过程，经济发展长期向好的基本面并没有变。但受国内外各种因素影响，我国经济下行压力持续加大，经济增长速度逐步放缓，经济转型升级的挑战不断凸显，一些领域困难和风险渐次加大。“十三五”时期，我们要取得全面建成小康社会的决战胜利，加快从经济大国向经济强国迈进，必须咬紧牙关，下决心推动供给侧结构性改革，在重点领域和关键环节有所突破，进一步夯实我国经济长期持续向好的基础。

一、经济呈现四个“中高”，运行处在合理区间

在经济发展新常态下，当前我国经济下行压力较大，但国民经济运行总体稳中向好、稳中有进、变中有新、变中有突破。特别是经济在波动中保持平稳增长的同时，经济结构优化升级，经济质量不断提升，经济发展亮点纷呈，经济向好态势基本稳固，呈现出四个“中高”的鲜明特征。

一是经济增长缓中趋稳，保持中高速增长。根据国家统计局的数据，按可比价格计算，2016 年一季度 GDP 总量为 15.85 万亿元，同比增长 6.7%，同比增长幅度下降了 1 个百分点，但仍然在年初预计的 6.5%—7%目标范围内，这样的增速在世界各国中仍然名列前茅。以经济增长 6.7%相应的不变价增加值而言，一季度 GDP 增量达到 9851 亿元。另外，一季度全国规模以上工业增加值按可比价格计算同比增长 5.8%，固定资产投资同比名义增长 10.7%，居民消费价格指数同比增长 2.1%，国民经济的各项总需求指标皆在“上限”“下

* 载《红旗文稿》2016 年第 9 期。

限"的合理区间内,经济增长正稳步过渡到新的中高速平台。这样的增长速度,在低迷的全球经济中仍然是亮点,为全球经济增长作出了突出贡献,国际社会是看得到的。国际上有人出于种种目的,"唱衰"中国,我们不必太在意,要奋发图强,努力把自己的事情办好。

二是经济结构优化升级,迈向中高端水平。破土而出的新经济蒸蒸日上,"大众创业、万众创新"激发市场活力,推动产业结构转型升级。2016 年一季度,第三产业增加值占国内生产总值的比重达到 56.9%,比上年同期提高 2 个百分点,高于第二产业 19.4 个百分点,稳居国内生产总值的"半壁江山"。同时,高新技术产业发展势头良好,快于一般工业。高新技术产业增加值占全部规模以上工业比重持续提升,一季度同比增长 9.2%。计算机、通信和其他电子设备制造业等产业投资增速持续拉升,新能源汽车、工业机器人等投资更是呈翻倍的爆发性增长态势。"中国制造 2025"加快实施,三维(3D)打印、移动互联网、云计算、大数据、生物工程、新能源、新材料等领域的产业变革加快孕育,"互联网+"行动计划正推动新一代信息技术与制造业深度融合,促进产业结构迈向中高端水平。

三是经济质量稳步提升,瞄准中高级方向。近年来,我国下决心淘汰钢铁、水泥、电解铝、平板玻璃等落后产能,狠抓节能减排和环境保护,构建生态文明新体制的进程加快。2015 年我国单位国内生产总值能耗下降 5.6%。统计数据表明,2016 年一季度单位国内生产总值能耗同比下降 5.3%。化解产能过剩风险在加速,钢铁、水泥、电解铝、平板玻璃、船舶等行业产能总量逐步向市场需求和环境承载力靠拢,资源综合利用水平明显提升,行业平均负债率保持在风险可控范围内。国内企业部门的美元债务下降进程明显加速,企业购汇意愿上升,结汇意愿下降,表内贷款和债券融资高增长,控风险能力和经营质量增强。"双创"释放了生产力,去产能和稳就业同时发力,城镇新增就业稳步增加,失业率保持基本稳定。随着"双创"的引领,"互联网+"、分享经济等加速发展,就业的总量和质量正在实现"双提升"。

四是城乡差距逐步缩小,跨入中高收入行列。2015 年全国居民人均可支配收入实际增长 7.4%,快于经济增速。2016 年一季度,全国居民人均可支配收入 6619 元,同比名义增长 8.7%,扣除价格因素实际增长 6.5%。从 2015 年的年度数据来看,按照目前的人民币兑美元的汇率水平,我国的人均 GDP 已经达到 8000 美元左右,已跨入中高收入国家的新阶段。此外,一季度,农村居民可支配收入为 3578 元,同比增长 9.1%,扣除价格因素实际增长 7.0%。城乡居民收入倍差为 2.59,比上年同期缩小 0.02,城乡居民的收入差距在逐步缩小。数据表明,广大人民群众共享经济改革发展成果的进程在加快、程度在加深。

上述四个“中高”表明,我国经济增长是有底气的,前进的方向是正确的。从整体上看,我国经济发展长期向好的基本面没有变,经济韧性好、潜力足、回旋空间大的基本特质没有变,经济持续增长的良好支撑基础和条件没有变,经济结构调整优化的前进态势没有变。

二、国内外环境错综复杂,困难与挑战仍然严峻

当前,国际经济仍存在很大的不平衡性、不确定性,制约国内经济稳定运行的一些深层次问题和矛盾在凸显,需要直面对待。全球经济放缓,我们难以独善其身,也难以一枝独秀。

一是世界经济复苏迟缓,总体趋势可能继续下行。世界经济总体上处于国际金融危机之后的深度调整期,复苏动力依然不足,增长势头脆弱,前景很不明朗。根据国际货币基金组织 2016 年 4 月 12 日发布的《世界经济展望》报告预计,2016 年世界经济增速为 3.2%,低于三个月前所预计的 3.4%,为近 6 年来的新低。有些预测机构甚至认为应该下调到 3%以下。美国经济从金融危机恢复以来不温不火,近年在 3%左右徘徊,货币调整面临着风险性和不确定性。欧元经济区在 2014 年由负增长转为正增长,但一直低于 2%的水平。德国和法国略好些,但也面临帮助欧洲其他国家的经济负担。欧元经济区短期内看不到复苏的曙光。日本经济长期乏力,深陷通货紧缩的泥潭。俄罗斯、巴西长期依赖能源,近年日子非常难过,经济增长下滑严重。从国际大宗商品价格的角度看,各种大宗商品价格在起伏波动中深度下跌,国际石油价格持续低迷;金属矿产品价格,从 2011 年时的高位下跌了一半左右。这些都表明,世界经济增长趋势仍在下行之中。

二是国际金融危机尚未真正结束,存在危机重现的可能。2008 年国际金融危机以来,全球各种危机不断,2009 年始发的欧洲债务危机到目前尚未结

束,中间伴随着中东、北非国家的政局动荡和内乱,以及全球大宗商品价格暴跌、新兴市场经济体经济快速下行、汇率贬值等等。随着全球大宗商品价格的暴跌导致企业利润暴跌,资源和能源输出型国家的财政收入下降,居民收入下降,投资能力下降和需求下降。新兴市场经济体依靠扩张的货币政策,将带来新一轮全球货币的竞争性贬值,而这些国家对汇率干预能力的削弱,汇率、股市和其他金融资产价格未来数年依然存在继续暴跌的可能,存在引发新一轮国际金融危机的风险,可能使得中国面临不利的外部环境。

三是产能过剩问题严重,通缩预期风险需要正视。当前,我国经济增速回落既是宏观调控的结果,也是市场需求环境变化的反映,尤其是受外需不振甚至下滑冲击的影响更加明显。随着经济增速回落,产业结构不合理特别是部分产品产能过剩问题进一步暴露。从各种数据来看,煤炭、钢铁、水泥等行业产能利用率仍然偏低。产能过剩不仅造成能源资源的浪费,还造成恶性竞争、行业利润率下降、失业增加、通货紧缩等影响经济社会发展的严重后果。2016年一季度消费者价格指数(CPI)通胀同比上涨2.1%,而生产者价格指数(PPI)同比下降达4.83%,4月份制造业采购经理指数(PMI)为50.1%,刚跨过荣枯线。我们认为,通缩风险虽然不宜夸大,但也不容小觑。

四是房地产市场降温明显,产业"快打慢"效应凸显。从房地产投资对全社会固定资产投资增长的贡献率来看,1987—2014年平均贡献率达到15.0%,而房地产投资对相关产业的拉动作用,对稳定国民经济增长具有十分重要的意义。2016年一季度,全国房地产开发投资累计为1.77万亿元,同比名义增长为6.2%。显然,由于去库存,给房地产带来新的机会,增速有所回升,但能否企稳还需进一步观察。从长远来看,房地产市场降温是个大的趋势。基于房地产、传统制造业等传统增长点的大幅下滑,而新的产业增长点正在孕育,新旧增长点转换无法实现有效衔接,有些地方甚至"青黄不接",从而出现新旧增长动力的"快打慢"效应。新兴产业受市场竞争环境不完善、技术支撑不足等因素制约,个头尚小、势单力薄,短期内还难以成为像房地产、汽车等行业的"传统引擎"。

五是资源环境矛盾日益突出,"人口红利"逐步消失。当前,我国面临的资源和环境约束将进一步加剧。①要素供给的制约。从现状和趋势看,我国劳动力、资本、土地、资源、能源、环境的低成本优势逐渐消失。以要素驱动为主很难实现中国经济行稳致远。②资源能源环境恶化的制约。我国资源能源消耗总量大和利用率低的问题突出。水资源、土地资源、大气资源退化严重，环境承载力已逼近极限，主要能源、矿产资源对外依存度持续上升，如石油和铁矿石对外依存度均超过50%。与资源环境相并列的人口问题同样亟待调整完善，2014年16—59岁人口占全部人口比重为67%，自2010年以来已经连续五年下降。与此同时，随着人口老龄化进程加快，预计“十三五”时期的传统“人口红利”将逐步消失，劳动力成本会不断提高。我国必须着力提高劳动者的技能，大幅增加中高端人才比例，转变过去依靠“人口红利”的发展模式，充分释放“人才红利”。

三、催生新的经济增长动能，夯实长期持续向好的基础

中央确定“十三五”时期，经济增长年均6.5%以上。虽然增长指标留有余地，但完成这样的任务，也还是不容易的，是要下大功夫的。要积极引领经济发展新常态，贯彻落实创新、协调、绿色、开放、共享新发展理念，着力推进供给侧结构性改革，强化创新的核心位置，催生新的经济增长动能。

一是优化宏观经济政策，坚持区间调控加定向调控框架。要保持6.5%以上的经济增长，当前和未来一段时期，宏观经济政策不仅要稳，更要优化。要坚持“稳增长靠宏观调控创新、靠改革激发增长活力”这一已被证明行之有效的思路，继续实施积极的财政政策和稳健的货币政策。由于我国经济在艰难地转型升级，必须以足够的信心和耐心推动经济转型升级和结构调整。因此，要注意保持政策的连续性和稳定性，要注重让市场在配置资源方面发挥决定性作用。在坚持区间调控的基础上，更加注重定向调控。财政政策方面，进一步优化和完善定向调控政策，把钱花在刀刃上。加大财政政策破解“三农”障碍、扶持小微企业培育、推动“双创”发展等领域的政策支持力度。金融政策方面，大力发展资产证券化业务，通过降低长期国债利率，引导市场利率水平沿着促进实体经济发展的通道下行。

二是积极化解产能过剩，寻找新的经济增长点。我国经济转型困难重重，必须痛下决心有“破”有“立”。“破”旧产能过剩，需要充分发挥政府“有形之

手”与市场“无形之手”的协同作用，保持投资合理增长，培育新的消费增长点，扩大国内市场规模，巩固拓展国际市场。还要积极强化需求升级导向，促进产能结构优化，带动产业转型升级。可通过分解落实年度目标途径，在落实完成“十二五”钢铁、电解铝、水泥、平板玻璃等重点行业淘汰落后产能目标任务基础上，以提高财政奖励标准，落实等量或减量置换方案等措施，鼓励地方提高淘汰落后产能标准。在探索化解产能的同时，要下决心把人分流出来，密切关注职工分流和再就业问题，用好 1000 亿专项资金，严防下岗潮，兜住网底。“立”就是发掘新增长点，建议加大中西部地区、东北地区，尤其是边疆、边境地区基础设施建设。建立起相互联系、开放的国际机场群，高速铁路、公路网，电网、石油和天然气管道网，包括城市地下管网等。加大城市老旧小区改造力度，加快城市雨污分流管网改造与排水防涝设施建设，完善城乡基础设施供给。加大互联网、大数据、云计算、智能物流和互联网金融等作为新的基础设施建设，提高服务业效率，降低物流成本和资金成本。

三是以科技创新推动创业，以大众创业带动就业。加快“双创”战略和政策的落地，实现创业激发和引入，以经济结构优化带动就业结构调整，以资金链引导创业创新链，以创业创新链支持产业链，以产业链带动就业链。巩固第一产业，拓展第二产业尤其是制造业，激发第三产业，通过“双创”带动“互联网+”行动计划升级，推动服务业尤其是现代服务业的迅速发展，以保持和带动就业结构调整，就业总量稳定增长，就业空间拓展。深入实施人才优先发展战略，深化教育体制改革和政策创新，更加注重职业教育转型升级，努力培养出更多像德国那样兢兢业业的技术工人和工程师，培育“工匠”大国，让中国制造业之大国重器能够发挥综合的比较优势，抢占国际产业的制高点。

四是深化供给侧结构性改革，增强发展内生持续动力。要加快推动供给侧结构性改革，实现重点领域和关键环节的制度创新和体制突破。加快行政审批、投资、价格、垄断行业、特许经营、政府购买服务、资本市场、民营银行准入、对外投资等领域改革，使改革举措有效转化成经济发展动力。在进一步深化和巩固“简政放权、放管结合、优化服务”的同时，全面落实财税体制改革、户籍制度改革、国企改革和要素市场化改革等，努力实现改革的重大突破。要打好国有企业提质增效的攻坚战，向着混合所有制经济的方向推进，促进市场在配置资源中发挥决定性作用。中央企业的战略调整和兼并重组也应更加深化，目前看还有很大的改革余地。创新重点领域投融资方式与机制，进一步健全市政基础设施、水利工程等领域的投资运营机制，推动 PPP 发挥更大作用。抓住当前有利的全面深化改革窗口期，顺应市场预期，加快推进利率、汇率等市场化改革，全面落实中央关于价格机制改革的指导意见。

五是发展更高层次的开放型经济，打造合作竞争的助力。虽然当前国际经济形势风云变幻，全球经济增长的不确定性进一步加大，且国家地缘政治热点此起彼伏，美国在南海等地兴风作浪，意图牵制我国发展的动机不言自明。但在新的历史阶段，我们要继续保持战略定力，专心做好自己的事情，趋利避害，更好地利用国际市场和资源，拓展对外开放的广度和深度，构建全方位开放新格局。我们要加大参与全球经济治理的力度，增强我国在国际经济规则调整和制订中的制度性话语权，积极参加网络、深海、极地、空天等国际规则制订，向全球提供公共产品。进一步完善扩大出口和增加进口政策，提高贸易投资便利化水平，巩固出口市场份额，推动高铁、核电等装备制造业"走出去"，对企业"走出去"给予更大的支持。务实推进"一带一路"愿景与行动，加快推进政策沟通、设施联通、贸易畅通、资金融通、民心相通，加快在基础设施互联互通等领域启动实施一批前期收获性工程。

六是保障和改善民生，促进经济包容式发展。坚持"守住底线、突出重点、完善制度、引导舆论"的基本思路，多些雪中送炭，更加注重保障基本民生，更加关注低收入群体生活，更加重视社会稳定。我国的基础产业，有的如农业是弱势产业等等，都存在投资不足、欠账太多的问题。加强这些短板项目建设，可以把短板补长，中国长期稳定发展的可持续性就能得以提高。加快转变农业发展方式，继续加大对"三农"的政策支持力度，同时要加大农业供给侧结构性改革。打好脱贫攻坚战，加快实施精准脱贫战略，重点围绕确保到 2020 年前每年完成 1000 多万人口的脱贫任务，现行标准下农村贫困人口实现脱贫，贫困县全部摘帽，解决区域性整体贫困这些紧迫问题出实招。进一步改善贫困地区义务教育薄弱学校基本办学条件，支持社会资本、社会力量兴办教育。加快推进收入分配制度改革，努力形成公开、透明、有序的收入分配格局。加强生态文明建设，强化生态保护和污染治理，特别是要下大力气治理雾霾"毒瘤"，努力使"APEC 蓝""阅兵蓝"成为一种环境新常态。

结构调整优化的前进态势没有变*

习近平总书记关于“经济结构调整优化的前进态势没有变”的重要论断，是对我国经济发展趋势的科学把握。当前，我国经济增长的新动力正在加速积聚，各种积极因素正在发挥更加有效的作用，特别是结构调整优化的前进态势更加明朗，经济呈现稳中向好、提质增效的总体特征。

消费驱动力增强，内需结构持续改善。过去，我国经济高速增长主要依靠大规模投资和大量出口，消费动力相对不足，经济发展易受外需市场波动影响。当前，我国个性化、多样化的消费模式逐渐兴起，养老家政、旅游休闲等新的消费热点加速形成，特别是网络消费、订制消费等异军突起，电子金融、电子医疗等新产品、新业态、新商业模式方兴未艾。近几年的“双11”彰显我国网络消费的巨大能量，“全渠道+O2O融合”等新商业生态加快孕育形成，“电商+扶贫”激发农村发展新活力，“消费+娱乐”开创快乐消费新模式。2015年前三季度，我国最终消费支出对国内生产总值增长的贡献率为58.4%，比上年同期提高9.3个百分点。消费对经济的拉动作用不断增强，消费、投资协调拉动经济增长的良好态势初步形成。

服务业占比过半，产业结构持续升级。发达国家的经济发展历程表明，农业社会到工业社会是一次转型，靠的是工业化拉动；工业主导到服务业主导也是一次转型，靠的是服务业大发展。过去，我国产业结构呈现“二产独大”的特征，工业发展迅猛，但存在高投入、高消耗、高排放、低产出问题。进入经济新常态后，产业结构优化升级的特点尤为突出。一方面，服务业的增加值已超过工业、就业人数已超过农业，日益成为引领经济转型发展的新引擎。当前，生产性服务业发展迅猛，特别是信息网络技术发展推动“大众创业、万众创

* 载《人民日报》2015年12月4日。

新”浪潮兴起;生活性服务业显著改善人民的消费层次和消费福利。2015 年前三季度,第三产业增加值占国内生产总值的比重已达 51.4%,高于第二产业近 11 个百分点,产业结构优化态势进一步显现。另一方面,《中国制造 2025》与“互联网+”行动计划推动新一代信息技术与制造业深度融合,战略性新兴产业快速崛起,有力推动产业结构升级,有效支撑产业发展迈向中高端。

新型城镇化积极推进,城乡结构持续调整。过去,我国城乡二元结构和城市内部二元结构并存,生产要素在城乡之间自由流动和优化配置不够,导致城乡发展差距较大。随着我国城乡发展一体化战略的深入实施,以人为本的新型城镇化持续发力,农业转移人口市民化进程加快,城镇基本公共服务常住人口全覆盖政策逐步落实,城乡结构调整的“正外部效应”持续显现。2014 年,我国常住人口城镇化率达到 54.77%。未来 5 年,我国户籍人口城镇化率要从现在的约 36%提高到 45%,这意味着使 1 亿左右农民工和其他常住人口在城镇定居落户的目标将加快实现。在城乡结构持续调整的背景下,2015 年前三季度,农村居民人均可支配收入实际增长率超过城镇居民 1.3 个百分点,达到 8297 元,城乡居民收入差距进一步缩小。

“三个支撑带”战略加快落地,区域结构持续优化。缩小区域发展差距是我国经济结构调整的重要内容。在经济新常态下,我国在继续统筹实施“四大板块”区域政策的基础上,加快实施“一带一路”、京津冀协同发展、长江经济带“三个支撑带”战略,新的区域发展格局加速形成。以“一带一路”建设为例,沿线国家和地区大多是新兴经济体和发展中国家,总人口达 44 亿,约占全球的 63%,经济总量约占 29%。随着“一带一路”建设的加快推进,以政策沟通、设施联通、贸易畅通、资金融通、民心相通为主要内容的合作共赢局面正在形成,将为我国和沿线国家(地区)经济发展提供新的空间和动力。

基本面向好将为中国经济带来“四大红利”*

中国经济已进入新常态，正在向形态更高级、分工更复杂、结构更合理的阶段演化。新常态下的中国经济有巨大的潜力、韧性和回旋余地，能够实现健康可持续增长，我们要有足够的信心和耐心。其中，信心来自中国经济韧性好和潜力足，耐心来自保持战略定力和平常心。

一、信心来自中国经济韧性好和潜力足

新常态下，中国经济的需求面和供给面可能会出现一些不可回避的困难，但经济发展总体向好的基本面没有改变，经济发展的韧性和经济增长的潜力将支撑中国经济向更高、更好、更稳的水平迈进。

一是经济增量依然可观。应该承认，经济进入新常态，经济下行的挑战十分明显。但中国经济早已不是“小个子”，而已成为“大块头”了。经过 36 年的高速增长，经济体量已发生了翻天覆地的变化。2013 年一年中国经济的增量就相当于 1994 年全年经济总量，可在全世界排到第十七位。从世界排名看，中国已连续赶超意大利、法国、英国、德国、日本等经济强国，已成为仅次于美国的第二大经济体。2014 年的中国经济总量相当于两个日本，仅增量部分就相当于一个瑞士。从发展速度看，近三十多年来，中国经济以世界少有的年均接近两位数的增长速度发展，创造了世界经济史上的“中国奇迹”。经济新常态下，我们依靠依然可观的实际增长，能够有效保障国家财政实力不断增强，而财力的增加能够为促进经济发展、保障和改善民生、有效应对各种风险提供有力的资金保障。依靠依然可观的实际增长，党的十八大确定的“两个

* 载《中国经济时报》2015 年 4 月 23 日。

一百年”奋斗目标是完全能够实现的，这将为中国经济带来更多“大国红利”。

二是经济增长动力更为多元。中国进入发展新常态，经济韧性好、潜力足、回旋空间大。从城镇化角度看，我国正在经历世界上规模最大的城镇化进程。2014 年我国的名义城镇化率仅为 54.8%，户籍城镇化率则低得多，仅为36%左右，与发达国家相比还有很大的提升空间。中国城镇化伴随的大规模人口迁移，将直接推动基础设施投资和居民消费的持续增长。研究表明，未来 10 年，中国新型城镇化的推进，将带来超过 40 万亿元的投资，这将成为中国经济增长的强大推动力。从工业化角度看，我国的工业化正处于中后期阶段，工业化的任务远没有完成，除东部少数经济发达的省市基本完成工业化外，中部、西部等省区工业化的发展还不是很充分，不少地区还处于工业化的初级阶段。因此，中国的城镇化和工业化进程将为经济增长提供多元化的“后发红利”，这些动力足以支撑未来中国经济向更高更好的方向发展。

三是发展前景更加稳定。2013 年，我国第三产业增加值占 GDP 比重达 46.1%，首次超过第二产业，2014 年的统计公报显示，这一比例攀升至 48.2%，这是非常好的经济结构优化迹象。在支撑我国三十多年的高速增长中，内需结构中投资占比相对较高，但在 2010 年消费率和投资率达到各占 50%之后，消费率出现较快增长趋势，在经济结构中占比再次超过投资率，消费的基础性作用和投资的关键性作用逐步得到体现。由于地理条件、发展基础、历史文化等因素，在我国区域经济结构中，东中西部发展差距较大。随着“一带一路”、京津冀协同发展、长江经济带等区域发展战略的制定和实施，区域结构亦在逐步得到优化，这将为中国经济带来更多“发展红利”。

四是市场活力进一步释放。在经济新常态下，政府职能转变的核心仍然是处理好政府和市场的关系。新一届政府将简政放权、转变政府职能作为全面深化改革的“突破口”和“当头炮”，目的就是要从体制机制上给各类市场主体松绑，发挥市场在资源配置中的决定性作用。2013 年以来，国家先后取消和下放了共 700 余项行政审批等事项，涉及将工商登记前置审批事项改为后置审批等一系列具体举措。这些举措既对减轻企业负担、激发市场活力发挥了重要作用，也将成为中国经济改革的重要机遇之一。国家工商总局发布的数据显示，2014 年全国新登记注册市场主体 1292.5 万户，同比增长 14.23%；新登记注册企业 365.1 万户，同比增长 45.88%。这些实实在在的“改革红利”,既显示了改革的巨大威力和市场的无限潜力,也昭示着新常态下中国经济的光明前景。

二、耐心来自保持战略定力和平常心

当前,中国经济发展的内在支撑条件和外部需求都已发生了深刻变化,要求经济增长速度进行“换挡”,经济增长目标向合理区间“收敛”。随着“四个全面”战略布局的不断推进,中国经济必将爬坡过坎、行稳致远,顺利实现保持中高速增长和迈向中高端水平“双目标”,顺利实现从经济大国向经济强国的历史性转变。

一是为经济增速减缓留出一份平常心。中国是一个大国,或者说是一个“巨型国家”,所面临的问题和挑战与其他国家没有可比性。俗话说,“船小好调头”,而掌控好中国经济这艘巨型“航空母舰”绝非易事。从先发国家的成长经验来看,全球仅有 12 个国家曾实现过以 7%左右的速度增长 20 年。但这些国家无论是人口规模,还是面临的外部环境与当下的中国都不可同日而语。在经济进入新常态下,我们要保持战略定力,采取各种措施综合施策,不必纠结于 GDP 增速,追求动辄两位数的高速增长,既无必要,也不现实。只要就业保持整体稳定,增长质量持续向好,增长速度运行在合理区间,中国经济就一定会走得更稳更好。7%左右的增长目标从全球范围内来看依然是非常高的,高增速不应成为政府的“包袱”。

二是为创新驱动发展留出足够的时间。美国管理学家迈克尔·波特将人类经济发展划分为要素驱动、投资驱动、创新驱动和财富驱动四个阶段。要素驱动阶段经济增长的基础主要是土地、资本、劳动力等生产要素的大量投入。投资驱动主要靠大规模投资来促进经济增长。创新驱动阶段,主要依靠知识创造和应用,提高企业自主创新能力,从而驱动经济长期、稳定增长。应当看到,我国在科技体制改革、创新能力提升等方面还有很长的路要走,实现产业迈向中高端,从“中国制造”走向“中国智造”所面临的创新挑战和技术瓶颈依然存在,离依靠“技术红利”创造经济增长核心动力源还有较远的距离。创新驱动发展,不可能“毕其功于一役”,需要一些时间来实现“大众创业、万众创新”的目标。无论是建立有助于创新驱动的制度体系,培养大批创新型人才,还是营造良好的创新文化，都需要我们有足够的耐心，“弯道超车”的求急心态并不可取。

三是为经济结构调整留出足够的空间。我们应看到，我国经济结构的转型升级还面临着诸多挑战，产业结构与发达国家相比还显得较为落后，需求结构、区域结构、城乡结构、收入分配结构等还有很大的调整空间。消费方面，信息、旅游休闲、养老家政健康、住房、教育文化体育等新的增长点正在培育和壮大。从投资方面看，我国正在启动和实施一批新的重大工程项目，包括棚户区和危房改造、城市地下管网改造等具有“公共产品”属性的民生项目，以及中西部铁路和公路、内河航道等重大交通项目，水利、高标准农田等农业项目，这些项目的推进将为中国经济的结构调整提供很大的回旋余地。从区域发展方面看，我国推动实施的“四大板块”和“三个支撑带”组合战略，已亮点频出、初显成效。从产业结构方面看，“中国制造 2025”“互联网+”行动计划已经深入人心，蓄势待发。要实现这些战略举措的最终落地，实现新一轮经济结构的优化升级，需要我们有足够的耐心。

四是为全面深化改革留出足够的耐力。当前，地方一些职能部门过度干预企业经营管理，吃拿卡要、“红顶中介”、寻租腐败等现象依然存在，建立法治政府，加快转变政府职能还有很多工作要做，这是新常态下中国经济改革的重要挑战之一。我们必须拿出壮士断腕的决心和耐力，敢于啃硬骨头、涉险滩，坚定不移推进全面深化改革，确保各项改革措施落地。《政府工作报告》提出，2015 年将再取消和下放一批行政审批事项，全部取消非行政许可审批。将进一步深化商事制度改革，制定市场准入负面清单等，让企业和群众得到优质高效的服务。将围绕服务实体经济推进金融改革，提高市场效率，优化资源配置，建立起高效多层次的资本市场，积极发挥金融对经济转型升级的重要作用。此外，财税体制、投融资体制、国企国资、价格领域的改革也在向纵深推进。我们坚信，只要有足够的信心和耐心，全面深化改革所带来的红利必将逐步显现，中国经济必将再创辉煌。

经济新常态呼唤新时代的“工匠精神”*

“工匠精神”是指工匠对产品的精雕细琢、精益求精的价值诉求理念，其背后蕴含的是对产品细节极致完美的追求，彰显的是一种永不满足、不断超越的职业文明和创新精神，这种精神契合了中国经济发展新常态下的转变经济发展方式、产业结构转型升级、经济增长动力转换和供给侧结构性改革的客观需求。同时，其在“精益求精”等基本含义上赋予了许多新的价值内涵，直接连接当下社会新的生产方式和组织形式，精准展现了这个时代的现实需求及价值取向。“工匠精神”是一种职业文明和高境界的服务文化，塑造并非“一日之功”，需要持续优化制度供给，培育时代“工匠精神”。2016 年的《政府工作报告》中也提出培育精益求精的“工匠精神”，增品种、提品质、创品牌的重大政策举措。可见，培育时代的“工匠精神”意义重大而深远。

一、中国经济发展新常态呼唤“工匠精神”

在经济发展新常态的背景下，破解一系列突出矛盾和问题需要精益求精、追求卓越的“工匠精神”。

一是发展方式向集约转型需要“工匠精神”。发展方式转变是中国经济新常态的基本要求，在这个过程中，实现发展方式由粗放向集约转型，需要追求完美、耐心专注、一丝不苟和不走捷径的“工匠精神”来引领。目前，中国的劳动力成本和资源环境优势正在衰减，粗放式、高能耗、高污染的传统增长方式难以持续，必须依托“工匠精神”培育以质量、技术、品牌、标准、服务等方面的新竞争优势，进而实现向高效型、集约型、技术型的现代增长方式转型。

---

* 载《中国经济时报》2016 年 11 月 10 日，合作者孙飞博士后。

二是产业结构向中高端迈进需要“工匠精神”。当前,中国是制造业大国而不是强国,技术创新能力不强,产品附加值不高,主导产业优势不突出,产业结构调整和转型升级的任务越来越紧迫。故此,中国经济需要以“工匠精神”内化的追求卓越、不断精进的品质引领高端制造业和现代服务业发展,淘汰粗制滥造的落后产业和“僵尸企业”,加快产业转型升级;需要“工匠精神”引领企业精致化生产和精细化管理,进而推动产业在全球价值链分工体系中迈向中高端。

三是增长动力向创新驱动转换需要“工匠精神”。在经济新常态下,技术创新的增长引擎作用更加凸显,“工匠精神”是制造业“干中学”实践中的创新,在技术“引进、消化、吸收、再创新”的过程中发挥着重要作用,大批基层技术人员和产业工人既是创新的构思者,也是创新的践行者。与此同时,“工匠精神”的不断追求、永不满足的创新精神持续催生着新的技术、新的服务、新的标准和新的品质,直接推动着技术升级、质量升级和产品升级,进而促使经济发展动力向创新驱动转换。

四是推动供给侧结构性改革需要“工匠精神”。当前,中国经济结构调整中诸多行业存在无效和低端产能,中高端产品供应严重不足,供给端无法满足社会日益增长的中高端消费需求,造成大量购买力向海外流失。这就客观上需要弘扬“工匠精神”,重塑产品自身独特的专业品位和专业价值,让企业根据客户不断升级的消费需求对产品精心设计打磨,对品牌精心培育维护,让职工对工作一丝不苟、追求卓越的品质渗透到每一件产品,实现产品升级到品牌升级,也就扩大了有效供给和中高端供给。

二、新常态下“工匠精神”的价值取向

2025 年中国迈入世界制造强国之列,需要时代的“工匠精神”来支撑,需要“工匠精神”的隐性特质展示中国质量、中国品牌、中国创造、中国服务和中国自信等五个层面的价值取向。

一是“工匠精神”展示的是“中国质量”。“工匠精神”是一种精致化生产的要求,不惜花费时间精力,不断精进,反复改进产品,追求完美和极致,把99%提高到 99. 99%,不断提高产品档级,其目标就是打造本行业最优质的产

品。目前,尽管中国有一些产品质量达到国际先进水平,但总体水平依然不高,与国内外消费者的期望以及制造强国的地位相比,尚有明显差距。如国内汽车、数控机床、工程机械、农用机械、特种设备等产品的质量稳定性、精密性不高,使用效率较低。据统计显示,德国和日本等国家质量优势赢得竞争占比高达56%,甚至是65%,而中国商品近80%是以价格优势来赢得市场。在经济发展新常态下,中国产品的质量升级需要"工匠精神"注入强劲动力,需要"工匠精神"展现中国质量。华为、海尔等少数中国企业的产品之所以能在海外市场站住脚,一个关键原因就是他们非常注重卓越的质量管理。

二是"工匠精神"展示的是"中国品牌"。品牌是一国制造业和国家竞争实力的象征,世界级品牌的溢价能力、竞争优势不言而喻。以往中国制造业的发展推崇的是速度和规模,缺乏的是质量、服务和技术创新,导致制造业品牌建设严重滞后,世界知名品牌数量及影响力与发达国家相比存在较大差距。据2015年福布斯全球品牌价值100强排行榜显示,中国品牌依然是空白,与中国制造大国的地位、制造强国的需要极不相称。然而,拥有8000万人的德国,就有世界知名品牌2300个,可见差距之大。在经济新常态下,消费需求呈现个性化、多元化、品牌化特征日趋明显,中国迫切需要"工匠精神"中的精雕细琢、精进技艺和追求卓越的品质培育世界品牌,需要专注执着、深耕细作和追求完美的精神锻造品牌,需要"工匠精神"展示中国品牌。

三是"工匠精神"展示的是"中国创造"。"工匠精神"的核心就是企业不断追求科技创新、技术进步,不断吸收最前沿的技术,创造出新成果。"工匠精神"的实质是一种传承与创新的并举,是在传统工艺的基础上不断创造新工艺、新技术的过程。可以说,创造创新是"工匠精神"的一种延伸和拓展。目前,中国诸多领域技术创新能力不足,关键材料、核心零部件、先进工艺、产业技术基础研究严重滞后,已成为制约中国工业转型升级和结构优化的瓶颈。据统计数据显示,中国70%到80%的高档数控机床至今仍主要依赖进口,高端数控机床配套的数控系统90%依赖进口,高端机器人依赖进口,国产机器人所需的精密减速器、伺服电机和控制器等核心零部件,多数直接采购国外产品。《中国制造2025》要求到2025年迈入世界制造强国行列,需要时代"工匠精神"引领中国技术创新和高端制造。

四是"工匠精神"展示的是"中国服务"。"工匠精神"形塑的是一种高境界、高度责任感的职业文明和服务文化，是一种商业伦理文化的传承和创新，是一种精心打磨、专注精细的奉献精神，顾客价值最大化是其服务的最高境界和价值取向。德国制造业中追求精致、创新、完美、标准和精确的服务文化精髓，切实能让“工匠精神”转化为现实生产力。日本丰田精益文化，把规范服务和精细管理成功融入企业价值观，推动丰田品牌持续享誉世界。我国过去由于缺乏企业服务文化理念的塑造，服务品牌的意识淡薄。“山寨”制造、假冒伪劣时有发生。故此，我们强调“工匠精神”，不仅仅是民间手艺的传承和技术创新的突破，呼唤的是对职业“一以贯之”的敬畏、对顾客“敬若神明”的尊重和对产品“止于至善”的追求，展示的是一种隐性修养和行业服务文化的品牌。

五是“工匠精神”展示的是“中国自信”。“工匠精神”的自信理念表现为从容独立、踏实务实、摒弃浮躁、精致精细、宁静致远和执着专一，传递的是一种品质自信、技术自信、工艺自信和服务自信。在全球制造业蓬勃发展的今天，工匠已不再是一种技艺传承和机械重复的劳动者，“工匠精神”也赋予了新的时代内涵，代表着一个时代行业的严谨、一丝不苟、耐心、专注、坚守、专业、敬业的气质和自信。实现制造大国迈进制造强国，必须通过弘扬时代“工匠精神”展示中国自信，需要在基础研究、技术创新和工业文化精神培育等层面踏踏实实的下功夫，不好高骛远、不贪多求快、不惜余力、不怕费事的精耕细作精神，引领中国制造坚守自信、不断精进、走向精致。

三、优化制度供给培育时代“工匠精神”

“工匠精神”是一种职业文明和高境界的服务文化，塑造并非“一日之功”，需要持续优化制度供给，培育时代“工匠精神”。

一是搞好制度顶层设计，实现正式制度与非正式制度的协同。根据诺斯的观点，制度可分为正式制度、非正式制度和实施特征，正式制度包括政治（司法）规则、经济规则和契约，非正式制度包括行事准则、行为规范以及惯例等。据此，优化制度供给培育时代的“工匠精神”，必须搞好制度顶层设计。一方面注重正式制度与非正式制度约束的协同并举。诺斯认为，由非正式制度、正式制度和实施特征所组成的混合体共同决定选择集合和最终结果，尽管正式制度只是形塑选择约束的很小一部分，但正式制度是非正式制度的基础，可以强化和补充非正式制度的有效性。也可以说在培育"工匠精神"过程中，建立健全各种配套的制度体系（政治制度、经济制度和社会制度）的同时，也应注重法律、制度、契约的保障激励作用与日常行为规范、行事准则、企业文化和价值取向等非正式制度的引导有机结合。另一方面，重点抓好非正式制度的建设和塑造。非正式制度普遍存在于社会行为和经济交换之中，在培育"工匠精神"中发挥着主导作用。诺斯指出，嵌入在习俗、传统和行为规则的非正式约束是刻意的政策所难以改变的，这些文化约束不仅将过去、现在和未来联系在一起，而且是我们解释历史变迁路径的关键所在。故此，应重点抓好非正式制度的培育和建设，通过行为准则、文化熏陶、习俗惯例、价值诉求和尊重认可的"软激励"来培育时代"工匠精神"。

二是全面深化改革，提升制度的"适应性效率"。制度"适应性效率"理论，是考察一个经济体随时间演进方式的各种规则，它有助于一个社会去获取知识、去学习、去诱发创新、去承担风险及所有有创造力的活动，以及去解决社会在不同时期的瓶颈意愿。也可以理解为一种制度约束不确定性、降低交易费用和促进交换的能力。改革开放三十多年来，在建立健全各种制度的同时，忽视了制度的"适应性效率"，低效率的制度安排增加了不确定性和交易成本。当前，塑造"工匠精神"必须有一整套高效率的制度体系来保障，使企业在生产实践中通过制度创新和"干中学"养成工匠习惯，再把工匠习惯升华为"工匠精神"。因此，政府必须全面深化改革，减制度的臃肿之身、低效之身、弊端之身，提高制度的适应性效率。优化政府服务，提高政府效能，激发市场活力和社会创造力，利用高效率的制度安排来激发企业和职工追求极致、奋斗创新、尽善尽美的价值取向。

三是完善育人用人体制机制，培养一流的"工匠"队伍。培育"工匠精神"的关键是创造高效宽松的育人用人体制机制。一方面应围绕《中国制造2025》战略实施，围绕中国质量、中国品牌、中国服务、中国创造和中国自信等着力完善人才培养选拔机制，优化人才结构，通过中国制造标准规范体系建设，完善制造强国需要的选人、用人、育人机制，鼓励企业培养符合"延伸服务链条"需求的专业技术人才、经营管理人才和技能人才，尤其是高端技能人才。优化技能人才结构，满足个性化、定制化服务环节和柔性化生产环节的多层次需求，使具备“工匠精神”的技术人才供给与中国创造需求有效对接。另一方面，深化教育体制改革，加快理论性、学术型教育体制向技能型、应用型体制转型，切实转变学生就业观念，尤其是家长的辅助就业理念；要把“工匠精神”的培养纳入国民教育体系，让“工匠精神”贯穿到义务教育、基础教育、高等教育、职业教育和成人教育等各个阶段，培养学生专注耐心、精益求精、追求卓越的职业操守。同时，也要进一步提高技能人才、高职人才的收入和社会地位，从户口迁移、职称评定、人才引进和出国深造等层面获得社会平等的参与机会，使“工匠精神”得到同行的推崇、社会的认可和政府的敬仰。

四是优化市场竞争环境，让“工匠精神”引领创新创业。公正公平的市场环境是滋养“工匠精神”的土壤，是创新创业的乐土。培育时代“工匠精神”，一方面强化市场的监管和治理。在原有的市场监管框架下，应重点利用大数据、物联网和云技术等现代信息工具和监管平台强化市场监管，对于粗制滥造、假冒伪劣要“零容忍”，极力规避“劣币驱逐良币”现象，提高制假贩假的违法成本，依法保护“工匠”的知识产权，确保其投入与回报的均衡。通过有效监管营造公平、公正、统一和竞争有序的市场环境，让中国质量、中国创造、中国服务、中国品牌和中国自信引领全行业规范经营和持续发展。另一方面，从政策层面积极推动“大众创业、万众创新”，逐步建立健全创新激励机制和容错试错机制，注重把“工匠精神”渗透到创新的各个领域和各个环节，通过“众创”“众扶”和“众筹”等新型平台模式不断催生新的产业、新的业态，为经济增长动力转换注入强劲活力。完善“双创”行动政策配套体系建设，营造良好的创业创新的政策氛围，在科技、管理、品牌、组织、商业模式等各层面的创新中，都将人的智力因素作为创新第一要素，让时代的“工匠精神”成为引领创新创业的新动力、新引擎。

第三部分

全面小康新要求

全面建成小康社会:衡量标准与科学内涵*

目前,全面建成小康社会已经进入到了决胜阶段①,“十三五”时期经济社会发展的主要目标就是确保如期实现全面建成小康社会总体目标。从温饱到总体小康,从“三步走”到“新三步走”,从总体小康到全面小康,从党的十二大到党的十八大,不断提出、更新和扩展全面小康的标准和评价方法,全面小康社会的标准是伴随着实践不断深化的。党的十八届五中全会通过的《中共中央关于制定国民经济和社会发展第十三个五年规划的建议》提出的“五位一体”总体布局、“四个全面”战略布局、“五大发展”新理念,清晰地描绘了全面建成小康社会的宏伟蓝图。这个蓝图告诉我们,全面小康社会是一个综合体系,不仅要强调经济因素,也包括社会转型、民主进程、文化建设和生态环境等各个方面。因此,全面建成小康社会的标准是一个综合、广泛、系统的范畴。

一、全面建成小康社会的标准在实践中不断完善

“小康社会”首先是一个经济概念,但也指在生活比较富足的同时,法令严明、安定和谐的一种社会状态,是次于“大同社会”的一种理想社会模式。小康社会的内涵具有动态性,经过了党的几代领导集体的接力推进,从小康概念的提出到总体小康的实现,由全面建设小康社会再到全面建成小康社会。全面建成小康社会是我国实现现代化的一个阶段,是实现中华民族伟大复兴中国梦的关键一步,是现阶段党和国家事业发展的战略统领。

---

* 载《学术前沿》2016 年第 9 期下,合作者高立菲博士。

① 《中共中央关于制定国民经济和社会发展第十三个五年规划的建议》,人民出版社 2015 年版,第 1 页。

中国共产党在改革开放实践和社会主义现代化建设进程中，对小康社会内涵的认识逐步深化。改革开放之后，在谋划和构思我国社会主义现代化蓝图时，邓小平同志首先提出了“小康”目标。党的十一届三中全会开辟了社会主义现代化建设新的历史时期，通过对发达国家和新兴发展中国家现代化进程的学习和观察，开始思考和探索中国式现代化道路的问题。1979 年 12 月，邓小平同志在会见来访的日本首相大平正芳时第一次用“小康”来描述中国的现代化：“我们要实现的四个现代化，是中国式的四个现代化。我们的四个现代化的概念，不是像你们那样的现代化的概念，而是小康之家。到本世纪末，中国的四个现代化即使达到了某种目标，我们的国民生产总值人均水平也还是很低的。要达到第三世界中比较富裕一点的国家的水平，比如国民生产总值人均一千美元，也还得付出很大的努力。就算达到那样的水平，同西方来比，也还是落后的。所以，我只能说，中国到那时也还是一个小康的状态。”① 这是根据我国当时的发展水平和与发达国家的差距得出来的战略构想，是邓小平同志对中国当时的国情及当时与西方发达国家之间的差距提出的务实的阶段性发展目标。

1982 年，党的十二大正式将小康目标确立为今后 20 年中国经济发展的战略目标，这标志着小康社会理论探索的正式起航。这里的“小康”，按照邓小平同志的设想，是“虽不富裕，但日子好过”的阶段。党的十二大和十三大在邓小平同志的“小康”思想基础之上，形成了我国社会主义现代化“三步走”战略。在党的十三大报告中，这一战略被表述为：第一步，从 1981 年到 1990 年，国民生产总值翻一番，实现温饱；第二步，从 1991 年到 20 世纪末，再翻一番，达到小康；第三步，到 21 世纪中叶，再翻两番，达到中等发达国家水平。邓小平同志把“三步走”战略的第一步，称为“解决温饱问题”，第二步称为“小康水平”。1990 年，党的十三届七中全会对小康目标做了更详尽的阐述：“人民生活从温饱到小康，生活资料更加丰裕，消费结构趋于合理，居住条件明显改善，文化生活进一步丰富，健康水平继续提高，社会服务设施不断完善。”②按

① 《邓小平文选》第 2 卷，人民出版社 1994 年版，第 237 页。

② 廖盖隆、庄浦明：《中华人民共和国编年史（1949—2009）》，人民出版社 2010 年版，第 541 页。

照“三步走”战略,1988年提前实现了第一步目标。在此基础上,1997年,党的十五大根据变化了的实际提出面向21世纪前50年的“新三步走”战略,即:第一步,在第一个10年,全面建设小康;第二步,在第二个10年,达到富裕小康水平;第三步,到2050年,基本实现现代化。并且提出中国特色社会主义建设“经济、政治、文化协调发展”的“三位一体”格局,小康概念内涵不断丰富。实现前两步意味着我们进入小康社会,把贫困的中国变成小康的中国。

从1989年到2002年是实现总体小康、迈向全面小康的时期,这一时期经济建设成就巨大。2000年我国宣布如期实现“总体小康”,但是这种小康还只是一个低标准、偏重物质消费、发展不平衡不全面的小康。“小康社会”所指的不仅只是经济发展水平还有人民生活水平的提升。在建设小康的过程中已经暴露出增长方式粗放、区域发展不平衡、自主创新能力不强等问题。鉴于此,2002年党的十六大指出,现在我们总体上达到了小康的水平,但还是低水平的、不全面的、发展很不平衡的小康。进一步解决这些问题,需要提出新的目标,就是全面建设小康社会。相比小康生活,小康社会更加全面,内涵更丰富。要在本世纪初始的20年,集中力量,将全面建设小康社会的内涵发展为“中国特色社会主义经济、政治、文化全面发展”,并形成了社会主义现代化战略的“新三步走”构想,即:到2020年实现全面建设小康社会的目标,到2050年达到中等发达国家水平,到本世纪末进入发达国家行列,实现中华民族的伟大复兴。自此之后,一个以低水平的“总体小康”为基础制定的更高水平的“全面小康”发展规划破茧而出,中国进入从全面建设小康社会迈向全面建成小康社会的新阶段。

2007年,根据国内外形势的变化,党的十七大进一步发展了“小康社会”的内涵,在全面建设小康社会目标的基础上提出:“努力实现经济又好又快发展;扩大社会主义民主,更好保障人民权益和社会公平正义;加强文化建设,明显提高全民族文明素质;加快发展社会事业,全面改善人民生活;建设生态文明,基本形成节约资源能源和保护生态环境的产业结构、增长方式、消费模式。”把中国特色社会主义社会建设纳入全面建设小康社会的范畴,要求全党带领人民,继续全面建设小康社会、加快推进社会主义现代化,确保到2020年实现全面建成小康社会的奋斗目标。

2012年,党的十八大站在新的历史起点上明确指出,我国进入全面建成小康社会的决定性阶段，进一步丰富了小康社会的内涵，形成了经济建设、政治建设、文化建设、社会建设、生态文明建设“五位一体”的全面建成小康社会总布局。全面建成小康社会是经济、政治、文化、社会、生态文明建设五位一体不可分割的全面小康，同时也是社会全面发展进步与人的幸福指数共同提高的全面小康，是以促进人的全面发展为价值导向，不断解放和发展生产力，实现多领域协同发展、不分地域、不让一个人掉队、惠及13亿中国人的全面小康。2014年12月，习近平总书记把全面建成小康社会与全面深化改革、全面推进依法治国、全面从严治党进行整合，提出“四个全面”这一新的重大战略思想。2015年2月，习近平总书记从坚持和发展中国特色社会主义全局出发，明确提出“四个全面”的战略布局，科学、辩证地对“四个全面”进行了定位：全面建成小康社会是战略目标，全面深化改革、全面依法治国、全面从严治党是三大战略举措。全面建成小康社会目标的提出，是党对小康社会内涵认识的进一步深化，是对党的十六大、十七大提出的目标的坚持、充实和完善，具有很强的针对性、战略性、指导性，正在指引着我国社会主义现代化建设不断向前推进，一步步地接近“第一个一百年”奋斗目标。经过理论和实践的一次次充实，全面建成小康社会的标准较之过往的小康标准，一是水平更高，要从一个国际上中等偏下收入的国家向中等偏上收入的国家迈进；二是范围更全，包括经济、政治、社会、文化、生态五个方面。

2015年11月，党的十八届五中全会顺应我国经济社会新发展，赋予“小康”更高的标准、更丰富的内涵。党的十八届五中全会通过的“十三五”规划建议，进一步明确了全面建成小康社会新的目标要求，向广大人民群众描绘了一幅更加美好、幸福、和谐的全面小康社会图景。党的十八届五中全会通过的《中共中央关于制定国民经济和社会发展第十三个五年规划的建议》提出，必须牢固树立创新、协调、绿色、开放、共享的发展理念。“五大发展理念”是我们党对经济社会发展规律认识的深化，是对我国经济社会发展经验总结的集中体现，具有全局性、战略性、系统性、引领性的特征。

从改革开放初期提出“小康”理想，小康社会的理论内涵经历了从“总体”到“全面”、从“三位一体”到“五位一体”、从“建设”到“建成”的发展。经过三十多年的理论和实践发展，其内涵已逐渐清晰。“小康社会”不仅是一个经济概念，还是一个社会范畴。它不仅包括人均国民生产总值和人民物质生活达到某种程度,还包括人民生活质量的提高和生活方式的改变等。小康社会,是指整个社会发展水平和国家的整体发展状况。“全面建成小康社会”成为新时期我们党领导人民推进社会主义现代化进程的战略目标。

二、全面建成小康社会的标准不能仅仅简化成有限指标

一直以来,很多国家的发展战略是以经济增长为核心的,强调工业化发展程度,这是片面追求经济高速增长的“线性发展模式”。这种发展模式使得一些新兴发展国家在短时间内经济上取得了长足进步。但是它也带来了一系列问题:资源过度消耗、贫富差距过大、生态严重破坏等等。从 20 世纪 60 年代以后,世界各国开始反思这种发展模式,以应对这种以经济增长为核心的发展模式带来的严重后果。各国都认识到单纯的经济增长并不等于发展,物质富裕不等于幸福。社会发展应该是经济、社会、文化、政治等各方面相互协调发展,最终实现人的全面发展的过程。

全面建成小康社会,最重要同时也是最难做到的是“全面”。如果到 2020 年我们在总量和速度上达到了全面小康标准,但是发展不平衡、不协调、不可持续,这就算不上真正达到了全面建成小康的标准。① 从党的十八大到十八届五中全会,我国对小康的认识越来越全面。全面小康,是五位一体全面进步的小康,有如下几个标准。第一,经济建设方面,要保持中高速增长并持续健康发展。深入实施创新驱动发展战略,发展具有平衡性、包容性、可持续性,工业化、信息化、城镇化和农业现代化同步发展。第二,社会建设方面,重点保障和改善民生,提高人民生活水平和质量,这是全面建成小康社会极其重要的内容。就业、教育、文化体育、社保、医疗、住房等公共服务体系更加健全,基本公共服务均等化水平稳步提高。解决好群众最关系最直接最现实的利益问题,使人们有更多的获得感。第三,政治建设方面,坚持走中国特色社会主义政治发展道路,坚持党的领导、人民当家作主、依法治国有机统一,积极稳妥推进政治体制改革,加快建设社会主义法治国家,建立健全权力运行约束和监督体

① 《习近平总书记系列重要讲话读本(2016 年版)》,学习出版社、人民出版社 2016 年版,第 59 页。

系，让权力在阳光下运行。第四，文化建设方面，弘扬爱国主义、集体主义和社会主义思想，使得中国梦和社会主义核心价值观更加深入人心。发展文化产业为国民经济支柱性产业，建成公共文化服务体系。第五，生态文明建设方面，建设绿色、低碳的生产方式和生活方式，树立生态文明理念，加强生态文明制度建设，建设美丽中国。这五条标准是一个整体性的标准，他们之间相互联系、相互促进、不可分割，任何一条达不到，都会影响全面建设小康社会目标的实现。因此在制定全面建成小康社会标准和评价方法的时候，要充分体现五大发展理念，按照"五位一体"总体布局，全面推进经济建设、政治建设、文化建设、社会建设和生态文明建设。

自从邓小平同志在20世纪70年代末80年代初提出"小康社会"以来，国内外学者对小康社会指标体系展开了深入的研究，但大部分集中在全面建设小康社会指标体系。近年来，为了评价我国的全面小康社会建设成就，测算与全面建成小康的距离，一些研究机构提出了全面小康指标体系。以指标体系衡量，能使人直观看到全面小康建设进展情况。2008年，国家统计局统计科学研究所建立了《全面建设小康社会统计监测方案》，该方案中的指标体系是由经济发展、社会和谐、生活质量、民主法治、文化教育、资源环境等6个方面23项指标组成。①

根据2011年12月21日国家统计局公布的《中国全面建设小康社会进程统计监测报告(2011)》，中国全面建设小康社会进展顺利，经济发展取得重大成就。2010年中国全面建设小康社会的实现程度达到80.1%，比2000年提高了20.5%，平均每年提高2.05%。近几年来，随着我国全面深化改革、全面依法治国、全面从严治党的加速推进，全面建成小康社会的步伐亦正在加快向前迈进。

经济发展水平大幅度提升。根据国家统计局2016年2月29日发布的《2015年国民经济和社会发展统计公报》，我国2015年GDP总额初步核算为

① 2003年年初，国家统计局统计科学研究所开始研究制定全面建设小康社会统计监测指标体系；2007年又根据党的十七大提出的新要求对指标体系做了重要修订，为了便于各地开展监测工作，2008年6月由国家统计局正式印发了《全面建成小康社会统计监测方案》，方案中的指标体系由经济发展、社会和谐、生活质量、民主法制、文化教育、资源环境等6个方面23项指标组成。

67.67万亿人民币,比上年增长6.9%。三次产业比重分别为9.0%、40.5%、50.5%,第三产业首次突破50%。人均GDP为49351元。常住人口城镇化率为56.10%;全年城镇新增就业1312万人。年末城镇登记失业率为4.05%;全年全员劳动生产率为76978元/人,比上年提高6.6%;年末国家外汇储备33304亿美元;全年全国居民人均可支配收入21966元,比上年增长8.9%,扣除价格因素,实际增长7.4%。

表3-1　2000—2010年中国全面建设小康社会及在六大方面的实现程度①

(单位:%)

	2000	2001	2002	2003	2004	2005	2006	2007	2008	2009	2010
全面建设小康社会	59.6	60.7	61.8	63.0	64.8	67.2	69.9	72.8	74.7	77.5	80.1
经济发展	50.3	52.2	54.4	56.3	58.2	60.6	63.4	66.6	69.1	73.1	76.1
社会和谐	57.5	59.6	57.1	56.3	59.9	62.8	67.6	72.1	76.0	77.7	82.5
生活质量	58.3	60.7	62.9	65.5	67.7	71.5	75.0	78.4	80.0	83.7	86.4
民主法制	84.8	82.6	82.5	82.4	83.7	85.6	88.4	89.9	91.1	93.1	93.6
文化教育	58.3	59.1	60.9	61.8	62.2	63.0	64.1	65.3	64.6	66.1	68.0
资源环境	65.4	64.6	66.3	67.2	67.7	69.5	70.6	72.6	75.2	76.8	78.2

资料来源:国家统计局科研所:《中国全面建设小康社会进程统计监测报告(2011)》,国家统计局网站,2011年12月21日。

社会保障力度大幅度增强。《2015年国民经济和社会发展统计公报》显示,我国的社会保障建设取得新进展,参加各种社会保险人数增加,按照每人每年2300元(2010年不变价)的农村扶贫标准计算,2015年农村贫困人口5575万人,比上年减少1442万人。教育科技和文化体育事业较快发展,全年高校招生人数、在校生和毕业生人数继续增加;全年研究与试验发展(R&D)经费支出14220亿元,比上年增长9.2%,与国内生产总值之比为2.10%;卫生和社会服务事业不断改善;全国万元国内生产总值能耗下降5.6%。

① "全面建成小康社会统计监测"课题组:《中国全面建设小康社会进程统计监测报告(2011)》,国家统计局网站,2011年12月21日。

从以上相关标准来看,我国全面建成小康社会已经取得了决定性成果。全面建设小康社会的6大方面23项指标——经济发展、社会和谐、生活质量、民主法治、文化教育、资源环境——的实现程度都有较大提高。除了国家统计局,福建省人民政府发展研究中心课题组提出了全面建设小康社会评价指标体系,它是由经济发展、人民生活、社会结构、科技文化、民主法制和生态环境等6个方面28项指标组成。国家发展改革委宏观经济研究院课题组及一些学者也从不同的角度对全面建设小康社会指标体系进行了思考和研究。

通过前文梳理全面小康目标的提出过程不难看出,全面小康是一个定量与定性兼备的目标,内涵十分丰富。进入新世纪,我国人民生活总体上达到小康水平后,党的十六大确立全面建设小康社会的目标,明确它是"中国特色社会主义经济、政治、文化全面发展的目标""是实现现代化建设第三步战略目标必经的承上启下的发展阶段"。党的十七大围绕中国特色社会主义经济、政治、文化、社会建设,提出实现全面建设小康社会奋斗目标的新要求。党的十八大进一步明确全面建成小康社会的新要求,即经济持续健康发展,人民民主不断扩大,文化软实力显著增强,人民生活水平全面提高,资源节约型、环境友好型社会建设取得重大进展。可见,全面小康实质是我国现代化的阶段性目标,涵盖工业、农业、国防、科学技术"四个现代化",体现了建设中国特色社会主义"五位一体"总布局。在五个方面中,有些可以量化,如经济、社会方面的一些目标;有些则难以量化,如政治、文化方面的一些目标。所以,衡量小康社会的标准应全面反映经济社会总体发展状况。全面小康的标准应该是定量与定性目标的结合,在实践中要特别防止将全面小康标准简化成为有限指标对全面建成小康社会的误导。实现全面建成小康社会目标,其难度不在于完成定量指标,而在于完成定性标准。如果片面地认为有限或者定量指标就是全面小康目标,就会出现可量化的指标完成情况良好,但是与广大人民实际感受不符的被动局面,或者出现对全面建成小康社会目标任务复杂性、艰巨性认识不足,导致思想上的懈怠和放松。我们要特别注意将全面小康的标准简化成有限指标的倾向,更要防范有限指标对全面建成小康社会的误导,要全面、正确认识全面小康"五位一体"的目标任务,重视量化指标,但不迷信、滥用量化指标,既重视定量指标,也重视定性标准,真正将全面建成小康社会落到实处。因此,全面小康的标准应该是定量与定性目标的结合。①

全面建成小康社会,全面发展是核心。这个"全面",体现在覆盖的人群是全面的。是不分地域、不分城乡的全面小康,是不让一个人掉队的全面小康。这个"全面",也体现在涉及的领域是全面的。我们要建成的全面小康,是"干部清正、政府清廉、政治清明""找到全社会意愿和要求的最大公约数"的全面小康,是"破除城乡二元结构,建设农民幸福生活的美好家园"的全面小康,是"国家物质力量和精神力量都增强,全国各族人民物质生活和精神生活都改善"的全面小康,是经济更加发展、民主更加健全、科教更加进步、文化更加繁荣、社会更加和谐、人民生活更加殷实、环境生态更加友好的全面小康。

全面建成小康社会,经济建设是基础。这是实现中国梦的支撑力量。我国改革开放三十多年建设小康社会的基本经验,根本的一条就是坚定不移地把党和国家的中心任务放到经济建设上来,推动社会生产力以前所未有的速度发展起来。发展是最大的民意,是最大的共识,是最基本的经验。在发展进入新阶段、经济进入新常态的今天,习近平总书记关于全面建成小康社会的论述,抓住发展中存在的突出矛盾,瞄准的是经济、社会和人的素质的全面提升。发展是当今世界潮流,发展是当今中国主题。无论是"工业化、信息化、城镇化、农业现代化同步发展",还是"坚持发展是硬道理的战略思想",全面建成小康社会的战略目标,体现的正是中国特色社会主义的根本属性和必然要求。

全面建成小康社会,以人民为中心是根本。中国共产党人对小康社会建设的探索,始终贯彻着一条主线,就是将人民作为最高的价值主体,一切从人民出发,一切落脚于人民,以人民的利益和发展作为评判全面建设小康社会成败的标准。党的十八届五中全会对于全面建成小康社会的内涵进行了进一步拓展,提出"共享"的新理论。共享,就是强调必须坚持发展为了人民、发展依靠人民、发展成果人民共享。在建设全面小康的道路上,从当年强调允许和鼓励一部分地区、一部分人先富起来,到今天强调全体人民的小康,这是党和国家发展方针的一个重大转变,全面建成小康社会增加了新内涵。缩小社会收

① 张占斌:《全面小康目标不能仅仅简化为有限指标》,《人民日报》2015年4月8日,第7版。

入差距,形成橄榄型分配格局是实现“共享”理念的重要途径,优化收入分配格局关键是让中等收入群体持续扩大。中等收入群体持续扩大,是释放消费潜力、扩大内需、建设“橄榄型”社会的重要基础。扩大中等收入群体,关系全面建成小康社会目标的实现,是转方式调结构的必然要求,是维护社会和谐稳定、国家长治久安的必然要求。以人民为中心的发展思想,体现在全面建成小康社会的各个环节。我国正处于并将长期处于社会主义初级阶段,不能做超越阶段的事情。要项项落实好以人民为中心的发展,积小胜为大胜,不断朝着全体人民共同富裕的目标前进。

全面建成小康社会,脱贫攻坚是重点。贫困人口全部脱贫是全面建成小康社会的一个标志性指标,是“十三五”时期的重大战略任务。到 2020 年全面建成小康社会,是党确定的“两个一百年”奋斗目标的第一个百年奋斗目标,是党向人民、向历史作出的庄重承诺。按照世界银行现行标准,接近高收入国家水平,基本跨越“中等收入陷阱”。跨越“中等收入陷阱”是就国内生产总值而言的,但全面建成小康社会新的目标要求是全面的,是要惠及十几亿人口、收入差距缩小、人民生活水平和质量普遍提高的,是要城乡区域协调发展、生态文明建设、社会公平正义等取得显著进步的。与这些目标要求比,目前一些方面还存在着差距。其中最突出的是现有农村贫困人口脱贫和解决区域性整体贫困问题。全面建成小康社会这一目标能否最终实现,关键是要解决农村人口的贫困问题。习近平总书记指出,“小康不小康,关键看老乡”。全面小康,是惠及全体人民的小康,是不能有人掉队的小康,绝不能把贫困地区和贫困人口排除在外。全面建成小康社会最艰巨的任务是脱贫攻坚,最突出的短板就是截至 2015 年年底农村还有 5575 万贫困人口。如期完成脱贫任务是全面建成小康社会的刚性目标、底线目标。只有打赢脱贫攻坚战,才能凸显全面小康社会成果,让人民群众满意、国际社会认可。

全面建成小康社会,建成是关键。这是实现中国梦的战略保障。我们原来提出的“总体小康”还是较低水平、不全面、发展不平衡的小康,我们要发展成为更高水平、内容比较全面、发展较为均衡的小康社会。全面建成小康社会,是“让人民群众在每一个司法案件中都感受到公平正义”的小康,是“望得见山、看得见水、记得住乡愁”的小康,是“以改革创新精神开拓国防和军队建设新局面”“为实现中国梦提供坚强力量支撑”的小康,等等。只有这些真真切切的梦想内容,通过全国各族人民的奋斗努力,能够确保在2020年最终得到实现,全面小康社会最终得以建成,这个梦想才有意义,才能激发人民实现梦想的信心和斗志。

如期全面建成小康社会最重要的标准是经济发展方面,要实现更高质量、更有效率、更加公平、更可持续的发展。全面建成小康社会,更重要、更难做到的是“全面”。“小康”讲的是发展水平,“全面”讲的是发展的平衡性、协调性、可持续性。习近平总书记指出,如果到2020年我们在总量和速度上完成了目标,但发展不平衡、不协调、不可持续问题更加严重,短板更加突出,就算不上达到了全面建成小康的标准。评价全面建成小康社会,重点和难点在于重视全面建成小康社会的短板。

经济发展的质量和效益问题。党的十八大以来,党中央综合分析世界经济长周期和我国发展阶段特征及其相互作用,作出了我国经济进入新常态的重大战略判断。新常态下我国经济发展的主要特点是速度、方式、结构、动力发生变化,也就是说增长速度要从高速转向中高速,发展方式要从规模速度型转向质量效率型,经济结构调整要从增量扩能为主转向调整存量、做优增量并举,发展动力要从主要依靠资源和低成本劳动力等要素投入转向创新驱动。这些变化,是我国经济向形态更高级、分工更优化、结构更合理的阶段演进的必经过程。新常态是一个客观状态,是我国经济发展到这个阶段必然会出现的一种状态,实现这样广泛而深刻的变化并不容易,对我们是一个新的巨大挑战。推动“十三五”时期我国经济社会发展,把适应新常态、把握新常态、引领新常态作为贯穿发展全局和全过程的大逻辑,在很大程度上需要提高经济发展的质量和效益,改变过去那种跑马占荒似的粗放增长,改变过去那种拼资源能源的规模型增长,改变过去那种拼低成本要素的速度型增长。这里的改变关键是要加快转变经济发展方式、调整经济结构,实现经济结构的转型升级。在“十三五”期间,全面建成小康社会发展要有一定速度,但这个速度应当是绿色的GDP、创新的GDP,必须有质量、有效益。必须是遵循经济规律的协调发展,必须是遵循自然规律的可持续发展,必须是遵循社会规律的包容性发展。虽然经济增长速度放缓了,但经济增长的质量和效益提高了,这对我们来说,是一件大好事。

平衡性协调性可持续性问题。发展不平衡不协调不可持续问题也就是全面建成小康社会短板所在。从宏观上看,短板无所不在,不仅经济、政治、文化、社会和生态等各个领域有短板,而且各个地方也有各自的短板,即使是经济发达地区,短板也同样存在。从微观上看,各地短板的种类和长短具有相对性、多样性和差异性。全面建成小康社会,覆盖的领域要全面,是五位一体的全面进步。经济发展进入新常态后,解决我国经济社会发展的诸多难题,将主要依靠增进公平激发全体人民的创新活力,形成经济增长的不竭动力。因此,在新旧动力转换的经济发展新阶段,补短板的核心或关键是补公平的短板,增大中等收入群体,努力跨越“中等收入陷阱”,顺利完成第一个百年目标,并为完成第二个百年目标奠定坚实的基础。根据“十三五”全面建成小康社会目标要求,最突出、具有普遍性的短板有以下几个方面:一是脱贫短板。我们党历来重视“三农”问题,始终把解决好“三农”问题作为全党工作的重中之重。虽然全面建成小康社会不是人人同样的小康,但如果现有的农村贫困人口生活水平没有明显提高,全面建成小康社会不能让人信服。所以,习近平同志把农村贫困人口脱贫看作是全面建成小康社会最艰巨的任务,是最突出的短板。二是民生短板。民生是人民幸福之基、社会和谐之本。增进民生福祉是我们党坚持立党为公、执政为民的本质要求。习近平总书记指出,让老百姓过上好日子是我们一切工作的出发点和落脚点。全面小康,覆盖的人口要全面,是惠及全体人民的小康。全面建成小康社会突出的短板主要在民生领域,发展不全面的问题很大程度上表现在不同群体民生保障方面。三是生态短板。人与自然的关系是人类社会最基本的关系。生态兴则文明兴,生态衰则文明衰。我们党一贯高度重视生态文明建设。20 世纪 80 年代初,我们就把保护环境作为基本国策。进入新世纪,又把节约资源作为基本国策。经过三十多年的快速发展,我国经济建设取得历史性成就,同时也积累了大量生态环境问题,成为影响人们生活质量提高的一块突出短板。我们要尽力补上生态文明建设方面的缺陷,助推全面建成小康社会。

风险防控意识和能力问题。“十三五”时期,可能是我国发展面临的各方面风险不断积累甚至集中显露的时期。如果发生重大风险又扛不住,国家安全就可能面临重大风险,全面建成小康社会进程就可能被迫中断。我们必须提高风险防范意识和能力。从经济风险防控来说,随着我国经济发展进入新常态,产能过剩化解、产业结构优化升级都需要一定的时间和空间,经济下行压力增大,容易引发一些突出矛盾和问题。一是地方政府债务风险。部分城市建设规模和速度超出财力,政府债务负担过重,财政和金融风险不断积累。二是金融风险。近年来,我国宏观债务水平持续上升,产能过剩行业信贷风险逐步显现,处置“僵尸企业”的融资风险,高杠杆下的汇市、股市、债市、楼市风险上升,跨境资本异常流动风险增大。三是产业风险。发达国家再工业化吸引本国制造业回流,新兴经济体和其他发展中国家大力吸引低端产业和订单转移,我国产业面临提升竞争力和避免空心化的双重挑战。四是国际贸易风险。西方国家等强化贸易保护主义,除反倾销、反补贴等传统手段之外,在市场准入环节对技术性贸易壁垒、劳工标准、绿色壁垒等方面的要求越来越苛刻。

针对以上全面建成小康社会的重点难点问题,如何评价全面建成小康社会的建设水平?党的十八届五中全会明确指出,如期实现全面建成小康社会奋斗目标,必须遵循“六个坚持”原则。“六个坚持”也是全面建成小康社会的一种评价方法。第一,坚持人民主体地位,就必须坚持以人民为中心的发展思想,把增进人民福祉、促进人的全面发展作为发展的出发点和落脚点,发展人民民主,维护社会公平正义。第二,坚持科学发展,就必须坚持以经济建设为中心,从实际出发,把握发展新特征,加大结构性改革力度,加快转变经济发展方式,实现更高质量、更有效率、更加公平、更可持续的发展。第三,坚持深化改革,必须按照完善和发展中国特色社会主义制度、推进国家治理体系和治理能力现代化的总目标,健全使市场在资源配置中起决定性作用和更好发挥政府作用的制度体系,以经济体制改革为重点,加快完善各方面体制机制。第四,坚持依法治国,就必须坚定不移走中国特色社会主义法治道路,加快建设中国特色社会主义法治体系,建设社会主义法治国家,加快建设法治经济和法治社会。第五,坚持统筹国内国际两个大局,就必须坚持打开国门搞建设,既立足国内,充分运用我国资源、市场、制度等优势,又重视国内国际经济联动效应,积极应对外部环境变化,更好地利用两个市场、两种资源,推动互利共赢、共同发展。第六,坚持党的领导,就必须贯彻全面从严治党要求,着力加强和改善党的领导,不断提高党的执政能力和执政水平。

“六个坚持”与“五大发展理念”密切相关。要结合起来把握其深刻内涵,他们都服务于全面建成小康社会的总目标。创新、协调、绿色、开放、共享的发展新理念,在理论和实践上都有新的突破,是指挥棒,是红绿灯,对破解发展难题、增强发展动力、厚植发展优势具有重大的指导意义。新发展理念科学回答了新形势下全面建成小康社会的重点和难点问题,需要什么样的发展,怎样去破解。我们要用新发展理念武装头脑,敢于攻坚,突出重点难点,把抓落实工作做好。

全面建成小康社会的历史方位和实践要求

一、从“三步走”到中国梦*

在不同历史时期和发展阶段，根据人民意愿和事业发展需要，提出具有科学性、导向性和感召力的奋斗目标，是我们党团结带领人民推进国家建设的一条重要经验。改革开放以来，从“三步走”发展战略到中国梦宏伟蓝图，党提出的奋斗目标有力地引领中国人民推进社会主义现代化建设，创造了并将继续创造中国经济发展奇迹。

“三步走”战略是邓小平理论的重要组成部分，是改革开放后我们党提出的第一个现代化发展战略。1978 年，党的十一届三中全会决定把全党工作重心转移到现代化建设上来。次年，邓小平同志提出到 20 世纪末中国现代化建设的目标是达到小康。小康目标从中国国情出发，用人均国民生产总值来衡量，使现代化目标更为清晰。1987 年，邓小平同志完整概括了“三步走”经济发展战略。同年，“三步走”战略写入党的十三大报告：“党的十一届三中全会以后，我国经济建设的战略部署大体分三步走。第一步，实现国民生产总值比一九八〇年翻一番，解决人民的温饱问题。这个任务已经基本实现。第二步，到本世纪末，使国民生产总值再增长一倍，人民生活达到小康水平。第三步，到下个世纪中叶，人均国民生产总值达到中等发达国家水平，人民生活比较富裕，基本实现现代化。然后，在这个基础上继续前进。”

在“三步走”战略指引下，我国经济持续快速发展。到 2000 年，我国总体上步入小康社会，“三步走”战略的前两步如期实现。从新世纪开始，我国进入全面建设小康社会、加快推进社会主义现代化的发展新阶段。

---

* 载《人民日报》2015 年 3 月 22 日。

实现第三步目标要比前两步困难得多。我国刚刚跨入小康社会的大门，所达到的是低水平的、不全面的、发展不平衡的小康。第三步怎么走？党的十六大报告提出“要在本世纪头二十年，集中力量，全面建设惠及十几亿人口的更高水平的小康社会”。党的十七大报告适应国内外形势的新变化，顺应各族人民过上更好生活的新期待，把握经济社会发展趋势和规律，在党的十六大确立的全面建设小康社会目标的基础上对我国发展提出了新的更高要求。党的十八大提出“两个一百年”奋斗目标，进一步细化了“三步走”战略的第三步，并把目光投向更远的民族复兴愿景。党的十八大将全面建设小康社会改为全面建成小康社会，标志着全面小康社会建设进入最后的关键阶段。

党的十八大后，习近平总书记提出了实现国家富强、民族振兴、人民幸福的中国梦。中国梦是实现中华民族伟大复兴的形象表达，它把全面建成小康社会与中华民族伟大复兴统一起来，是对“三步走”战略的重大发展，开启了我国经济社会创新发展的新征程。

实现中华民族伟大复兴，是中华民族近代以来最伟大的梦想。改革开放以来，我们找到了圆梦的正确道路，这就是中国特色社会主义道路。习近平总书记指出：“现在，我们比历史上任何时期都更接近中华民族伟大复兴的目标，比历史上任何时期都更有信心、有能力实现这个目标。”

从“三步走”战略到中国梦，是党和国家发展经验的积累、治国理政战略的传承，具有鲜明的时代印记和深远的历史意义。今天，我国已成为全球第二大经济体，“四个全面”战略布局正在展开，为我国经济社会持续健康发展注入新的内涵和动力，使我们在建设中国特色社会主义、实现中华民族伟大复兴的正确道路上充满自信。

二、以改革创新夯实稳中向好基础*

经济发展进入新常态后，面对经济下行的较大压力，党中央、国务院保持和增强战略定力，坚持依靠改革创新引领新常态，以更大的勇气和决心破除各种体制机制障碍，在创新宏观调控思路和方法的同时，更加深入地实施创新驱

---

* 载《求是》2015 年第 19 期。

动发展战略，着力推动经济发展提质增效升级。从这两年的经济发展实践看，正是因为改革创新激发出了巨大的市场活力和发展动力，我国经济才顶住了下行的巨大压力，保持了中高速增长态势，形成了稳中向好趋势。当前，我国经济仍处于转型升级的关键时期，只有坚定不移地推进改革创新，才能巩固经济稳中向好的基础。

坚持推进简政放权，不断激发市场活力。党的十八大以来，新一届政府开门办的第一件大事就是深化行政体制改革、转变政府职能，把简政放权作为“当头炮”和“先手棋”。通过简政放权，用政府权力的“减法”换取企业和市场活力的“加法”，用更大力气释放改革红利，更加注重发挥市场在资源配置中的决定性作用，从而激发市场主体活力和激活经济发展潜力。各地实践表明，随着简政放权、放管结合、优化服务改革的深入推进，蕴藏在亿万人民群众之中的创业创新力量不断涌现，在世界经济总体上复苏乏力、国内经济下行压力加大的背景下，成为支撑中国经济稳定增长的内在动力。

深化投融资体制改革，着力扩大投资需求。消费、投资和净出口是推动经济增长的“三驾马车”。从我国实际情况看，大幅提升消费总量和改善消费结构的任务虽然十分紧迫，但需要通过做大“蛋糕”、调整收入分配结构等政策来实现，这在短期内难以收到明显成效。净出口需求则主要依赖外部环境，而从当前世界经济形势看，发达经济体复苏一波三折，新兴经济体增长疲软乏力，外部需求在短时期内恐难有大的起色。因此，当前稳增长的着力点仍在于扩大投资，尤其是有效扩大公共投资。但在新常态下，增加公共投资不是政府唱“独角戏”，而是要加大投融资体制机制改革力度，通过土地、价格、特许经营等政策杠杆，引导社会资本有序参与公共投资，以少量的政府投资带动巨量的社会投资，引导它们投向实体经济。同时，优化配置，提高效率，在实现稳增长目标中发挥投资的关键性作用。

发挥市场决定性作用，加快化解过剩产能。以产能调整带动资产重组，是重塑增长动力的现实需要，也是推动我国经济转型升级的关键。产能过剩意味着资源配置不当，一些行业过多占用资源却没有相应的产出，另一些行业则资源投入不足，长期看势必会降低经济的整体效率。现实地看，大凡产能过剩的行业，相关企业的资产负债率都很高，发生企业破产倒闭的可能性比较大，企业经营风险有可能进一步传导到金融体系，成为金融、经济安全的隐患。发挥市场在资源配置中的决定性作用，就是要通过市场机制校正当前失真的各类要素价格，防止因市场价格扭曲误导投资方向；同时，要更好发挥政府作用，积极做好市场监管和纠偏，促进过剩产能有序实现梯度转移，确保国民经济的持续稳定增长。

深化科技体制改革，积极培育新的增长点。培育新的增长点，关键是要消除束缚创新驱动发展的体制机制障碍，激发广大科技工作者和人民群众的创造力。当前，我国经济发展面临资源环境等多重约束，特别是东部发达地区劳动力供给出现结构性短缺，劳动力供求关系正在发生转折性变化。这说明，以往主要依靠要素投入驱动发展的方式难以为继，必须加快发展方式转变才能保持经济持续健康发展。要坚持深化科技体制改革，着力健全技术创新的市场导向机制，尽快把推动发展的立足点转移到更多依靠科技进步、劳动者素质提高和管理创新上来，通过大众创业、万众创新的强大驱动力来巩固我国经济稳中向好的基础。

加快推进结构性改革，切实提升潜在增长率。改革开放以来，我国经济保持了长期快速发展，关键是因为我们实行了以社会主义市场经济为导向的经济体制改革，发挥出了劳动力等要素成本低的比较优势。客观上看，在三十多年的改革开放进程中，我国农村剩余劳动力规模大，土地和自然资源相对廉价，高储蓄率形成了相对较低的资金利用成本，使经济发展享有"人口红利""资源红利"和"储蓄红利"。经济发展进入新常态后，这"三大红利"在逐步衰减，经济潜在增长率正逐步下降，经济增速必然会趋缓。因此，从长远看，巩固经济稳中向好趋势，关键是要加快推进结构性改革，激发全体人民无穷的创造力，使制度红利进一步转变为发展红利。

三、为什么强调"供给侧结构性改革"*

2015 年的中央经济工作会议刚刚落下帷幕，习近平总书记在会上发表重要讲话，总结 2015 年经济工作，分析当前国内国际经济形势，部署 2016 年经济工作，重点是落实"十三五"规划建议要求，推进结构性改革，推动经济持续

---

* 载《中国联合商报》2015 年 12 月 28 日。

健康发展。

笔者认为，这次会议的最大亮点就是突出强调了将“推进供给侧结构性改革”，作为“适应和引领经济发展新常态的重大创新”，作为“适应国际金融危机发生后综合国力竞争新形势的主动选择”，并明确提出“在适度扩大总需求的同时，去产能、去库存、去杠杆、降成本、补短板，提高供给体系质量和效率，提高投资有效性，加快培育新的发展动能，改造提升传统比较优势，增强持续增长动力，推动我国社会生产力水平整体改善”。

这次会议将“推进供给侧结构性改革”，作为明年和今后一段时期中国经济工作的总体思路和基本遵循，既是对中国经济发展新阶段的深刻把握，也是对未来发展路径的整体谋划，有利于推动中国经济提质增效、行稳致远。从整体上看，可以从“供给侧”“结构性”“改革”三个层次分别加以理解。

从“供给侧”看，更加强调扩大有效供给。扩大有效供给，就是从供给、生产端入手，通过解放生产力，推动产业转型升级，提升竞争力促进经济发展。具体而言，就是要求清理僵尸企业，淘汰落后产能，将发展方向锁定新兴领域、创新领域，创造新的经济增长点。本次中央经济工作会议强调“供给侧”，从短期看是为了应对当下的严峻挑战，而从长期看，则是追求一个“供需向相匹配”的新经济结构，注重通过“打好脱贫攻坚战”“提高企业技术改造投资能力”“培育发展新产业”“加大投资于人的力度”“保障农产品有效供给”等途径，实现中国经济保持健康可持续发展的目的。当然，强调“供给侧”，并不是说就不要“需求侧”了，而是在适度扩大总需求的同时，更加强调“有效供给”，更加强调供给的质量，更加强调经济发展的效益，更加强调实现实实在在没有水分的增长。

从“结构性”看，更加强调经济结构的转型升级。当前，我国经济下行压力较大，这其中既有总量性、全球性、周期性因素的影响，但根本上讲，主要还是结构性问题。比如，当前经济增速放缓的一个重要原因是产业增长动力的“青黄不接”，新旧产业出现“快打慢”现象。因此，按照中央经济工作的战略部署，以结构调整带动经济增长，以经济增长促进结构调整，是做好明年和今后一段时期经济工作的重要思路。要坚持深入实施创新驱动发展战略，推进大众创业、万众创新，依靠创新加快新动能成长和传统动能改造提升。要用新思路新举措深挖内需潜力，持续扩大消费需求，发挥好有效投资对稳增长调结构的关键作用。要大力优化产业结构,加快推进现代农业建设,着力抓好工业稳增长调结构增效益。要促进区域发展,更加注重人口经济和资源环境空间均衡。要保护生态环境,更加注重促进形成绿色生产方式和消费方式。

从“改革”看,更加强调依靠全面深化改革适应新常态。扩大有效供给,推动中国经济转型升级,最终要靠全面深化改革来加以推进、加以实现,需要体制机制的保障,需要通过加快释放改革红利,促进国家治理能力和治理体系现代化。没有改革的纵深推进,就不可能有中国经济的行稳致远。按照中央经济工作会议的精神,当前和今后一段时期,要加大重要领域和关键环节改革力度,加快推出一批具有重大牵引作用的改革举措。要大力推进国有企业改革、财税体制改革、金融体制改革、养老保险制度改革、医药卫生体制改革等重点领域的改革,深化推进以人为核心的新型城镇化的各种体制机制改革,促进城乡要素资源的优化配置。加快推进科技体制改革,以科技创新推动创业,以大众创业带动就业,加快“双创”战略和政策的落地。

总而言之,推进供给侧结构性改革,必将成为适应和引领中国经济新常态的重要抓手。面对错综复杂的国际环境和愈加严峻的国内形势,我们需要坚持创新、协调、绿色、开放、共享五大发展理念,切实化解国内过剩产能、创新经济增长动力、帮助企业降低成本、推动房地产去库存以及防范系统性金融风险等,以更加扎实的工作和更加有效的改革,推动中国经济向更高质量、更有效率、更加公平、更可持续的方向发展。

四、从严治党重塑经济发展制度环境*

党的十八届六中全会精神的核心是从严治党,旨在从加强和规范党内政治生活着手,以严格实施党内监督为主要措施,开创全面从严治党的新局面,这将重塑经济发展的制度环境,有利于全面深化改革和经济长远发展。

首先,有助于厘清政府与市场的关系。腐败的非法性、危害性带来了较为严重的价格信号扭曲,干扰了市场的正常运行。腐败诱导人们钻制度和法律的空子获得“政策利润”,而不是通过有效竞争获得“市场利润”。腐败还诱导

* 载《经济日报》2016 年 12 月 29 日。

人们找关系、搞投机，而不是认真提高生产服务质量和科技创新能力，这最终会导致社会财富增长停滞、收入两极分化，进而影响社会稳定和经济可持续发展。市场正常生产活动的回报低于寻租的回报，必然导致社会资源被配置到寻租活动中，严重影响资源的配置效率。从严治党是彻底铲除腐败的重要抓手，反腐败真正斩断的是“不正当利益”输送，有助于厘清政府与市场的关系，通过减少“看得见的手”的行政化干预，强化市场在资源配置中的决定性作用，形成统一开放、竞争有序的市场体系，培养新型政商关系，充分激发市场主体创新创业的积极性。

其次，可以重塑制度环境，提升国家治理体系和治理能力现代化。从严治党，强化党的领导核心，严肃党内政治生活和完善党内监督是有效提升国家治理体系和治理能力的关键。抓领导干部廉洁自律可以减少经济蠹虫，通过查办腐败案件可以挽回经济损失，通过源头治腐可以为经济发展营造有利的环境。通过严惩腐败，打击权力“寻租”，管住任性的权力，有利于重构中国经济运行的制度环境。通过深入推进党风廉政建设和反腐败斗争，有利于加速构建不敢腐、不能腐、不想腐的有效机制。

再次，有助于破除利益藩篱、全面深化改革。当前推进全面深化改革，尤其是国有企业改革，必须破除盘根错节的利益关系，减少制度寻租的空间。只有从严治党才能有效提升共产党治国的信心和能力，才能得到广大干部和群众的支持。东北国有企业改革举步维艰，去产能职工安置任务重、资金缺口大，然而东北龙煤集团一个下属销售公司副总贪污受贿竟达 3 亿多元，可见国有企业治理的漏洞有多大，其改革的任务有多繁重。党的十八大以来，党中央从严治党和持续反腐，冲破了利益藩篱，为全面深化改革减少了阻力，为治本赢得了时间。当前供给侧结构性改革全面展开，已经取得了积极成效，这凸显反腐斗争打破了低效率的经济社会生态，新的体制机制正在逐步建立和完善。

此外，有助于减少发展阻力，助推经济可持续发展。从长远角度看，反腐败是端正方向、完善规则的重大举措，有利于经济长远发展。一方面随着反腐力度的逐步加大，一些践踏公平竞争原则的市场主体将被驱逐，企业的隐性税负可以降低，“劣币驱逐良币”的局面有望彻底扭转，有利于中国经济可持续发展。另一方面，反腐斗争增大腐败的成本和风险，有利于降低腐败程度，间接促进经济长期持续增长。

全面建成小康社会的八大亮点*

2016年是全面建成小康社会决胜阶段的开局之年，也是推进结构性改革的攻坚之年。近日，国务院编制的《中华人民共和国国民经济和社会发展第十三个五年（2016—2020年）规划纲要》（以下简称《纲要》）正式发布，阐明了全面建成小康社会的国家战略意图。日前，国务院批转国家发展改革委《关于2016年深化经济体制改革重点工作的意见》（以下简称《意见》），《意见》要求，实现"十三五"时期经济社会发展良好开局要做到四个"更加"，即：更加突出供给侧结构性改革、更加突出问题导向和目标导向、更加突出基层实践和创新、更加突出抓改革措施落地。中国未来的经济发展有几个特别突出的亮点，需要加以关注。

亮点一：充分考虑了我国经济发展进入新常态这一趋势性变化，强调要以认识新常态，适应新常态，把握新常态，引领新常态的要求进行战略谋划。"十三五"时期是全面建成小康社会的决胜阶段。我国经济发展进入新常态，向形态更高级、分工更优化、结构更合理阶段演化的趋势更加明显。但同时，发展方式粗放，不平衡、不协调、不可持续问题仍然突出，经济增速换挡、结构调整阵痛、动能转换困难相互交织，面临稳增长、调结构、防风险、惠民生等多重挑战。我们必须认真贯彻党中央战略决策和部署，准确把握国内外发展环境和条件的深刻变化，积极适应把握引领经济发展新常态，必须准确把握战略机遇期内涵和条件的深刻变化，增强忧患意识、责任意识，强化底线思维，保持战略定力，坚持社会主义市场经济改革方向、坚持调动各方面积极性，放胆发展生产力，着力在优化结构、增强动力、化解矛盾、补齐短板上取得突破，切实转变发展方式，提高发展质量和效益，努力跨越"中等收入陷阱"，不断开拓发

* 载人民网2016年4月5日，原标题为《迈向经济强国"战略图景"的八大亮点》。

展新境界。

亮点二:创造性地提出了创新、协调、绿色、开放、共享的新发展理念,以新发展理念为指导,谋划“十三五”和未来更长时期经济社会发展。也就是说,新发展理念要求我们,必须以提高发展质量和效益为中心,以供给侧结构性改革为主线,扩大有效供给,满足有效需求,加快形成引领经济发展新常态的体制机制和发展方式,全面推进创新发展、协调发展、绿色发展、开放发展、共享发展,统筹推进经济建设、政治建设、文化建设、社会建设、生态文明建设和党的建设,确保如期全面建成小康社会,为实现第二个一百年奋斗目标、实现中华民族伟大复兴的中国梦奠定更加坚实的基础。新发展理念是“十三五”乃至更长时期我国发展思路、发展方向、发展着力点的集中体现,也是改革开放三十多年来我国发展经验的集中体现,是当代中国马克思主义发展观的最新成果,反映出我们党对我国发展规律的新认识,凸显了以人民为中心的发展思想,是所有亮点中最大的亮点。

亮点三:按照全面建成小康社会的要求,确定了今后五年经济社会发展的主要目标和发展主线,把经济保持中高速增长放在主要目标的第一位,发展主线更强调供给侧结构性改革。其他发展目标还有,创新驱动发展成效显著,发展协调性明显增强,人民生活水平和质量普遍提高,国民素质和社会文明程度显著提高,各方面制度更加成熟更加定型。《纲要》首先明确了“十三五”时期经济社会发展的主要指标,共 25 项。从这些目标的设定看,能够保持理性务实思考。有些指标要求更加稳妥,甚至留有余地,比如 GDP 6.5%—7%的区间设定。在此基础上,突出强调了发展主线,就是必须在适度扩大总需求的同时,着力推进供给侧结构性改革,使供给能力满足广大人民日益增长、不断升级和个性化的物质文化和生态环境需要。《纲要》强调必须用改革的办法推进结构调整,加大重点领域关键环节市场化改革力度,调整各类扭曲的政策和制度安排,完善公平竞争、优胜劣汰的市场环境和机制,最大限度地激发微观活力,优化要素配置,推动产业结构升级,扩大有效和中高端供给,增强供给结构适应性和灵活性,提高全要素生产率。现在看,2016 年去产能、去库存、去杠杆、降成本、补短板,是紧迫任务。

亮点四:紧紧扭住全面建成小康社会存在的短板,强调在补齐农村贫困人口脱贫、社会事业发展、生态环境保护、民生保障等短板上多用力。走共同富裕道路是中国特色社会主义的本质要求。坚持以人民为中心的发展，也就是说发展为了人民、发展依靠人民、发展成果由人民共享。这些大道理要实现，必须作出更有效的制度安排，使全体人民在共建共享发展中有更多获得感，增强发展动力，增进人民团结，朝着共同富裕方向稳步前进。到2020年，我国经济社会还有不少短板，《纲要》突出的是贫困人口脱贫、农业人口市民化、基本公共服务均等化、生态环境保护、民生保障等。我们必须采取雪中送炭的精神，精准克难，打赢攻坚战。如果我们光喊口号，不能把这些事情真正办好，那么，党和政府的信誉就会大打折扣，甚至出现所谓的"塔西佗陷阱"。正因如此，我们在冲刺阶段，必须打起精气神，真抓实干，以出色的业绩回报人民的信任，捍卫党和政府的形象。

亮点五：高度重视和实施一批国家重大科技项目，把重要领域的科技创新摆在更加突出的地位，在战略必争领域打破重大关键核心技术受制于人的局面。《纲要》着眼于国际竞争的紧迫性，充分考虑到全面建成小康社会的要求，为了抢占国际科技竞争和产业革命的制高点，把创新摆在了国家发展全局的核心位置，强调实施创新驱动发展战略。特别值得重视的是，提出要启动一批关系国家全局和长远的重大科技项目，建设一批高水平的国家科学中心和技术创新中心，积极参与国际大科学计划和大科学工程的实施，培育壮大一批有国际竞争力的创新型领军企业，建设一批全面创新改革试验区。持续推动大众创业，万众创新，促进大数据、云计算、物联网的广泛应用，加快形成若干战略性技术和战略性产品，到2020年力争在基础研究、应用研究和战略前沿领域取得重大突破，迈进创新型国家行列。这凸显了我国在科学技术领域有所为和有所不为的战略安排，希望在战略必争领域彻底打破重大关键核心技术受制于人的不利局面。

亮点六：推动实施一系列重大体制改革、重大政策创新和重大项目，为实现全面小康和中国梦提供持续动力和根本保障。《纲要》充分估量我国实现全面小康社会的目标要求，也充分考虑到了实现中华民族伟大复兴中国梦的愿景，重点提出了一些重大的体制机制创新和重大的经济政策，比如，为了实现到2020年解决1亿人的农业转移人口市民化问题，也就是常住人口城镇化率达到60%，户籍人口城镇化率达到45%，提出了人、地、钱挂钩的制度创新。比如，为了保证金融市场的有序健康发展，提出了改革金融监管体制的要求。

此外,提出了国家大数据战略以及一些有影响的国家重大基础设施工程和国家重大工程。这些重大的体制、政策创新和重大项目,对未来中国将会产生深刻影响。

亮点七:坚持立足国内和全球视野相统筹,积极参与全球经济治理和公共产品供给,重视提高在全球范围配置资源的能力,提高我国在全球经济治理中的制度性话语权,构建广泛的利益共同体。《纲要》从全球经济联系中进行谋划,致力于开创对外开放新局面,提高对外开放水平,发展更高层次的开放型经济。比如如何搞好"一带一路"、如何搞好自贸区等,特别是提出了"积极参与全球经济治理和公共产品供给",这实在是篇开创未来的大文章。不仅如此,还提到了参加国际网络规则、国际深海规则、国际极地规则、国际空天规则等的制定,表明了我国在未来的发展中,希望提高在全球经济治理中的制度性话语权,开展更广泛的多方面的合作交流,与世界各国人民共享中国人民发展的成果。

亮点八:致力于推进国家治理体系和治理能力现代化的总目标,和实现"两个一百年"的奋斗目标,提出了从经济大国向经济强国迈进的宏伟愿景。习近平总书记曾讲到,我们要加快从经济大国向经济强国迈进。现在,我们已经是个极有影响力的经济大国了,是世界水平的经济大国了。但是,我们还不是世界水平的经济强国。《纲要》虽然没有从整体上提出从经济大国向经济强国迈进的总体目标,但许多内容凸显了这个思想。比如,提出了建设创新型国家,实际就是建设创新型经济强国的同义语。不仅如此,《纲要》中多次提到"××强国"的概念,如"人才强国""网络强国""海洋强国""制造强国""文化强国""贸易强国"等内容,表达了新一届领导集体带领人民从经济大国向经济强国迈进的雄心壮志。

全面小康目标不能仅仅简化成有限指标*

近年来，为了评估全面小康社会建设成就，测算与全面建成小康的距离，一些研究机构提出了全面小康指标体系。以指标体系衡量，能使人直观看到全面小康建设进展情况。但有一种倾向需要引起高度重视，即认为完成这些量化指标就等于实现全面建成小康目标。这种对待全面小康目标的态度是否科学？全面小康目标能仅仅简化成有限指标吗？

答案是否定的。梳理全面小康目标的提出过程不难看出，全面小康是一个定量与定性兼备的目标，内涵十分丰富。进入新世纪，我国人民生活总体上达到小康水平后，党的十六大确立全面建设小康社会的目标，明确它是“中国特色社会主义经济、政治、文化全面发展的目标”“是实现现代化建设第三步战略目标必经的承上启下的发展阶段”。党的十七大围绕中国特色社会主义经济、政治、文化、社会建设，提出实现全面建设小康社会奋斗目标的新要求。党的十八大进一步明确全面建成小康社会的新要求，即经济持续健康发展，人民民主不断扩大，文化软实力显著增强，人民生活水平全面提高，资源节约型、环境友好型社会建设取得重大进展。可见，全面小康实质是我国现代化的阶段性目标，涵盖工业、农业、国防、科学技术“四个现代化”，体现建设中国特色社会主义“五位一体”总布局。在五个方面中，有些可以量化，如经济、社会方面的一些目标；有些难以量化，如政治、文化方面的一些目标。因此，全面小康目标是定量目标与定性目标的结合。

经济、社会方面的一些目标虽然可以量化，但必须注意防范两种倾向：一是简单对待量化目标导致降低标准，甚至出现偏差。比如，对于到 2020 年实现城乡居民人均收入比 2010 年翻一番的目标，不能只盯着数字。因为即使人

---

* 载《人民日报》2015 年 4 月 8 日。

均收入实现翻番，但如果收入差距过大，就可能出现人均收入翻番但贫困人口众多的问题。这就不能说实现了“惠及十几亿人口的更高水平的小康社会”目标。二是只注重有限目标导致以偏概全。将全面小康目标量化，是为了分析的简便和直观，而且只能选择其中比较重要而且可以量化的部分。这种有所取舍并将定量目标具体化为某几个指标的做法，不可能全面准确地反映和评价全面小康建设的实际进展情况。

有些目标本身就难以量化，如果强行量化，效果反而不会好。比如，不少研究者并没有将政治建设和文化建设纳入量化指标，即使有些研究者试图量化，但选取的指标也有很大局限性。又如，有些量化指标中缺少生态文明建设内容，如果按这样的指标搞建设，就会导致重视经济发展、忽视生态环境保护。必须认识到，有些目标不能量化、没有量化，并不代表这些目标不重要。全面小康是“五位一体”的整体，五个方面彼此作用、互为条件，缺少任何一个方面都不可能建成全面小康。

既然存在难以量化的目标，可量化目标的情况也比较复杂，那么，在实践中就应特别注意防止将全面小康目标简化成有限指标的倾向，避免这一倾向对全面小康建设的误导。更要看到，全面建成小康的难点不在于完成定量目标，而在于完成定性目标。如果片面地把有限指标当作全面小康目标，导致可量化目标完成情况好、不可量化目标完成情况差，就会出现目标完成情况与人民群众实际感受不符的尴尬局面。

应当看到，当前不少地方存在“完成指标就是实现全面建成小康社会目标”的错误认识。有的地方根据指标体系认为已实现全面建成小康社会目标，实际上在生态文明建设、教育、科技创新等方面仍面临艰巨任务；有的地方对全面建成小康社会目标任务的复杂性、艰巨性认识不足，思想懈怠、行动迟缓。这样的想法和做法必须纠正。2015 年是全面完成“十二五”规划的收官之年，“十三五”时期是全面建成小康社会的决定性阶段。各地各部门必须努力避免割裂地、选择性地理解全面小康目标的错误倾向，严格按照党的十八大提出的全面建成小康社会的目标任务，深入学习领会和贯彻落实中央有关精神，真正把全面建成小康社会的各项要求落到实处。

脱贫攻坚是全面建成小康社会的关键*

2015年党的十八届五中全会从我国全面建成小康社会奋斗目标出发，把“扶贫攻坚”改成“脱贫攻坚”，明确了“十三五”时期脱贫攻坚的目标、思路、举措，确保到2020年实现“两个确保”目标：确保农村贫困人口实现脱贫，确保国家扶贫工作重点县全部摘帽。党的十八届五中全会后，中央又把扶贫工作作为五中全会后的第一个中央工作会议主题。这次中央扶贫工作会议，中央面对经济发展进入新常态的复杂形势，加大了扶贫的工作力度，并明确告诉世人，中国能否如期实现全面建成小康社会这个“两个一百年”目标中的第一个一百年奋斗目标，关键在于能否如期拿下脱贫攻坚工程。

一、改革开放以来的扶贫工作

扶贫是世界性难题，特别是对于发展中国家来说，更是有着诸多条件的限制。我国是社会主义国家，消除贫困，改善民生，实现共同富裕，是党和政府的重要使命。新中国成立以来，我国一直高度重视减贫工作。自1949年以来的新中国建设发展史，从本质上说就是消除贫困、改善民生、实现共同富裕的历史。

1978年改革开放以来，我国实施了全国范围的有计划有组织的开发式扶贫，减贫事业取得了举世瞩目的成就。我国政府先后实施了《国家八七扶贫攻坚计划(1994—2000年)》《中国农村扶贫开发纲要(2001—2010年)》《中国农村扶贫开发纲要(2011—2020年)》，扶贫开发工作不断深入，使7亿多人摆脱了贫困。中国是世界上减贫人口最多的国家，也是第一个完成联合国千

---

* 载《桂海论丛》2016年第2期。

年发展目标中减贫目标的发展中国家。现在,我国的扶贫开发已经从以解决温饱为主要任务的阶段,转入脱贫致富、提高发展能力、缩小发展差距的新阶段。

我国的扶贫工作之所以能取得如此巨大成就,主要是得益于改革开放三十多年以来我国经济的持续快速增长,这是有效减少农村贫困人口的重要条件。目前,我国的贫困发生率已经从20世纪80年代的80%以上下降到2014年的7.2%。我们认为,以下几个方面起到具体的支撑作用:一是农业发展为农村减贫提供了重要基础。改革开放以来,我国农业发展取得了举世瞩目的成就,传统农业地区种养业实现突破,极大地改变了农村贫困人口的生存状态。二是非农产业发展为农村减贫提供了强劲动力。在农业快速发展的同时,乡镇企业异军突起,农村劳动力大量向非农产业转移,实现了农民收入的大幅提高。三是工业化和城镇化成为农村减贫的重要推动力量。20世纪90年代以来,我国工业化和城镇化加速推进,农村人口大量向工业和城镇转移,非农产业收入成为农村居民的主要收入来源。四是包容性发展理念惠及农村贫困人口。进入新世纪以来,面对我国经济社会发展的时代特征及主要矛盾,我国制定和实施了统筹城乡发展的重大战略,力图破解城乡二元结构和“三农”难题。从结果上看,统筹城乡发展战略得到了很好的推进,经济发展的收益迅速为广大农村人口所共享,农村居民的人均收入得到了较大的增长。特别是“十二五”以来,农村居民人均纯收入的增速高于城镇居民可支配收入,这有利于降低贫困人口数量。

改革开放以来,我国走出了一条中国特色减贫道路。我们坚持改革开放,保持经济持续快速增长,不断出台有利于贫困地区和贫困人口发展的政策,为大规模减贫奠定了基础、提供了条件。取得的经验要引起重视:一是坚持政府主导扶贫。政府把扶贫开发纳入到国家总体发展战略,开展大规模专项扶贫行动,针对特定人群组织实施妇女儿童、残疾人、民族地区和少数民族发展规划。二是坚持开发式扶贫。把发展作为解决贫困的根本途径,既扶贫又扶志,调动扶贫对象的积极性,提高其发展能力,发挥其主体作用。三是动员全社会参与扶贫。在扶贫上注意发挥制度的优势,构建了政府、社会、市场协同推进的大扶贫格局,形成了跨地区、跨部门、跨单位、全社会共同参与的多元主体的社会扶贫体系。

在看到扶贫工作取得巨大成就的同时,我们也要清醒地认识到我国脱贫攻坚形势依然相当严峻。从贫困人口的绝对数量上看,截至 2014 年年底,全国尚有 7000 多万贫困人口,这一数字大大超过加拿大和澳大利亚两国的人口总和。从地域上看,贫困人口虽重点集中在中西部,但遍及全国,其中贫困人口超 500 万的省区有贵州、云南、河南、广西和四川。从贫困程度上看,有西藏、甘肃、新疆、贵州和云南等 5 个省区的贫困发生率都在 10%以上。从扶贫方式上看,开发式扶贫难度加大。从 20 世纪"八七"扶贫起,我国农村扶贫政策已经从救济式扶贫转向开发式扶贫,实施以整村推进为主体、以产业化扶贫和"雨露计划"为两翼的"一体两翼"扶贫战略。但是,由于区域和城乡发展不平衡、不协调而引致的人口大规模流动趋势短期内难以扭转,从而导致农村劳动力大量外流,乡村空心化、社会原子化问题严重,村中缺乏年富力强的项目参与者,开发式扶贫的项目组织难度逐渐加大。此外,从总体上看,减贫效益递减问题开始突出,减贫幅度从 2010 年的 26.1%下降到 2014 年的 14.9%,要在 2020 年前 5 年内实现每年减贫 1000 多万人、每月 100 多万人的目标,任务十分艰巨而繁重。

我国是世界上人口最多的发展中国家,到 2020 年现行标准下农村贫困人口全部脱贫,也只是解决了绝对贫困问题,只是完成了最基本的扶贫任务,并不意味着我们解决了贫困问题。扶贫将伴随整个社会主义初级阶段,当前主要是解决全面建成小康社会面临的问题。2020 年以后,中国扶贫战略取决于经济发展新常态的走势。我们认为,两个方向是大概率事件:一是扶贫将由重点消除绝对贫困向减缓相对贫困转变,国家将会出台与经济社会发展相适应的贫困标准。二是在城乡发展一体化进程中,将主要解决农村扶贫问题向农村和城市并重转变。

二、精准扶贫的实施

我国的扶贫工作,早期实施的是"漫灌"式扶贫,即通过直接向扶贫对象提供生产和生活所需的粮食、衣物等物质或现金,这一方法成功地使大多数贫困人口在总体生产力水平较低的条件下获得了基本的生活保障。但是,在后来的实践中,这种输血式扶贫逐渐显示出投入大、浪费多、见效慢、易返贫的问题。

采取“漫灌”式扶贫与我们当初的扶贫机制有关。我国从20世纪80年代开始进行大规模扶贫开发。初期的政策设计建立在资金匮乏、难以进行工资转移支付的基础上,因此主要是通过以贫困县为扶贫单元的区域瞄准,为大量贫困人口参与经济发展创造条件。这个机制取得了很大成效,为减少贫困人口作出了突出贡献,但现在已难以做到有效、精准扶贫,这是后来我国贫困人口数量减少速度趋缓的主要原因。在新的发展阶段,农村贫困人口状态呈现多样化、分布碎片化的特点,如果不直接针对贫困户进行精准扶贫,消除贫困的目标就很难实现。

为此,习近平总书记在2015年减贫与发展高端论坛主旨演讲时指出:现在,中国在扶贫攻坚工作中采取的重要举措,就是实施精准扶贫方略,找到“贫根”,对症下药,靶向治疗。

精准扶贫是解决扶贫开发工作中底数不清、目标不准、效果不佳等问题的重要途径。精准扶贫的核心内容是做到真扶贫、扶真贫,其实质是使扶贫资源更好地瞄准贫困目标人群。精准扶贫主要由两部分内容构成,即贫困人口识别和扶贫资源瞄准。贫困人口识别主要是通过一系列扶贫工作机制、程序、工具等,将具体的贫困人口准确地辨别出来,并通过建立扶贫信息网络系统对贫困人口进行动态管理。扶贫资源瞄准则是在贫困人口有效识别的基础上,以一定方式投入扶贫资源,推动目标区域经济发展和目标人群脱贫致富。精准扶贫的最终目的在于减少贫困人口和消除贫困,即通过扶贫资源的有效使用使贫困人口稳定脱贫致富和提高生活质量。

扶贫资源更好地瞄准贫困目标人群是一个世界性难题。发达国家贫困人口少、国家财政能力强,在贫困瞄准上通常采取的是高福利的普惠性政策,从而在减贫上获得了较高的瞄准精度。发展中国家贫困人口众多、国家财政能力有限,往往采取选择性瞄准并建立相应减贫干预体系。改革开放以来,我国在不同发展时期选取了片区瞄准、县级瞄准、村级瞄准等多种贫困瞄准方式。现在精准扶贫的含义在逐步深化、扩展。

打赢这场脱贫攻坚战,制约因素很多,归结起来,不外乎两方面的因素:一是客观因素,即不少贫困地区的一方水土养不活一方人;二是主观因素,这就必须调动各方面积极性,形成强大合力。我国区域发展很不平衡,贫困人口分布在20多个省(自治区、直辖市),扶贫脱贫必须因人因地施策。一是发展特色产业脱贫。支持贫困地区科学制定特色产业发展规划,鼓励贫困村、贫困户发展特色农产品及其加工业,深入实施乡村旅游扶贫工程,合理有序开发优势能源矿产资源。二是引导劳务输出脱贫。通过加大劳务输出培训投入,继续实施职业技能提升计划,建立和完善输出与输入地劳务对接机制,引导农村贫困人口进入家政、物流、养老等领域就业。三是实施易地搬迁扶贫。通过编制实施易地扶贫搬迁规划,对居住在生存条件恶劣、生态环境脆弱、自然灾害频发地区的贫困人口,在坚持群众自愿、积极稳妥原则的基础上,因地制宜地实行搬迁安置。四是实行社会保障兜底政策。通过实施健康扶贫工程,提高贫困地区基本医疗和公共卫生服务水平。把新农合大病保险支付、医疗救助等结合起来,使患大病者得到兜底保障。

三、对推进脱贫攻坚工作的若干建议

结合党的十八届五中全会精神和习近平总书记在中央扶贫工作会议上的讲话精神,对推进脱贫攻坚工作提出若干建议。

第一,加快制定国家扶贫工作重点县“摘帽”标准。长期以来,在我国扶贫开发工作中,存在着贫困县不愿“摘帽”问题,这是由于贫困县在国家政策层面能得到更多倾斜,能得到更多的利益,导致我国贫困县数量长期减不下来。我们认为,国家扶贫工作重点县不能都等到2020年时一起“摘帽”,要鼓励达标的县先退出来。可以留出缓冲期,一段时间内“摘帽”不摘政策,这很好地体现了科学扶贫的思想。精准扶贫不是说立竿见影,发展产业、易地搬迁等很多扶贫举措见效都需要一个过程,贫困县“摘帽”后增强发展能力也需要一个过程,这就客观上需要扶贫政策扶上马,再送上一程。从实际工作来看,只有这样才能推动贫困县早“摘帽”,同时要通过正向激励措施,调动贫困县提前“摘帽”的积极性。

第二,建立脱贫攻坚督查制度。从中央扶贫工作会议上习近平总书记的讲话要求来看,脱贫攻坚任务重的地区党委和政府“十三五”时期的主要工作就是脱贫。在中央扶贫工作会议上,地方党政主要负责同志向中央签署责任书,立下军令状,这样的工作安排已不多见。以前扶贫开发的考核问责也很多,但立下军令状,而且层层签订责任书,说明中央对于脱贫工作重视程度空前。军令状意味着中央对扶贫工作会一抓到底,而脱贫攻坚责任书层层签订,意味着地方各级政府必须在今后5年真抓实干,全力完成中央制定的各项脱贫目标。要加快出台国家脱贫攻坚督查制度,要体现在干部考核上、任用上。

第三,加强金融扶贫制度安排。要围绕农业生产、初加工、深加工、新产品开发等实施贫困地区产业金融工程。政府要出台支持产业发展的一系列措施,在促进农村土地流转的基础上实现农业适度规模经营,形成农业生产新模式。同时,完善商贸物流金融体系,在实施金融创新工程和企业上市工程的基础上,在贫困地区引入风险投资机构,推动企业管理现代化与技术革新,促进产业链升级。支持建立金融自助组织,帮助产业发展壮大。要促进区域金融服务平台升级为区域金融中心,提供要素交易和泛金融交易。比如,建设农村土地产权交易市场和大宗商品场外交易市场,为农民提供规避市场风险的工具和服务。

第四,促进社会合力扶贫。扶贫开发是全党全社会的共同责任,要动员和凝聚全社会力量广泛参与。要坚持专项扶贫、行业扶贫、社会扶贫等多方力量,多举措有机结合的大扶贫新格局。要健全东西协作、党政机关定点扶贫机制,广泛调动社会各界参与扶贫开发积极性。扶贫开发是全社会的事情,但必须创造一个机制,让政府、企业、贫困户共赢,才能将扶贫攻坚工作社会化、可持续。要重视发挥政府引导和市场机制作用,构建政府、市场、社会协同推进的大扶贫开发新格局。通过进一步市场化改革调动社会创造力,通过政府不断加大扶贫力度创造脱贫环境,通过研究完善相关政策,建立社会扶贫服务平台,鼓励和引导各类企业、社会组织和个人等社会力量积极参与扶贫开发。

稳步实现全面建成小康社会目标*

党的十八届五中全会通过的《中共中央关于制定国民经济和社会发展第十三个五年规划的建议》(以下简称《建议》),明确提出全面建成小康社会新的目标要求。面对繁重艰巨的改革发展任务,如何保持战略定力,破解发展难题,达成全面建成小康社会的目标?

一、既要看速度更要看质量

党的十八届五中全会通过的《建议》提出了全面建成小康社会新的目标要求。《建议》的核心内容之一就是提出了全面建成小康社会新的目标要求,这些新的目标要求体现在五个方面:一是提出了经济保持中高速增长;二是人民生活水平和质量普遍提高;三是国民素质和社会文明程度显著提高;四是生态环境质量总体改善;五是各方面制度更加成熟更加定型。这些目标的设定都有具体的要求,特点鲜明,操作性极强,前景可期。

党的十八届五中全会《建议》提出"经济保持中高速增长,在提高发展平衡性、包容性、可持续性的基础上,到2020年国内生产总值和城乡居民人均收入比2010年翻一番。"应该说,这个目标切合实际,基本具备了实现的条件,但又不是轻而易举可以达到的。从世界各国经济发展的历史和工业化规律来看,当一个国家的工业化进入成熟阶段后,那种赶超型的后发优势、劳动力转移和资源配置优化的"红利"开始消失,而有效需求不足、产业升级所导致的传统产能过剩和"资本沉没",使得经济增长速度转入中速或低速。这其中的含义主要有两点:

---

* 载《河南日报》2015年11月6日。

第一,“中速”是相对对内而言。“中速”是指在保持三十多年年均近10%的高速增长后,我国经济增速逐步回落,中长期预期增速在7%左右,像以前那样动辄10%以上的增速将难以再现。

第二,“高速”是相对对外而言。我国7%左右的增长速度相对其他大国来讲仍然是高速。2015年,我国经济总量预计超过11万亿美元,即使今后每年保持6.5%的增长,带来的增量也多达7000亿美元以上,超过以前两位数增速的时期。“十三五”期间增速保持在6.5%以上就可实现2020年人均收入“翻一番”的目标。因此,今后五年,中国没有必要把精力耗费在零点几个百分点的增速提升上,而是可以腾出手来,去实现有质量、有效益、可持续的长远发展。

作出我国未来十年左右经济增长将进入中高速发展阶段的判断依据何在?可从以下几个方面分析:

第一,全球经济格局的深刻调整。国际金融危机对全球经济发展形成严重冲击,全球供给结构和需求结构都发生着深刻变化,无论是发达国家还是发展中国家都面临调整经济结构的巨大压力。这必然导致全球市场争夺更加激烈,全球经济格局正在发生深刻调整,全球利益格局正在重塑,这给我国带来了严峻的外部环境挑战。

第二,经济外部需求的常态萎缩。支撑我国三十多年的经济高速增长的重要因素之一就是我国走的是外向型经济发展道路,依靠外需拉动实现高速增长。但在新的历史阶段,世界经济复苏的不稳定性、不确定性上升,下行压力和潜在风险有所加大,从而严重影响世界经济复苏进程。新兴工业化国家在短期内,经济同样很难有大的改观。这对我国稳定出口提出了严峻挑战。

第三,能源资源环境的瓶颈制约。多年来,我国走着高投入、高消耗、高污染、低产出的经济发展路子,原油、原煤、天然气、铁矿石等重要资源的供给制约因素在加剧。同时,我国的环境压力进一步加大。我国主动调整经济发展速度,以使经济增长能够适应我国资源禀赋特征和突破能源资源环境约束,是我国经济由高速转向中高速增长的重要内部因素之一。

第四,传统人口红利逐渐减少。据有关研究表明,我国劳动力成本十多年来大幅增长近4倍。与此同时,中国的传统人口红利正在逐渐减少。另外,我国的老龄化趋势在不断加强。这就从客观上决定了我国依靠低成本的“人口红利”支撑经济高速发展的模式难以为继。

第五,经济结构矛盾的必然反映。从发展结构看,我国长期积累的结构性矛盾已经在逐步凸显并日益突出。党的十八届五中全会提出的协调发展理念,正是对此的引正纠偏。这就要求我们今后一个发展时期,必须主动调低经济增长速度,为经济结构调整留出时间、腾出空间。

二、从源头上注入持续发展动力

党的十八届五中全会提出的“产业迈向中高端水平”“户籍人口城镇化率加快提高”以及“现行标准下农村贫困人口实现脱贫”等目标,实际上是要求中国必须实现“无危机的长期增长”。今后五年要想确保“无危机的长期增长”,在战略机遇期必须要充分发挥改革创新的重要作用。前一轮的开放型经济已将“要素禀赋优势”的作用发挥到极致,跟随模仿的发展空间越来越小,改革创新的决定性作用将会越来越突出。勇于改革、善于创新,是对新的战略机遇期发展战略的最好解读。以全面深化改革来持续释放改革红利,加快经济发展方式转变和经济结构调整步伐,从源头上化解积弊,为经济社会转型发展注入持续强劲的动力。

第一,以创新激发经济活力。面对经济增速放缓压力,要保持定力,必须以创新释放市场主体的创造力。依靠改革促创新,增强经济活力,我们已经取得了实实在在的成效,经济的新增长点、增长极、增长带逐步形成。今后五年,首要的任务还是要努力实现稳增长,这就要求进一步深化改革,大胆创新,激发全社会的活力,才能实现持续的发展。

第二,推动经济转型升级。随着国际需求支撑条件减弱、劳动力等要素供给条件发生新的变化、面临“中等收入陷阱”等一系列制约因素的凸显,我国经济转型升级的任务将更加艰巨。要继续深化经济改革,加快释放结构调整红利、新型城镇化红利等进程,形成改革的新动力,打造“中国经济升级版”。

第三,做好配套领域改革。生产力决定生产关系,经济基础决定上层建筑。牵住深化经济体制改革这个“牛鼻子”,可以有力地促进其他领域深层次矛盾的化解,促进其他领域改革的协同深化。现在,改革到了关键时刻,只有通过继续深化经济体制改革,才能充分发挥市场对资源配置的决定性作用,更好发挥政府的作用，真正形成经济、政治、文化、社会、生态等领域改革的强大合力。

三、保持战略定力闯出发展新路

习近平总书记在《关于〈中共中央关于制定国民经济和社会发展第十三个五年规划的建议〉的说明》中指出："新常态下，我国经济发展表现出速度变化、结构优化、动力转换三大特点，增长速度要从高速转向中高速，发展方式要从规模速度型转向质量效率型，经济结构调整要从增量扩能为主转向调整存量、做优增量并举，发展动力要从主要依靠资源和低成本劳动力等要素投入转向创新驱动。"面临这样的调整和变革，要实现全面建成小康社会目标，需要我们正确认识面临的新矛盾、新问题和新挑战。只要我们保持和增强战略定力，就一定能够完成全面建成小康社会的目标。

第一，促进有效投资，挖掘扩大内需的潜力。鉴于动力转换完成还需要一定的时间，今后五年，仍然要充分发挥投资在稳定经济增长中的关键作用，投资的重点要放在补短板、调结构上。同时，在消费上下很大功夫，进一步释放居民消费升级需求。我国消费的潜力非常大，包括医疗、教育、健康、养老、文化、旅游等，我们要加快推出教育、文化、养老医疗等的改革政策，为稳增长注入强大的社会力量。

第二，优化产业结构，培育经济增长的动力。加快发掘大数据开放创新、航空航天和海洋工程装备、工业机器人等战略性新兴产业新的增长点。实施好"中国制造 2025"，抓紧启动智能制造、绿色制造、高端制造等一批重大工程。加快推进"互联网+"行动计划，分步实施"互联网+"重大工程。积极发展现代服务业，大力发展工业设计、融资租赁、科技咨询等新兴服务业，实现以结构调整带动经济增长，以经济增长促进结构调整。

第三，全面深化改革，激发发展活力。继续把"简政放权、放管结合、优化服务"改革推向纵深，用政府的"减法"换取市场活力的"乘法"。深化财税金融体制改革，制定中央和地方收入划分调整过渡期办法。加快推进金融体制改革，进一步深化投融资体制改革，放宽投资准入门槛，激发全社会的投资积极性和主动性。

第四，提升开放层次，打造合作竞争的助力。积极完善扩大出口和增加进口政策，巩固出口市场份额。务实推进“一带一路”愿景与行动，加快推进政策沟通、设施联通、贸易畅通、资金融通、民心相通。充分利用好自由贸易试验区这个创新载体和窗口，积极探索体制机制创新，更好利用国际市场和资源，拓展对外开放的广度和深度，进一步提升开放层次和水平。

第四部分

改革创新新理念

新发展理念引领中国经济稳中求进*

2016年12月9日，中共中央政治局召开会议，分析研究了2016年和2017年经济工作，为中央经济工作会议做了重要准备，也为2017年经济工作敲定了大的发展思路，绘制了新的发展蓝图。

2016年，中国经济之船在重重压力中破浪前行，实现了稳中求进，稳的成分不少，进的内容更多。有如下几个突出特点：一是注重加强和改善党对经济工作的领导；二是注重用新发展理念引领中国经济发展；三是注重推进供给侧结构性改革；四是用改革的办法引导形成良好的社会预期；五是在复杂严峻的压力下交上了一份好答卷。这些成绩来之不易。

2017年是实施“十三五”规划的重要一年，是推进供给侧结构性改革的深化之年，我们要迎来党的十九大的胜利召开，做好经济工作意义十分重大。此时此刻，我们要清醒看到，成为世界第二大经济体的中国，在世界经济低迷徘徊和国内经济转型升级的背景下，正面临着许多新的机遇和挑战。我们要对突出问题和困难进行有针对性的破解。从总体上说经济运行仍面临不少矛盾和问题，发展走势继续分化，经济下行压力依然较大。

新的一年，要有新的气象。2017年中国经济如何才能继续保持一定速度的经济增长，实现稳中求进目标呢?

全面认真贯彻落实党中央的战略部署和政策思路。就是要继续加强和改善党对经济工作的领导，把党的十八大以来的方针政策和统筹推进“五位一体”总体布局、协调推进“四个全面”战略布局结合起来，坚持稳中求进工作总基调，适应把握引领经济发展新常态，牢固树立和贯彻落实新发展理念，坚持以提高发展质量和效益为中心，把握好宏观政策要稳、产业政策要准、微观政

* 载《学习时报》2016年12月15日。

策要活、改革政策要实、社会政策要托底的系统协调的政策思路。对一些特别重要的政策,要加大力度宣传和尽快落实。

在保持社会稳定的前提下推进关键领域工作取得突破。中央政治局会议不仅继续强调“稳中求进”是明年经济工作的总基调,而且将其上升为治国理政的重要原则,这对指导明年经济工作具有特别重要的意义。稳的目的是为了更好地前进,而前进要总体有利于巩固稳。2017 年困难和风险都不小,要继续以推进供给侧结构性改革为主线,适度扩大总需求,加强预期引导,深化创新驱动,全面做好稳增长、促改革、调结构、惠民生、防风险各项工作,加强这些方面的协调配合,并力争在关键领域取得突破性进展。特别要注重做好打硬仗和防范各种风险的准备,坚决守住不能发生系统性和区域性金融风险的底线,促进经济平稳健康发展和社会和谐稳定。

深入推进“三去一降一补”的五大任务有实质性进展。2015 年的中央经济工作会议强调要去产能、去库存、去杠杆、降成本、补短板。现在看,五大任务在推进落实中都有成绩,但在取得实质性进展方面尚有一些差距。因此,2017 年,供给侧结构性改革要重点展开,深入展开,大幅度展开,要依靠深化改革保持经济稳定在合理区间,要靠深化改革推动经济迈向中高端水平。积极推进农业供给侧结构性改革,大力振兴实体经济,培育壮大新动能,加快研究建立符合国情、适应市场规律的房地产平稳健康发展长效机制,加快推进国企、财税、金融、社保等基础性关键性改革,更好发挥经济体制改革的牵引作用。

在改革开放中保持经济社会大局稳定和维护国家安全。习近平总书记强调指出,总结谋划好改革工作,对做好明年和今后改革工作具有重要意义,要总结经验、完善思路、突出重点,提高改革整体效能,扩大改革受益面,发挥好改革先导性作用,多推有利于增添经济发展动力的改革,多推有利于促进社会公平正义的改革,多推有利于增强人民群众获得感的改革,多推有利于调动广大干部群众积极性的改革。这四个“有利于”,寄希望改革真刀真枪打出一片新天地。

九新：新常态下的全面深化改革*

改革是最大动力，也是最大红利。党的十八大和十八届三中全会对全面深化改革问题作出了全局性的战略部署。特别是党的十八届三中全会以来，在中国经济由高速增长转向中高速增长的新常态下，中央深改组召开的 8 次会议，国务院常务会议 40 次研究和部署全面深化改革及相关问题，以深化经济体制改革为重点，在许多重要领域和关键环节改革上取得了决定性成果，全面深化改革的态势已经形成，共识不断凝聚，效果正在显现。具体可以用"九新"来概括。

转变政府职能有新进展。转变政府职能是深化行政体制改革的核心，实质上是要回答政府应该做什么、不应该做什么，重点是政府、市场、社会的关系。习近平总书记在中央政治局开展党的群众路线教育实践活动专门会议上肯定了简政放权一年来的成绩，并特别强调，要继续推进审批制度改革，从体制机制上堵塞滋生不正之风的漏洞。李克强总理提出，我们从政府自身改起，把加快转变职能、简政放权作为本届政府第一件大事。2013 年以来，新一届政府先后取消和下放了 7 批共 632 项行政审批等事项，对减轻企业负担、激发企业和市场活力发挥了重要作用。

创新宏观调控有新思路。宏观调控的主要任务是保持经济总量平衡，促进重大经济结构协调和生产力布局优化，减缓经济周期波动影响，防范区域性、系统性风险，稳定市场预期，实现经济持续健康发展。习近平总书记指出，要把握好宏观调控的方向、力度、节奏，使经济运行处于合理区间，守住稳增长、保就业的"下限"，把握好防通胀的"上限"，在这样一个合理区间内，要着力调结构、促改革，推动经济转型升级。李克强总理提出，必须坚持在区间调

* 载《学习时报》2015 年 3 月 2 日。

控的基础上,注重实施定向调控,在调控上抓住重点领域和关键环节,更多依靠改革的办法,更多运用市场的力量,有针对性地实施"喷灌""滴灌"。2014年以来,国务院常务会议10次研究和部署创新宏观调控,促进经济平稳运行的各项举措,对于统筹稳增长、调结构、促结构发挥了关键性作用。

促进就业创业有新政策。新常态下,经济增速的放缓,可能会影响到整体就业规模,结构性就业矛盾将会更加凸显,这对"保就业"提出了更高要求。习近平总书记指出,就业是民生之本,解决就业问题根本要靠发展。坚持实施就业优先战略和更加积极的就业政策,优化就业创业环境,以创新引领创业,以创业带动就业,努力实现更加充分、更高质量的就业。2014年以来,国务院常务会议10次研究和部署就业创业问题,有力地确保了就业局势持续稳定,初步形成了大众创业、万众创新的良好局面。

财税金融改革有新举措。财税体制改革在宏观调控、调整收入分配结构、供给公共产品等方面起着主导作用,深化金融体制改革对巩固社会主义市场经济体制具有重要意义。习近平总书记指出,要形成中央和地方财力与事权相匹配的财税体制,更好发挥中央和地方两个积极性。新一届政府将财税体制改革作为经济体制改革的"重头戏",继续深化金融体制改革。国务院常务会议14次研究和部署财税金融改革问题,这些政策举措的出台对于构建我国完善稳健的财税金融体制具有重要意义。

产业结构调整有新部署。产业结构调整是经济结构调整的主攻方向。主动适应经济新常态,推动本国产业向中高端迈进,是一个国家后来居上、实现经济转型升级的有效途径。习近平总书记明确指出,中国经济新常态表现在结构方面,即是经济结构不断优化升级。我们通过立足于国情与发展要求,分类施策、统筹协调、科学有序地推动产业迈向中高端新常态。2014年以来,国务院常务会议10次会议专题研究和部署产业结构调整问题,有力地推动了中国经济逐步迈向产业中高端新常态。

扩大国内需求有新措施。扩大内需是经济增长的主要动力,也是重大的结构调整。习近平总书记指出,我们面临的机遇,不再是简单纳入全球分工体系、扩大出口、加快投资的传统机遇,而是倒逼我们扩大内需、提高创新能力、促进经济发展方式转变的新机遇。李克强总理提出,从需求方面施策,从供给方面发力,构建扩大内需长效机制。2014年以来,国务院常务会议6次研究和部署扩大内需问题,出台了一系列政策,有力地释放了我国巨大的内需潜力,为保持经济平稳增长奠定了坚实基础。

深化对外开放有新格局。适应经济全球化新形势,必须推动对内对外开放相互促进、引进来和走出去更好结合,促进国际国内要素有序自由流动、资源高效配置、市场深度融合,加快培育参与和引领国际经济合作竞争新优势。习近平总书记指出,我们要坚持从我国实际出发,坚定不移走自己的路,同时我们要树立世界眼光,更好把国内发展与对外开放统一起来,把中国发展与世界发展联系起来,不断扩大同各国的互利合作,以更加积极的姿态参与国际事务。2014 年 10 月 27 日,中央深改组第六次会议审议通过了《关于中国(上海)自由贸易试验区工作进展和可复制改革试点经验的推广意见》等政策措施。新一届政府积极构建开放型经济新体制,推动新一轮对外开放,扩大全方位主动开放。2014 年以来,国务院常务会议多次研究和部署深化对外开放问题,有力地推动了我国对外开放型经济向更高水平、更大范围迈进。

建设法治政府有新途径。建设法治政府本身就是改革红利,同时,法治政府又是继续创造红利和公正分配红利的重要保障。习近平总书记多次强调,坚持依法治国、依法执政、依法行政共同推进,坚持法治国家、法治政府、法治社会一体建设,将"法治政府"建设纳入法治国家和法治社会的综合法治系统中加以推进和建设。李克强总理提出,做好政府工作,必须加强自身改革建设。2014 年以来,国务院常务会议 8 次研究和部署法治政府问题,我国法治政府建设的步伐明显加快。

保障改善民生有新气象。保障和改善民生是党和政府一切工作的出发点和落脚点,既是主动适应经济新常态的必然要求,也是我国全面建成小康社会的重要目标。习近平总书记指出,人民对美好生活的向往,就是我们的奋斗目标。2014 年以来,国务院常务会议 31 次研究和部署保障和改善民生、服务三农等问题,既使老百姓得到了实实在在的实惠和利益,也有力地促进了社会大局的和谐稳定,依靠改革实现人民共享改革红利新常态。

新常态下改革者强创新者胜*

中央经济工作会议分析了当前国内外经济形势，对2015年经济工作的总体要求和主要任务做了战略部署，尤其是对如何历史地、辩证地认识我国经济发展的阶段性特征，如何准确把握经济发展新常态，做了深入阐述。

"惟改革者进，惟创新者强，惟改革创新者胜。"与国外应对"新常态"的方案相比，我们更注重从战略全局高度科学认识"新常态"，更强调运用改革与创新的方法来适应"新常态"。当前，我国经济发展的内在支撑条件和外部需求环境都已发生深刻变化，要求经济增长速度进行"换挡"，要求经济增长目标向合理区间进行"收敛"。随着全球经济格局深刻调整，外部需求出现萎缩，尤其是2008年国际金融危机以来的世界经济，呈现出"总量需求增长缓慢、经济结构深度调整"的鲜明特征，使得我国以高速增长的外部需求出现萎缩。同时，我国面临传统人口红利逐渐减少，资源环境约束正在加强，既得利益集团对改革的阻挠等"顽疾"难以根除的风险和挑战，改革红利有待进一步强有力释放。

应当说，新常态包含着经济增长速度转换、产业结构调整、经济增长动力变化、资源配置方式转换、经济福祉包容共享等全方位转型升级在内的丰富内涵和特征。新常态下，增长速度由高速向中高速转换，产业结构由中低端向中高端转换，增长动力由要素驱动向创新驱动转换，资源配置由市场起基础性作用向起决定性作用转换，经济福祉由非均衡型向包容共享型转换。这一系列深刻的变化，使得中国经济新常态下的改革与创新任务更加迫切。概括来讲，需要在以下几个方面发力：

一是加快政府职能转变，实现市场起决定性作用新常态。新一届政府将

* 载《经济日报》2015年1月8日。

转变职能和简政放权作为深化改革的“马前卒”“当头炮”，已取得了重要进展和显著成效。截止到2014年10月底，新一届政府已累计下放和取消行政审批等事项600余项。新常态下，要继续深入推进行政审批制度改革，重点解决监管“短板”和服务滞后问题，着力解决好“最后一公里”问题，尤其要加大对地方改革的指导和检查。与此同时，要积极建立第三方评估长效机制，把那些含金量高的、管用的审批事项彻底放给市场和企业，真正为市场和企业松绑，真正实现市场在资源配置中起决定性作用。

二是推进经济结构优化升级，保持经济平稳增长新常态。根据国家统计局的数据，2014年一至三季度，GDP增速为7.4%，服务业增加值占比达到46.7%，继续超过第二产业，这显示出新常态下中国经济结构持续优化升级的良好态势。值得着力指出的是，我们要高度重视需求结构的积极变化。2014年以来投资增速继续高位放缓，出口增速换挡，消费对经济增长的拉动作用继续增强，一至三季度最终消费对经济增长的贡献是48.5%，比资本形成总额贡献率高7个百分点左右。要继续推进需求结构改革，发挥好消费的基础作用和投资的关键作用，尤其要积极寻求新的消费热点和增长点。

三是深化财政金融改革，支撑产业迈向中高端新常态。新常态经济是产业结构处于中高端的经济，这就要求有健全的财税金融体制做支撑，要求聚焦“激活力、补短板、强实体”，使中高速增长与中高端产业相适应。2014年一至三季度，我国高新技术产业和装备制造业增速分别为12.3%和11.3%，明显高于工业平均增速，产业结构转型升级态势良好。从财税体制改革层面看，要加快“营改增”改革，适时在生活服务业、建筑业等行业进行“营改增”试点，要进一步加大对生产性服务业的财税支持力度。从金融体制改革层面看，要继续推进利率市场化改革，逐步拓宽金融机构负债产品市场化定价范围，使金融产品真正服务于产业结构的转型升级。

四是发挥创新驱动的原动力作用，实现创新驱动经济新常态。改革与创新相辅相成，缺一不可。新常态经济是创新驱动型的经济，必须将提升科技创新能力和应用转化能力放在促进形成新常态经济的核心位置。要更多支持创新型、充满活力的中小企业，促进传统产业改造升级，尽快形成新常态下新的经济增长点和产业驱动力。尤其要深化科技和教育体制改革，加快建设国家创新体系，着力构建以企业为主体、市场为导向、产学研相结合的国家创新体系，坚持走创新驱动和内生增长之路，努力形成“人人创新”“万众创新”的新局面。

五是主动参与全球经济治理，实现扩大开放新常态。当前，新常态下扩大开放的重点任务是加快推动“一带一路”建设，落实好“丝路基金”“亚洲基础设施投资银行”等政策工具，加快上海自由贸易区的发展建设。要充分利用APEC会议、东亚峰会、博鳌论坛等机制平台，积极统筹双边、多边、区域次区域开放合作，推动同周边国家互联互通，努力打造高水平全方位的开放型经济体系。

改革依然是中国发展的最大动力*

中共中央、国务院近日印发《关于深化国有企业改革的指导意见》，国企改革发展史又添一块里程碑。随着党的十八届三中全会《中共中央关于全面深化改革若干重大问题的决定》部署的改革任务一项项落实，全面深化改革稳步推进。

波澜壮阔的中国改革，已走过三十多年风雨历程。前所未有的思想解放和制度变迁，释放了巨大的改革红利，深刻地改变了中国，也深刻地影响着世界。当前，中国经济发展进入新常态，一方面，国内外的经济社会环境更趋复杂，经济下行压力仍然较大，"形有波动"，国内外对此有一些议论和担心。另一方面，我国经济上了一个大台阶，经济韧性好、潜力足、回旋空间大，"势仍看好"，也是不争的事实，国际社会多数人对此也是认同的。

适应和引领经济新常态，需要保持和增强战略定力，按照"四个全面"战略布局，深入贯彻习近平总书记关于全面深化改革的重要论述，加快落实党的十八届三中全会关于全面深化改革的整体部署，敢于啃硬骨头、涉险滩，以前所未有的决心和力度，坚定不移地推进改革，最大程度释放改革的新红利。

一、改革是中国最大的红利，改革依然是中国发展的最大动力和关键一招

从20世纪70年代末开始，一场改变中国命运的改革在960万平方公里的大地上展开。伴随着真理标准大讨论，走出十年动乱灾难的中国共产党人

---

* 载《光明日报》2015年9月14日，原标题为《保持增强战略定力　持续释放改革红利》。

和中国人民获得了空前的思想解放,果敢摒弃了“以阶级斗争为纲”的错误路线,在实事求是精神的鼓舞下,依靠改革破除了制约生产要素优化配置和生产力发展的体制机制障碍,释放了制度红利,从而带来了生产力的解放、生产效率的提高和物质财富的增长,带来了中国经济发展的强劲动力。回顾改革历程,每一次重大改革都给党和国家发展注入了新的活力。三十多年来,我国经济社会发展取得了举世瞩目的成就。2014 年,我国经济总量达到约 10 万亿美元,稳居世界第二位。从人均国民收入、制造业产值、贸易总额、外汇储备等综合指标看,我国已成为名副其实的经济大国。正是改革创造了这一世界经济史上的增长奇迹。实践表明,过去取得的辉煌成就靠的就是万众一心搞改革,靠的就是持续释放改革红利。

改革是党和人民事业大踏步赶上时代的重要法宝,将来中国继续创造发展奇迹仍然要靠改革。作为拥有 13 亿人口的发展中大国,我国的基本国情是发展不足、发展不够,这就决定了发展仍然是解决我国所有问题的关键,而发展的核心就是坚持以经济建设为中心,始终遵循好经济规律、自然规律和社会规律“三大规律”,推动经济社会持续健康发展。近几年,在党中央、国务院的坚强领导下,全面深化改革的整体部署持续推进,一路上攻坚克难,加大区间调控和定向调控,通过简政改革、财税改革、金融改革、国企改革、自贸区建设等,促使经济增长稳定在一个合理区间,结构调整积极推进,活力动力持续增强,经济发展实现了稳中求进。2015 年上半年,中国 GDP 增长 7%。服务业占国内生产总值的 53.4%,消费对经济增长贡献率达 60%,高新技术产业增速明显快于整体工业,信息、文化、健康、旅游等消费需求旺盛。事实上,中国经济仍在平稳健康发展,并惠及全球,对世界经济增长的贡献率在 30%左右。可以说,改革旗帜高高飘扬,全面深化改革成效显著。

当前,全球经济仍然处于国际金融危机后的深度调整期,不稳定因素较多。走进新常态的中国正面临着很多前所未有的新矛盾、新问题和新挑战。在周期性和结构性因素的影响下,经济增长出现减速趋势,进入增长速度换挡期、结构调整阵痛期和前期刺激政策消化期的特殊时期,到了爬坡过坎的紧要关口。与此同时,经济发展中不平衡、不协调、不包容、不可持续等矛盾依然非常突出,统筹稳增长、促改革、调结构、惠民生、防风险的每一项任务,担子都不轻,所面临的改革任务十分艰巨。化解产能过剩风险、增强结构调整动能、释放创新驱动潜力、保障民生期盼等重点问题,依然需要通过切切实实的改革来加以推动。可以说,不深化改革,发展就难有活力、难有成效、难以可持续;不深化改革,存在的问题就可能更严重,甚至不能排除掉入“中等收入陷阱”的风险。改革过去、现在都是中国最大的红利,改革依然是中国发展的最大动力和关键一招。要推动中国经济发展提质增效、行稳致远,必须培育千千万万的改革促进派,坚定不移地推进改革,坚决破除各种利益的藩篱和体制机制的弊端,充分释放改革新红利。

二、当前改革还需要以经济体制改革为重点,把已出台的经济改革政策落实好

党的十八届三中全会提出,“经济体制改革是全面深化改革的重点”。这是党中央在全面总结改革开放经验、准确把握国内外大势、统筹考虑五位一体总体布局基础上作出的科学判断和重要决策。党的十八大尤其是十八届三中全会以来,我国在许多重要领域和关键环节上出台了一系列的改革举措,解放和发展了生产力,大大增强了市场的信心。当然,从“蓄势”到“迸发”,需要一个过程,我们可以从党的十八届五中全会看到改革的精气神写在“十三五”规划的篇章中。当前,最重要的就是继续将经济改革措施落实好,特别是要把稳增长的措施尽量往前摆、抓到位。

首先,这是立足基本国情的必然选择。我国仍处于并将长期处于社会主义初级阶段的基本国情没有变,人民日益增长的物质文化需要同落后的社会生产之间的主要矛盾没有变,我国是世界最大发展中国家的国际地位没有变。这“三个没有变”,决定了我们必须始终坚持以经济建设为中心。这些年,我国之所以能够经受住国际金融危机和世界经济低迷的冲击,经济增长保持平稳态势,结构调整取得重要进展,人民生活不断改善,其中的重要原因之一就是坚持深化经济体制改革。可以说,以经济建设为中心与以经济体制改革为重点,在本质上是统一的。

其次,这是应对经济下行、稳增长的迫切需要。面对经济增速放缓压力,我们没有惊慌失措,也没有怨天尤人,而是保持定力,实施定向调控、相机调控、精准调控,不超发货币、不搞大规模强刺激。同时,加大简政放权、放管结

合、优化服务改革力度,给企业和市场松绑,鼓励大众创业、万众创新,加快新技术、新业态、新模式、新平台的建设,释放市场主体的创造力。依靠改革增强经济活力,已经取得了实实在在的成效,经济的新增长点、增长极、增长带逐步形成。下一步,要努力实现稳增长的预期目标,就要进一步深化经济体制改革,不仅政令要出中南海,而且要破除"肠梗阻",更要打通"最后一公里",注重将改革措施尽快落地见效,变成千千万万人民开创伟业的行动,不断释放改革新红利。

再次,这是推动经济转型升级的重要举措。从国际看,世界经济低速增长,发达经济体复苏乏力,新兴经济体经济增长一波三折,短期内恐怕难有起色。同时,国际经济结构正面临深度调整,国际竞争将日趋激烈,新一轮科技革命正在孕育、兴起,我国发展的外部环境更趋复杂多变。随着国际需求支撑条件减弱、劳动力等要素供给条件发生新的变化、面临"中等收入陷阱"等一系列制约因素的凸显,我国经济转型升级的任务将更加艰巨。要继续深化经济改革,处理好政府和市场的关系,就必须加快释放结构调整红利、新型城镇化红利、自贸区建设红利、企业创新红利、"新人口红利"等进程,形成改革的新动力,打造"中国经济升级版"。

最后,这是引领其他领域改革的客观要求。生产力决定生产关系,经济基础决定上层建筑。这一社会发展的基本规律决定了要以经济体制改革为先导,发挥其牵引作用,为全面深化改革创造条件、提供动力。牵住深化经济体制改革这个"牛鼻子",可以有力地促进其他领域深层次矛盾的化解,促进其他领域改革的协同深化。现在,改革到了关键时刻,不进则退。只有通过继续深化经济体制改革,才能充分发挥市场对资源配置的决定性作用,更好发挥政府的作用,真正形成经济、政治、文化、社会、生态等领域改革的强大合力,努力把中国的事情办好。

三、保持和增强战略定力,在全面深化改革中求新求进求突破

"天行健,君子以自强不息。"习近平总书记强调,适应和把握我国经济发展进入新常态的趋势性特征,保持战略定力,增强发展自信,坚持变中求新、变

中求进、变中突破，走出一条质量更高、效益更好、结构更优、优势充分释放的发展新路。推动中国经济向形态更高级、分工更优化、结构更合理的方向发展。加快从经济大国向经济强国迈进。这些重要思想，非常鼓舞人心，对全面深化改革中求新求进求突破，提出了更紧迫的要求。

一要保持战略定力，在全面深化改革中实现“变中求新”。从各地改革的实践看，那些敢于求新、创新，主动点燃创新驱动引擎的地区，发展活力充足，动力强劲；反之，则压力较大，步履维艰。当下的中国，面临着“前有堵截，后有追兵”的双向压力，要在激烈的国际竞争中赢得主动和先机，就必须保持战略定力，变中求新，打好改革的“主动仗”，下好创新的“先手棋”，抢占发展的制高点。要紧紧抓住和用好新一轮科技革命和产业变革的机遇，加快创新驱动方面的重大改革，推动大众创业、万众创新，形成以创新为主要引领和支撑的经济体系。

二要保持战略定力，在全面深化改革中实现“变中求进”。在新常态下，既要稳中求进，也要变中求进，关键是有所“进”。如果不进，就无法保持改革的成果，也无法实现人民的新期待。必须增强战略定力，变中有为，变中精进。要积极培育新的经济增长点，形成新的增长动力。要采取政府调控与市场机制并用的方式，存量调整与增量调整并举，采取地区、产业差别化政策，既要减少过剩产能、高能耗产业，又要加快发展服务业、现代农业、战略性新兴产业，逐步构建起科技含量高、资源消耗低、环境污染少的产业结构，进而实现转型升级、提质增效。

三要保持战略定力，在全面深化改革上实现“变中突破”。改革就是“变”，也是我们推进发展的不竭动力。古人云，“变则通，通则久”。全面深化改革，变中突破，考验着我们的战略定力。我们在全面深化改革中，要以重大问题为导向，抓住重大问题、关键问题，重点是处理好政府和市场的关系，不断探索发挥市场和政府作用的有效机制，更大程度发挥市场配置资源的决定性作用。要着重加强利益关系调整、资源要素分配，探索促进科技与经济深度融合的有效途径，探索激发创新者动力和活力的有效举措。要注重探索深化开放创新的有效模式，争取在完善市场经济体制方面和建设现代政府的管理创新上取得新突破。

我们有三十多年改革的物质基础，有体制的优势，有坚强的决心，有勤劳勇敢的13亿人民,我国的改革正在积蓄正能量、释放正能量。正如世界经济论坛主席施瓦布所说:"我曾多次看到中国面临似乎难以逾越的困难,但给人留下深刻印象的是中国拿出了解决这些困难的决心和信念……每次都能成功应对挑战。"我们相信,万众瞩目的中国会向人民、向世界交出一份高质量的答卷。

把创新摆在国家发展全局的核心位置*

党的十八届五中全会提出了一系列新观点、新论述、新部署，尤其值得注意的是，在创新、协调、绿色、开放、共享五大发展理念中，“创新”被提到了前所未有的高度：“坚持创新发展，必须把创新摆在国家发展全局的核心位置，不断推进理论创新、制度创新、科技创新、文化创新等各方面创新，让创新贯穿党和国家一切工作，让创新在全社会蔚然成风。”党的十八届五中全会将创新放在国家发展全局的核心位置，突出了创新在“十三五”时期积极引领经济发展新常态中的紧迫性和重要性，这是在深刻掌握国内外经济大势、洞悉经济发展阶段性与规律性之上，所作出的高瞻远瞩之举，它将是我国全面建成小康社会的重要保障。全会将“坚持创新发展”分成四个层次，我们分别展开阐释。

第一层次：依靠创新驱动培育发展新动力

党的十八届五中全会明确提出：“必须把发展基点放在创新上，形成促进创新的体制架构，塑造更多依靠创新驱动、更多发挥先发优势的引领型发展。培育发展新动力，优化劳动力、资本、土地、技术、管理等要素配置，激发创新创业活力，推动大众创业、万众创新，释放新需求，创造新供给，推动新技术、新产业、新业态蓬勃发展。”这一论述，实际上是从创新驱动与经济增长的角度来进行阐发的，更多地从创新对经济发展的驱动力角度进行战略部署。这一部署既是我国加快从要素驱动、投资驱动转向创新驱动的必然选择，也是主动适应和引领“十三五”经济新常态的必由之路。

---

* 载《前线》2015 年第 11 期，合作者周跃辉博士后。

事实上，改革开放三十多年来，我国经济增长主要是依靠劳动力、资本、资源三大传统要素投入，与许多发展中国家走过的道路一样，是一种典型的要素驱动型增长模式。从当前的情况看，已经出现了许多新情况、新变化，如果继续按照传统的经济增长方式，以往的三大要素均面临着诸多瓶颈约束，已难以支撑我国经济的长期可持续增长。“十三五”时期，要破解这些约束，就必须坚持走中国特色自主创新道路，敢于走别人没有走过的路，不断在攻坚克难中追求卓越，加快向创新驱动发展转变。

目前，我国资源环境承载能力和要素供给能力已经接近极限，传统人口红利减弱，劳动年龄人口绝对减少，“刘易斯拐点”正在加速到来。统计数据表明，2014 年我们创造了全球 GDP 的 13. 3%，消耗的能源资源却占全球总量的 23%。原油、天然气、铁矿石、铝土矿等战略性资源对外依存度均超过 50%，经济的可持续发展面临严重挑战。与此同时，土壤、河流、大气污染严重，全国有 90%左右的城市不能达到新的环境空气质量标准，17 个省（自治区、直辖市）的 6 亿左右人口受雾霾天气影响。面对如此严峻的局面，传统的粗放式发展道路再也走不下去了。而新技术、新产品的开发靠创新，新模式、新业态的培育靠创新，新行业、新产业的形成靠创新，新供给、新需求的增加靠创新。因此，唯有依靠创新驱动经济发展，中国经济才有出路，才能推动“十三五”时期的中国经济迈向更高阶段、更高水平、更高层次。

第二层次：发挥科技创新在全面创新中的引领作用

党的十八届五中全会强调：“实施网络强国战略，实施‘互联网+’行动计划，发展分享经济，实施国家大数据战略。深入实施创新驱动发展战略，发挥科技创新在全面创新中的引领作用，实施一批国家重大科技项目，在重大创新领域组建一批国家实验室，积极提出并牵头组织国际大科学计划和大科学工程。大力推进农业现代化，加快转变农业发展方式，走产出高效、产品安全、资源节约、环境友好的农业现代化道路。构建产业新体系，加快建设制造强国，实施《中国制造 2025》，实施工业强基工程，培育一批战略性产业，开展加快发展现代服务业行动。”这一论述，主要是从科技创新的角度来谋划和落实“十三五”时期坚持创新发展理念的具体行动。这一行动既能够为应对世界新科技革命和产业革命提供有力支撑，也能够为推动中国经济转型升级提供强大的内生动力。

科技兴则民族兴，科技强则国家强。从世界范围看，近现代社会经济政治发展始终与科技革命、科技创新相伴而行，每一次革命性的科技突破都会造就新的世界强国，谁抓住了科技创新的机遇，谁就掌握了向强国迈进的主动权。历史雄辩而生动地告诉我们，科学是最高意义上的革命力量，各国综合国力竞争说到底就是科技实力的竞争，具有强大的科技创新力量是成为世界经济强国的前提条件和客观基础。当前，新一轮技术革命和产业革命孕育兴起，一些重要领域开始出现突破性变革，带动着关键技术的交叉融合、群体跃进，并与我国转变经济发展方式形成历史性交汇，为实施创新驱动发展战略提供了难得的发展机遇。我们已错过了前几次科技革命的重大机遇，绝不能再让新的机遇从身边溜走。机会稍纵即逝，抓住了就会迎头赶上，抓不住就会被时代抛下。

同时，从国内看，我国现在已经是经济大国，但还不是经济强国。不少产业还处在中低端，而不在中高端。其中的关键，很大程度上是自主创新能力弱，部分关键技术、核心技术缺失，创新成果转化率低，科技和经济结合得不紧密等等，迫切需要发挥科技创新在全面创新中的引领作用。而制造业作为国民经济的主体，是产业转型升级的着力点，是立国之本、兴国之器、强国之基。18 世纪中叶开启工业文明以来，世界强国的兴衰史和中华民族的奋斗史一再证明，没有强大的制造业，就没有国家和民族的强盛。与世界先进水平相比，我国制造业仍然大而不强，在自主创新能力、资源利用效率、产业结构水平、信息化程度、质量效益等方面差距明显。因此，在“十三五”期间，以科技创新为引领，实施一批重大科技项目，加快实施《中国制造 2025》，推动“互联网+”与制造业深度融合，打造具有国际竞争力的制造业，是我国提升综合国力、保障国家安全、建设世界经济强国的必由之路。

第三层次：加快形成有利于创新发展的体制机制

党的十八届五中全会明确指出：“构建发展新体制，加快形成有利于创新发展的市场环境、产权制度、投融资体制、分配制度、人才培养引进使用机制，深化行政管理体制改革，进一步转变政府职能，持续推进简政放权、放管结合、优化服务，提高政府效能，激发市场活力和社会创造力，完善各类国有资产管理体制，建立健全现代财政制度、税收制度，改革并完善适应现代金融市场发展的金融监管框架。”这一论述，实际上主要以体制机制改革来谋划和落实“十三五”时期坚持创新发展理念的具体安排。这一安排已超越科技创新的范畴，而是从体制机制角度来阐述创新，进一步强化了体制机制创新的紧迫性，这既与党的十八届三中全会精神一脉相承，也是全面贯彻落实各项创新举措、全面建成小康社会的重要保障。

从当前经济社会发展现状来看，在周期性和结构性因素的影响下，经济增长出现减速趋势，进入增长速度换挡期、结构调整阵痛期和前期刺激政策消化期的特殊时期，到了爬坡过坎的紧要关口，“十三五”必然会延续这一态势。与此同时，经济发展中不平衡、不协调、不包容、不可持续等矛盾依然非常突出，统筹稳增长、促改革、调结构、惠民生、防风险的每一项任务，担子都不轻，所面临的改革任务十分艰巨。化解产能过剩风险、增强结构调整动能、释放创新驱动潜力、保障民生期盼等重点问题，依然需要通过切切实实的改革来加以推动。可以说，不深化改革，发展就难有活力、难有成效、难以可持续；不深化改革，存在的问题就可能更严重，甚至不能排除掉入“中等收入陷阱”的风险。改革过去、现在都是中国最大的红利，改革依然是中国发展的最大动力和关键一招。要推动中国经济发展提质增效、行稳致远，就必须全面深化改革，就必须坚持体制机制创新，就必须破除各种利益的藩篱和体制机制的弊端，只有这样，才能更好地引领“十三五”时期的经济社会发展。

第四层次：创新和完善宏观调控方式

党的十八届五中全会强调：“创新和完善宏观调控方式，在区间调控基础上加大定向调控力度，减少政府对价格形成的干预，全面放开竞争性领域商品和服务价格。”这次会议明确将“创新和完善宏观调控方式”纳入到“坚持创新发展”的理念中来，既丰富了“创新”概念的内涵和外延，深化了我们对创新的理解和认识，同时也对“十三五”时期如何通过加强宏观调控来保持经济中高速增长，产业迈向中高端水平，加快全面建成小康社会，提出了具体要求和原则方向。

“十三五”时期，我国经济发展长期向好的基本面没有变，经济韧性好、潜力足、回旋空间大的基本特质没有变，经济持续增长的良好支撑基础和条件没有变，经济结构调整优化的前进态势没有变。保持经济运行处于合理区间，是宏观调控的首要任务。新一届政府提出，合理区间的“下限”是稳增长、保就业，“上限”是防通胀。可以说，这一宏观调控方式与思路的创新，实质强调的是目标管理，在这一目标区间内，统筹推动稳增长、调结构、促改革等。党中央、国务院审时度势、主动谋划，面对经济下行压力，积极保持战略定力，有力有为实施宏观调控。当经济运行越出合理区间时，宏观经济政策更多地利用“微调”“预调”等方式，对经济总量政策进行适时适度调整，而把政策着力点更多地用于调结构、促改革等方面。这样，防止宏观经济政策对经济运行层面的过多干预，避免宏观刺激性政策的过度使用，更多运用深化改革的办法破除体制机制障碍，将极大地推动中国经济提质增效、行稳致远。

在区间调控的基础上加强定向调控，是我国宏观调控思路的重要创新。定向调控就是针对经济运行中存在的问题，确定“靶点”，定向采取措施，提高宏观调控的针对性和有效性。财政政策方面，新一届政府采取定向减税的方式，瞄准棚户区改造、中西部铁路、城市地下管网建设等领域，予以精准发力，弥补公共产品和公共服务短板。金融政策方面，采取定向降准、再贷款和存贷比调整等调控政策，将存量和增量资金更多地扶持“三农”和小微企业，更多地支持实体经济的发展，更好地引导化解产能过剩矛盾等等。价格政策方面，通过理顺价格运行体制机制，减少政府对价格形成的干预，全面放开竞争性领域商品和服务价格，充分发挥市场在价格形成中的决定性作用等等，都是创新和完善宏观调控方式的重要举措。无疑，这也将是“十三五”时期坚持创新发展理念的重头戏和重要着力点。

全面深化改革 推动我们的制度更加成熟定型*

党的十八届三中全会对全面深化改革进行总体部署，吹响了改革开放新的进军号，开启了全面深化改革的新征程。习近平总书记强调，今天，摆在我们面前的一项重大历史任务，就是推动中国特色社会主义制度更加成熟更加定型，为党和国家事业发展、为人民幸福安康、为社会和谐稳定、为国家长治久安提供一整套更完备、更稳定、更管用的制度体系。这项工程极为宏大，必须是全面的系统的改革和改进，是各领域改革和改进的联动和集成，在国家治理体系和治理能力现代化上形成总体效应、取得总体效果。改革始终在路上，如何进一步推进全面深化改革，让中国特色社会主义制度更加成熟、更加定型，是改革进程中需要时时思考并不断总结的问题。

一、全面深化改革是中国渐进式改革逻辑发展的必然结果

2013 年党的十八届三中全会提出全面深化改革的总目标，强调要进一步完善和发展中国特色社会主义制度、推进国家治理体系和治理能力现代化。党的十八大以来，习近平总书记多次强调增强改革的系统性、整体性、协同性，强调“正确、准确、有序、协调”推进改革。在这一思想的指导下，我们应该正确理解“全面改革”，以及近年来全面深化改革取得的积极进展。

全面深化改革是“四个全面”战略布局中具有突破性和先导性的关键环

---

* 载《光明日报》2016 年 8 月 10 日。

节，是中国共产党顺应世界发展大势主动的改革、自觉的改革，是解决中国现实问题的根本途径，是抓住和用好历史机遇，抢占未来发展制高点的必然选择。我国发展到今天，发展和改革高度融合，发展前进一步就需要改革前进一步。发展是全面的，改革就是全面的。

相比之前的改革，全面深化改革有这样几个特征：一是重视统筹。改革不是单个领域体制的调整和修补，而是各方面体制与制度的创新，是全方位的改革。二是重视系统。改革不是某个领域体制改革的单向推进，而是各领域、各层次的系统推进。三是重视集成。改革不是止步于改革体制机制，而是要着眼于制度聚合与集成，形成总体性的制度成果和制度文明。

近年来，全面深化改革取得了重大进展，改革创造出来的红利显著地弥补了不利因素带来的损失。一是在改革的整体战略布局上获得重大突破，即党的十八届三中全会提出的全面深化改革的指导思想、总体思路、主要任务、重大举措；二是在政府权力的约束和规范上获得重大进展；三是在市场决定资源配置方面取得重大进展。

二、保持中国特色社会主义制度优势，让制度更加成熟定型，关键在于坚持改革不动摇

中国特色社会主义制度的制度优势体现在以下五个方面，一是有利于保持党和国家的活力，调动广大人民群众的积极性、主动性和创造性；二是基本经济制度适应了现阶段生产力发展水平，有利于发挥市场在资源配置中的决定性作用和有效发挥政府作用，有利于解放和发展生产力，推动经济社会全面发展；三是有利于维护和促进社会公平正义，实现全民共同富裕；四是有利于人民当家作主，形成共识，集中力量办大事，有效应对前进道路中各种挑战和风险；五是有利于维护民族团结、社会稳定和国家统一。

中国特色社会主义制度只有通过全面深化改革，才能不断培育生长点、释放生命力、展示优越性。在新的历史条件下，要以完善中国特色社会主义制度为目标，始终坚持全面深化改革的正确方向，提高改革决策的科学性和前瞻性，明确深化改革的重点和难点，不失时机地推进重要领域和关键环

节改革，推动中国特色社会主义制度的自我完善和发展。尤其要积极稳妥推进政治体制改革和创新，以保证人民当家作主为根本，以增强党和国家活力、调动人民积极性为目标，扩大社会主义民主，发展社会主义政治文明。

1992 年，邓小平同志提出，“恐怕再有三十年的时间，我们才会在各方面形成一整套更加成熟、更加定型的制度”。自此，我国的经济体制改革在理论和实践上取得了重大进展。习近平总书记强调，今天，摆在我们面前的一项重大历史任务，就是推动中国特色社会主义制度更加成熟更加定型，为党和国家事业发展、为人民幸福安康、为社会和谐稳定、为国家长治久安提供一整套更完备、更稳定、更管用的制度体系。

改革进行到今天，我们已经解决了这样一些问题：一是非公有制经济平等参与市场竞争制度基本确立，国有企业现代公司治理结构基本建立，初步建立了现代产权制度框架；二是统筹城乡发展和新型城镇化步伐不断加快，农村土地制度进一步完善；三是全国统一市场体系基本建立；四是政府的宏观调控能力持续加强，有效提升了政府的管理服务能力；五是劳动就业体制进一步优化，医疗、教育等社会保障体系逐步完善，收入分配结构逐步优化；六是金融体制改革逐步深化，金融监管机制逐步建立起来。

未来继续推进全面改革，还面临以下问题：一是还未建立归属清晰、权责明确、保护严格、流转顺畅的现代产权制度，信用制度和法治建设步伐迟缓；二是新型城镇化的质量不高，城乡二元经济结构的体制改革进展较慢；三是市场在一些领域和行业中配置资源的决定性作用难以发挥；四是政府的职能转变和管理服务红利难以释放，简政放权、放管结合和优化服务政策的“获得感”不明显；五是收入分配差距没有显著缩小，公共服务领域政府供给不足；六是金融领域存在金融服务严重脱离实体经济、民营企业融资难和融资贵，融资模式以间接为主，多层次资本市场建设迟缓。

虽然面临上述困难和问题，但根据现在制度建设推进的步伐、节奏，以及邓小平同志的科学预测，我认为到 2020 年是能够实现中国特色社会主义制度的定型目标的。

三、全面深化改革是社会主义制度的自我完善和发展，必须坚持以人为本，注重改革的系统性、整体性、协同性

根据人类社会发展的规律，成熟定型的社会制度既应该坚持一系列的基本原则，也应该是能够实现变化和改革的社会。改革开放是社会主义制度的自我完善和发展，建设成熟定型的中国特色的社会主义制度，我们首先要坚持以实践基础上的理论创新推动制度创新，坚持和完善现有制度，从实际出发及时制定一些新的制度，构建系统完备、科学规范、运行有效的制度体系。完善的制度应坚持公平正义原则、共同富裕原则、社会和谐原则和可持续发展原则等。同时，应遵循中国特色社会主义发展的内在规律，把握社会主义制度“不变”与“变”的辩证统一；必须坚持社会主义基本原则不动摇，坚守中国特色社会主义制度底线不含糊，不断推进国家治理体系和治理能力现代化。

全面深化改革是社会主义制度的自我完善和发展，必须坚持制度自信、道路自信和理论自信，充分发挥人民的主人翁精神。一是要在全体人民共同奋斗、经济社会发展的基础上，加紧建设对保障社会公平正义具有重大作用的制度；二是要使发展成果更多更公平惠及全体人民，朝着共同富裕方向稳步前进；三是最大限度地增加和谐因素，确保人民安居乐业、社会安定有序；四是必须依赖中国特色社会主义制度的成熟定型，减少发展中的风险和挑战，通过高度的制度自信推进可持续发展。

全面深化改革促进中国特色社会主义制度更加成熟、更加定型，推进国家治理体系和治理能力现代化，必须依靠党带领人民在坚持社会主义根本制度和基本制度的前提下，不断增强中国特色社会主义道路自信、理论自信、制度自信和文化自信；必须按照党的十八届三中全会提出的到2020年全面建成小康社会之时，要“形成系统完备、科学规范、运行有效的制度体系，使各方面制度更加成熟更加定型”的改革时间表和战略部署，不断完善和发展中国特色社会主义制度；必须坚持站在人民的立场上，坚持以人民为中心的发展思想，推动经济体制、政治体制、文化体制、社会体制、生态文明体制和党的建设制度改革的统筹配套；必须坚持社会主义市场经济的前进方向，紧紧围绕使市场在

资源配置中起决定性作用和更好发挥政府作用深化改革;必须坚持依法治国,建设社会主义法治国家。改革不适应实践发展要求的法律法规,不断构建新的法律法规体系,把权力装进制度的笼子,使各方面制度更加科学、更加完善,实现党、国家、社会各项事务治理制度化、规范化、程序化。唯有如此,中国特色社会主义才能在实践中不断培育生长点、释放生命力、彰显优越性,我们党才能带领人民不断夺取中国特色社会主义新胜利,顺利实现“两个一百年”奋斗目标和中华民族伟大复兴的中国梦。

中国特色社会主义政治经济学新拓展*

一、改革开放丰富了马克思主义政治经济学

马克思主义政治经济学是马克思主义的重要组成部分，也是我们坚持和发展马克思主义的必修课。马克思主义政治经济学所揭示的人类社会运动的一般规律在社会主义经济建设中是完全适用的，这在2008年以来的国际金融危机中已经看得比较清楚。

新中国成立后，虽然我们在马克思主义政治经济学发展上走了很多弯路，但我们还是探索了一些适合中国实际的经济学理论。如提出社会基本矛盾理论，提出统筹兼顾、注意综合平衡，以农业为基础、工业为主导、农轻重协调发展等重要观点。这是党的第一代领导集体对马克思主义政治经济学的创造性发展。

改革开放以来，随着全面建设小康社会，我们对经济学理论的需求日益强烈，对马克思主义政治经济学的研究和应用也走向深入。我国理论界在继承马克思主义政治经济学立场、观点、方法的同时，又有所创新发展，丰富了马克思主义政治经济学，形成许多重大的理论成果，这些成果有力推动了中国特色社会主义政治经济学理论的发展。

社会主义本质理论。解放和发展生产力是社会主义本质的要求，是巩固社会主义制度的需要，是解决初级阶段主要矛盾的根本手段。马克思主义认为，人类社会的发展是自然的历史过程，生产力的发展是人类社会发展的最终决定力量。习近平总书记指出，全面建成小康社会，实现社会主义现代化，实现中华民族伟大复兴，最根本最紧迫的任务还是进一步解放和发展社会生

* 载《人民论坛》2016年第1期（上）。

产力。

社会主义市场经济理论。社会主义市场经济理论是中国对马克思主义政治经济学的发展，它发扬了马克思主义政治经济学的思想方法，又结合我国实际进行了一系列理论创新。社会主义经济建设的实践表明，在经济制度中引入市场机制才符合社会发展实际，符合社会发展规律。我国社会主义市场经济体制确立以来，在坚持社会主义市场经济改革方向中，市场在资源配置中的作用不断加强，宏观调控体系不断完善，推动经济更有效率、更加公平、更可持续发展。

改革开放理论。改革开放是党在新的历史条件下带领人们进行的伟大革命，它使占世界人口五分之一的社会主义中国，逐步由封闭走向开放，由计划经济走向社会主义市场经济，由传统走向现代。习近平总书记指出，改革开放是当代中国最鲜明的特色，也是我们党最鲜明的旗帜。三十多年的实践证明，改革开放是决定当代中国命运的关键抉择，是我国大踏步赶上时代的重要法宝。改革开放理论是中国对马克思主义政治经济学的巨大贡献。

共同富裕理论。共同富裕是社会主义的本质要求和中国共产党始终不渝的奋斗目标。共同富裕，是相对贫富悬殊、两极分化而言的，但又不同于绝对平均、同步富裕，而是指在生产力发展的基础上，逐步实现全体社会成员的普遍富裕，使人人共享发展成果。党的十八大强调，坚持走共同富裕道路是中国特色社会主义的基本要求。走共同富裕道路，就要坚持以经济建设为中心，坚持和完善按劳分配为主体、多种分配方式并存的分配制度，妥善处理效率和公平的关系。

完善基本经济制度理论。以公有制为主体、多种所有制经济共同发展的基本经济制度，是中国特色社会主义制度的重要支柱，主要体现在：公有资产在社会总资产中占优势，国有经济控制国民经济命脉，对经济发展起主导作用。公有制经济和非公有制经济都是社会主义市场经济的重要组成部分，要按照市场在资源配置中起决定性作用和更好发挥政府作用的要求，加快形成统一开放、竞争有序的市场体系，保证各种所有制经济依法平等使用生产要素、公开公平公正参与市场竞争。

二、中国成就需要中国特色社会主义经济学理论来解说

改革开放以来，我国成功地走出一条经济发展道路，经济所显示的蓬勃生机为全世界所瞩目。经济发展已到了一个新的阶段，需要理论加以解说。这也就是习近平总书记所讲的，要把实践经验上升为系统的经济学说，不断开拓当代马克思主义政治经济学新境界。

近些年来，对于中国经济发展成就的解说，人们存在着巨大差异。以西方经济学为出发点的人认为：中国经验至多是一种转型经济学的范例，即向资本主义自由市场经济过渡的一种特殊形式，没有普遍意义。如果说中国经济改革取得了一些成就，那应归功于对西方经济学一般原理的应用，如发展私有经济、自由市场和对外开放等。中国经济面临的问题则是对西方经济学一般原理的偏离，如过多的国有经济、政府干预经济等。

现代西方经济学，由于在一定程度上反映了市场经济的运行规律，因此具有一些共性和普遍性，需要我们认真学习、加以吸收。但从另一角度看，它又具有特殊性。现代西方经济学是以发达市场经济为基础产生发展起来的，重逻辑、轻历史，重形式、轻内容，否认不同社会制度和历史条件下人们的行为的差异。对于中国这样发展中的经济体，解说往往失去公允和客观。从这个意义上而言，当前西方主流经济学难以达到放之四海而皆准的效果，世界经济发展亟待新的经济学理论。

长期以来，在我国社会主义经济建设、改革发展中，马克思主义政治经济学给予多方面指导。正是在这些理论的指导下，我国经济发展才避免了犯颠覆性的错误，走出一条自己的道路。当代中国马克思主义政治经济学就是中国特色社会主义政治经济学。

马克思主义政治经济学之所以对中国经济发展有指导作用，有三个方面原因：一是当代中国马克思主义政治经济学始终坚持以人民为中心，以人民的利益为出发点，这是马克思主义政治经济学阶级性的体现。二是当代中国马克思主义政治经济学随着中国的实践发展与时俱进，不断创新。形成的理论成果，是适应当代中国国情和时代特点的政治经济学。三是当代中国马克思

主义政治经济学是个开放的系统，不排除对当今世界人类发展的积极理论成果、包括对西方经济学有益成分的吸收，使其更具有科学性。

然而，我们也要认识到，基于我国经济发展实践所形成的经济理论还不是很系统，并没有形成一套完整的、具有严密逻辑的中国特色社会主义政治经济学说。此外，经济建设中的一些成功经验也没有得到系统总结，特别是从理论上加以抽象提炼形成体系化的学说。

第五部分

简政放权新突破

经济新常态下简政放权改革新突破*

习近平总书记强调中国经济进入新常态，是全局性、方向性、战略性的重大判断，实际上，这是更加强调把握重大的发展趋势与机遇，妥善应对经济发展中面临的困难和挑战，加快简政放权、促进政府职能转变，以政府自身革命带动重要领域改革，主动适应和积极引领中国经济新常态，开启从经济大国走向经济强国的新征程。

一、实现市场起决定性作用需要大力简政放权

认识新常态，适应新常态，引领新常态，是当前和今后一个时期我国经济发展的大逻辑。但推动中国经济实现新常态并不是一件容易的事情，更不是自然而然就能够实现的，必须坚持社会主义市场经济的改革方向不动摇，以政府自身革命带动重要领域和关键环节改革，从而使市场起决定性作用，并更好发挥政府作用。简政放权，深化行政审批制度改革，厘清和理顺政府和市场的关系，是经济体制改革的核心问题，也是政府自身改革的重要抓手。从整体上看，进一步简政放权对于激发市场主体内在活力、增强经济发展内生动力、提高政府治理能力、提升社会创造力具有重要意义，是实现市场起决定性作用，更好发挥政府作用，推动中国经济实现新常态的重要途径和保障。

第一，激发市场主体内在活力的必然选择。党的十八届三中全会明确提出，要使市场在资源配置中起决定性作用和更好发挥政府作用。如何使市场在资源配置中起决定性作用，如何更好发挥政府作用，从根本上讲，就是要继续深化行政审批制度改革，进一步简政放权。在市场能够起决定性作用的市

* 载《行政管理改革》2015 年第 1 期。

场经济条件下，各个经济主体都是自由人，市场环境能够给所有经济主体提供平等的竞争机会和准入门槛，价格信号能够随时反映资源的稀缺程度和商品的供求状况，并具有灵活的传导机制，从而推动各个经济主体在价格机制、竞争机制、利益机制的引导下，不断激发其创造社会财富的内在活力，促进资源的优化配置，增进国民财富的创造，这就是发挥市场决定性作用的内在机理。应当说，党的十四大以来，我国的政府职能转变在不断推进，政府与市场关系向着良性方向发展，社会主义市场经济体制已经初步确立。但从总体上看，政府直接配置资源的范围仍然过大，对微观经济主体的干预仍然过多，公共服务供给仍然不足，市场监管和社会管理仍然相对薄弱。行政审批制度改革的不到位使政府这只有形之手，抑制了市场的无形之手，严重束缚了市场主体的竞争活力。因此，只有深化行政审批制度改革，进一步简政放权，用政府权力的“减法”换取企业和市场活力的“加法”，用更大力气释放改革红利，才能充分发挥价格机制、供求机制和竞争机制三大市场机制的作用，充分发挥市场在资源配置中的决定性作用，激发市场主体的内在活力。

第二，增强经济发展内生动力的迫切需要。“内生动力”一词来源于新经济增长理论中美国经济学家卢卡斯提出的“人力资本溢出”模型和罗默提出的“知识溢出”模型，其核心要义有两个：一是技术创新进步；二是人力资本积累。从技术创新进步的角度看，在现代市场经济条件下，健全技术创新市场导向机制，发挥市场对技术研发方向、路线选择、要素价格、各类创新要素配置的导向作用，依然是实现一个国家技术创新进步的最佳途径。而要实现市场对技术创新的导向作用，其关键就在于要继续深化行政审批制度改革，破除行政审批对企业技术研发的条条框框，彻底解除捆绑企业创新动力的绳索。从人力资本积累的角度看，美国经济学家舒尔茨在 20 世纪 60 年代提出了人力资本理论，后受到西方国家的普遍重视。美国、日本、德国等发达国家无一不是依靠巨大的人力资本投资，创建高水平的教育体系，培养出高素质的人才，为经济发展提供源源不断的动力源泉。而在我国的教育体系中，行政力量配置教育资源依然根深蒂固，招生规模、学科设置、师资配备等皆由行政主管单位的审批来决定，从而严重影响了我国人力资本的积累，并最终影响到我国经济发展的内生动力。因此，从某种程度上讲，没有行政审批制度的深化改革，就没有经济发展的内生动力。

第三，提高政府治理能力的重要途径。党的十八届三中全会提出，全面深化改革的总目标是完善和发展中国特色社会主义制度，推进国家治理体系和治理能力现代化。政府作为国家公共行政权力的载体和行使主体，不断提高政府治理能力成为落实全面深化改革目标的题中之义。有所不为才能有所为，不断深化行政审批制度改革，进一步简政放权，正是全面提高政府治理能力的重要途径。通过审批制度改革，不仅仅是取消和下放权力，而且还能够改善和加强政府管理，使政府能够轻装上阵，将该管的事务管住管好。只有把那些该放的放了，才能抓大事、议长远、谋全局，少管微观、多管宏观，才能显著地增强政府治理能力，提高政府效能，建设现代政府。只有通过简政放权，优化必要的行政审批程序，才能有效地减少寻租，防止腐败，从而提升政府公信力、执行力和权威性，更好地服务经济社会发展、服务人民群众，促进全面深化改革目标的实现。

第四，提升社会创造力的根本要求。当前，我国政府包揽了过多的社会事务，老百姓什么事情都找政府，政府也疲于奔命。许多社会矛盾和冲突发生后，社会把焦点集中到政府，导致政府公信力、权威下降。从整体上看，我国社会组织既培育发展不足，又规范管理不够。主要是，成立社会组织的门槛过高，社会组织未经登记开展活动较为普遍，一些社会组织行政化倾向明显，现行管理制度不适应社会组织规范发展需要。而许多问题本来是可以通过社会解决的，但政府往往将其包揽于身，严重影响了社会创造力的发挥。应当说，民间社会组织适当放开一点，风险不大，社会组织发育起来，整个社会才能活跃起来。因此，通过建立健全统一登记、各司其职、协调配合、分级负责、依法监管的社会组织管理体制，依靠深化行政审批制度改革，向社会下放权力，还权于民，这样不仅能减轻政府负担，还能培养公众的责任意识，提高人民群众的认同感和参与度，充分调动人民群众对经济社会建设的积极性和能动性，从而有力地激发社会创造力。

二、简政放权改革成效显著

一年多来，简政放权、取消和下放行政审批等事项改革攻坚克难，“一石激起千层浪”，对推动全面改革、激发市场活力、增强发展动力、社会创造力和转变政府职能等具有非常重要的引领、带动作用，成效显著。有些政策含金量很高，强力释放改革红利，社会反响热烈，评价积极；还有些政策因有时滞效应，市县感觉“风力不强”，短期内还不明显，但随改革深入效果将逐渐显现。

第一，取消和下放行政审批事项犹如“立杆扬旗、架桥筑路”，明确释放了全面深化改革的强烈信号，彰显中央推进全面改革的坚强决心，成为全社会凝心聚力促改革的旗帜。本届政府将加快转变政府职能、简政放权视为“开门第一件大事”，把取消和下放行政审批事项改革作为重要抓手和突破口。李克强总理在 2014 年 7 月 16 日的国务院常务会议上明确要求，非行政许可审批要全部取消并不得违规转入内部审批。截止到 2014 年年底，国务院已经取消下放 9 批共 798 项。简政放权的力度和速度前所未有，这意味着五年完成的承诺提前到两年内完成。其中，中央层面核准的政府核准的投资项目减少 76%，财政专项转移支付项目减少 32%，行政事业性收费每年减轻企业和个人负担约 100 亿元，注册资本认缴登记制、注册资本登记条件放宽、经营场所登记条件简化、先照后证改革等陆续推进，清理并取消了资质资格许可事项和评比达标表彰项目。这种“壮士断腕”般的“自我革命”，彰显了中央全面改革的坚定决心，有利于全社会形成良好的改革预期，增强对我国全面深化改革和经济社会可持续发展的信心。

第二，取消和下放行政审批事项既是行政体制改革的“当头炮”，也是经济体制改革的“先手棋”，进一步释放了市场和社会活力，推动了稳增长、促改革、调结构、惠民生各项政策措施的落实。行政审批一头连着政府、一头连着市场，通过对政府“做减法”、对市场“做加法”，有利于克服政府向市场“乱伸手”以及权力部门化、部门利益化、利益行政化等“顽疾”，给市场注入新的活力和发展动力。自 2013 年 5 月城市快速轨道交通项目核准权限下放地方后，重庆市陆续开工轨道环线、5 号线、4 号线和 10 号线，建设规模较 2012 年增加了一倍。现有 14 个城市批复了轨道交通项目 25 个，线路总长度超过 500 公里，涉及总投资达 3300 多亿元；工信部取消通信建设资质类行政审批事项，惠及电信增值业务企业 2 万家以上、惠及从业人员 10 万以上；国税总局取消“享受小型微利企业所得税优惠的核准”，企业受惠面增加 30%，惠及 200 万户小微企业；工商总局清理和压缩了工商登记现有的各类前置审批事项，激发了地方政府和企业、个人的投资、创业热情。2014 年上半年，全国新登记注册企业同比增长16.71%,2014年前10个月,全国新登记注册企业292.08万户,同比增长高达52.58%,政策效应进一步释放。目前市场主体明显呈现出核名多、新登记多、注册资本多、私营企业多、第三产业多的可喜局面。这些“高含金量”行政审批事项的取消和下放,对稳增长、调结构、促改革、惠民生具有明显的激励、推动作用。

第三,取消和下放行政审批事项调动了地方行政体制改革探索的积极性和创造性,推动行政体制改革逐步走向深入。在行政审批制度改革过程中,地方政府较好地做到了中央“规定动作”和地方“自选动作”相结合。做好中央“规定动作”,一是衔接好中央下放事项,二是清理好中央取消的事项,三是严控新设行政审批事项“入口关”,目前这三项工作均得到较好的落实。地方“自选动作”也有改革创新,河北2013年以来共取消和下放行政审批事项857项,占2012年总底数的58%以上。陕西将职能转变和机构精简与行政审批制度改革同步推进,省政府部门精简10%—15%行政编制,每个厅局减少一个处室,共调整职能327项、精简内设机构57个、减少编制632名,这种“先赶和尚再拆庙”的做法为后续行政体制改革铺平了道路。

第四,取消和下放行政审批事项过程中积累了许多可复制、可推广的宝贵经验,为简政放权在全国范围内取得应有的政策效果奠定了坚实的基础。一是坚持“放管结合、放管并举”,两个轮子一起转。上海、辽宁等省市专门出台加强事中事后监管的政策文件,浙江推行项目承诺准入制和履诺问责制,江苏探索加强社会信用体系建设来强化监管,这些做法切实保证“放中有管、活而不乱”。二是“三个清单一个网”,浙江创新工作机制,以政府部门权力清单、企业投资负面清单、财政专项资金管理清单、省市县一体化服务网作为行政审批改革的突破口,全面推进行政审批制度改革,其他省份也有建立权力清单制度、推行线上线下一站式审批等实践,既方便群众办事,又强化了社会监督,对行政审批行为的规范化和流程的优化产生显著的“倒逼”效应。从中央和地方一年多的改革实践看,这些有利于“瘦身”“提速”的做法值得复制推广,同时随着改革探索的持续深入,我们相信中央和地方还会有更多更好的做法不断涌现,使简政放权释放的“制度红利”切实转变为群众腰包里的“真金白银”。

第五,取消和下放行政审批事项改革带动各级政府进一步转职能、转方式、转作风，密切了党群、干群关系，推动了高效、廉洁政府建设。取消和下放行政审批事项和“八项规定”相结合，既树政府新风又促行政改革，减少设租、寻租的机会，有利于预防和惩治腐败，营造风清气正的政治氛围，增强党和政府在人民群众中的公信力，为后续改革打下了雄厚的群众基础。在行政审批制度改革过程中，各地也在积极寻找转变政府职能和完善政风建设的有效实现途径，增强政府的公共服务功能。浙江各县市区普遍建立了县（市）行政服务中心——乡（镇）审批服务站——村代理服务室三级联动、全程代理、办事不出村的制度，对投资项目审批也设立了专职代理审批制度，从而为企业和居民提供优质、便捷的行政审批服务；江苏南京试行“政府公共服务外包”，将公共卫生、居家养老、环卫保洁等转由社会机构承担，将政府不应干、干不了也干不好的事情交给企业、非营利性机构等社会组织，为进一步健全政府公共服务职能、保障和改善民生发挥了积极的作用。公安部、质检总局联合推出“车检新政”，推进车检机构社会化的同时，明确规定了车检机构的主体责任；山西省狠抓社团清理规范、杜绝社会组织“二政府”现象，有利于社会组织的培育和完善，减少企业和社会成本，有利于让市场更好发力，让企业和社会创新源泉更加充分涌流。

三、简政放权改革面临的难题与努力方向

（一）简政放权改革面临的难题

行政审批制度改革目前仍然面临许多问题与难题，有些还尤为突出。

一是审批事项仍然过多。自国务院成立行政审批改革领导小组至今，国务院共取消和调整行政审批项目 3528 项，占原有总数的 80%多，各地区也取消和调整的行政审批事项占原有总数的八成以上。但目前国务院部门仍有 900 多项审批项目，地方政府层面的审批项目则多达近万项。众多的审批项目，把整个经济社会活动给预先框住了。上个企业项目，要跑十几个、几十个部门，盖几十个甚至上百个公章。甚至投资一个几十万元的小项目，也得从几千里外跑到北京来审批。这种时间浪费、成本增加，严重挫伤了主体创业的积极性。

二是剩下的需要取消、调整的审批项目都是难啃的骨头。行政审批制度

改革是“政府革自己的命”，每减少一项审批就减少一项权力。每一次改革都是权力格局的再调整和利益的再分配。在权力部门化、部门利益化存在的情况下，调整、协调部门之间的利益关系非常困难，容易引起部门抵触。仅从数量看，此前的行政审批改革虽然取得了不小的成就，但实质上，改革在一定程度上是一个先易后难的过程，首先让出的权力一般不是核心权力，“含金量”相对较低，很多还是细枝末节，甚至不太常用的项目。剩下的是相对含金量更高的权力，最本质的权力还在手中。改革越到后面越是难啃的“骨头”，真正要实现自我革命，壮士断腕。

三是行政审批自由裁量权过大。自由裁量权，又称酌情权，是指行政机关就行政相对人申请，行政机关在其职权范围内，按照自己的理解，自由斟酌、自由选择而作出的公正而适当的具体行政行为之权力。法律条文中有“可以、或、最少、最高、处几年至多少年”等字眼的，都是立法者给予执法者的自由裁量权空间。自由裁量权使审批机关具有选择决定权。对一个项目，即使完全符合规定条件，可以批给张三，也可以批给李四，即使批准也可以马上批准，也可以过一段时间批准，甚至还可以不批准。自由裁量权过大，又欠缺有效的监察机制，一方面导致大量不当使用行政审批自由裁量权的现象，动摇政府的管理及制度。另一方面为个别官员进行寻租提供了极大的空间，在现实中导致“官商勾结”“利益输送”的贪腐现象严重，严重影响政府的形象和公信力。

四是监管短板十分突出。不少部门和地方不同程度地存在“会批不会管”的情况，有的甚至对“审批很迷恋，对监管很迷茫”。简政放权后，尽管国务院有关部委和省级部门，普遍具有“既放又管，放管结合”的理念，但是有效的监管机制、监管方式方法还没有完全建立，缺乏有效的监管，成为取消和下放行政审批事项的软肋。如部委普遍重视后续监管，但是“会批不会管”的现象以及“以考试培训代监管”的误区也不同程度地存在；地方尽管积极探索软监管和硬监管相结合，但是监管意识、监管手段、监管保障等问题还不同程度地存在不足。

五是部门间政策的协同效应较差。一是部门内部政策冲突，降低了预期效果。比如，取消民办学校聘任校长核准事项对民办教育有含金量，但是被教育部门其他方面的做法所抵消。二是部门之间政策的不一致，出现短板效应。比如，工信部原来对通信信息网络系统集成企业资质认定时，对于企业从业人员资格按照从业年限等同原则认定，但是住建部对施工企业资质认定时，规定从业人员的职称、资质资格等必须有认证。三是工商登记改革方面协同不够。当前，地方政府根据工商总局的要求把工商登记改革落到实处，但是工商总局的后续监管措施尚未跟上，地方政府在监管方面处于观望和等待状态，担心“皮包”公司增多。

六是行业专业性评估市场发育不够，也不够规范。为了简政放权，政府规定企业项目需要经过第三方专业机构的规划、土地、环保、建筑、能评、可研等方面的评估，给企业带来了较大的压力和成本。一方面，目前给企业规定需要做的各类评估事项种类多、耗时长、价格高，如投资 1 亿元的项目，仅可行性研究报告就需费用 50 万元，负担太重。另一方面，这些具有资质的专业机构太少，业务量太多，根本忙不过来，最终都变成了皮包公司，变成了承包商，不仅导致专业评估市场太混乱，而且耗时长，效率低，影响了企业效率。

（二）简政放权改革的努力方向和主要措施

简政放权改革方向重点是放权。通过向市场放权、向社会放权、向地方政府放权，着力解决政府与市场、政府与社会、中央政府与地方政府的关系问题，充分发挥市场在资源配置中的决定性作用，更好发挥社会力量在管理社会事务中的作用，充分发挥中央和地方两个积极性。

简政放权涉及国务院多部门及地方的权力和利益关系的再调整和划分，阻力之大可想而知。为确保改革顺利推进，迫切需要加强改革综合协调，统筹规划、协调推进。

一是法律法规的修订和部委规章的调整与简政放权改革同步进行。简政放权推进行政审批制度改革要运用法治思维和法治方式。由国务院敦促法制办抓紧梳理现有法律法规和规范性文件，对已经确认有明显问题的部委规范性文件和规章，由国务院决定先行停止；对一些明显落后于时代、阻碍市场经济发展和抑制社会活力的法律、法规，在与全国人大协调后，先行作出暂停执行的决定，然后着手进行修改，为审批改革扩大合理性和合法性条件。

二是改革要协同推进，避免出现短板效应。一是加强部门间协同。如工商登记制度改革要与司法协执、税收政策、外资准入等领域相应的改革配套措施。二是加强层级间监管配套。如矿山的审批权在市，但从环保的角度，县不想让一些矿山继续开，但企业在申请矿山办证时已经花了很多钱，审批在上面，上面收钱，而监管责任在下面，在县级，审批与监管不匹配。

三是进一步向基层、市场和社会放权。特别是面对市场的权力，关键是要取消。即使“下放”了，企业还是没有松绑。对市县实施起来更为方便、更为有效的事项，国务院在下放管理层级时，直接明确由市县实施，确保一批更加有利于地方发展、“含金量”高的审批项目能够放下去。

四是尽快形成合理有效的监管制度框架。一是监管规范需要形成具有指引性和可操作的政府法规规章和规范性文件，让省级以下地方政府有规可循；二是监管主体部门要根据监管事项予以明确，避免监管真空；三是代替年检的企业年报务求简便有效，表格合理合并和压减，以电子表格代替纸质表格，让企业感觉年报确实比原有年检成本要低，工作量要小，做起来要简便；四是所有的监督制度措施和惩罚办法要广泛宣传和告知，让监管和处罚既要到位而且也要人性化，杜绝恶意执法和陷阱执法。

五是积极建立社会参与和第三方评估的长效机制。没有强有力的监管，简政放权很难真正持久。一方面，应增强社会对行政审批制度改革的参与度。对于事关企业切身利益的决策，自觉将公民、社会组织等利益相关方引入决策、执行、评估、监督等全过程，切实增强针对性、科学性、权威性和有效性，真正让企业和市场“听得懂”“信得过”。另一方面，应当继续采用第三方评估的做法，让相对置身利益之外的机构和专家，依照一定的工作程序，对政府现有的各类许可事项进行取舍和下放与否的评估，以及制定各类审批事项和非行政许可事项的审核标准和目录编制标准，推动行政审批改革进一步走向科学、规范和深入。

六是进一步发展和规范行业专业性评估市场。一是要由政府出面来规范专业性评估种类项目，压减不必要的评估；二是降低评估成本，降低企业创业和发展的门槛；三是通过政策杠杆来推动合乎资质要求的专业性评估机构和专业队伍的发育，尤其是在市县一级发展可能的评估机构，建议以“非禁即入”为市场的准入原则，扩宽市场准入大门，大力培育、扶持新进入的中介服务机构；四是用政策促进行业协会承担相应的职能任务。与审批制度改革相关的职能比如环境评估、土地评估、规划评估、项目可行性评估、建筑评估等，都可以通过行业协会和一些市场上的中介机构按照公认行业标准来做。

改革亟须力破“中梗阻”*

党的十八大和十八届三中全会对全面深化改革问题作出了全局性的战略部署,2014 年《政府工作报告》亦着力指出要“向深化改革要动力”。当前,我国以深化经济体制改革为重点,在促进稳增长、促改革、调结构、惠民生等方面取得了重要进展,但在实践中也存在不少问题和矛盾。我们必须牢牢抓住深化改革的战略机遇期,打通狠抓落实的“最先一公里”和“最后一公里”,力破“中梗阻”,奋力推进各项改革。

一、深化改革进程中存在的新问题

改革是由问题倒逼而产生,又在解决问题中得以深化。我们应当辩证地看待当前深化改革进程中取得的新进展和出现的新问题,既要充分肯定党的十八大和十八届三中全会以来所取得的各项改革成果,又要清醒地认识到当前改革正处于关键期、深水区、攻坚期,还面临着一系列的新问题和新矛盾。

改革力度存在逐级衰减的现象。从整体上看,要破解发展面临的各种难题,化解来自各方面的风险和挑战,要推动我国经济社会持续健康发展,除了深化改革开放,别无他途。党中央和国务院通过出台一系列的改革政策措施,力图从根本上推动各项改革措施落实到位。但从实践上看,改革力度在一些部门和地区有逐级衰减的趋势。全面深化改革亟须力破“中梗阻”。调查研究表明:不少经营者和群众反映中央改革力度确实很大,但他们能实实在在获得的改革红利还不是特别明显。中央层面对改革的决心大、动作大,但一些部门和地区还存在着一定程度上对改革担心多、动作小、跟进不力等方面的

* 载《紫光阁》2014 年第 7 期。

现象。

改革措施存在流于形式的问题。只有以更大的政治勇气和智慧、更有力的措施和办法才能有效地推进改革。但在改革进程中，流于形式、敷衍了事、上有政策下有对策等问题依然比较突出。比如，在行政审批体制改革领域，一些部门和地区将“含金量”低的事项取消和下放，而对那些真正“含金量”高的审批事项却抱着不放。当中央层面对落实任务压得紧了，这些地方和部门就将保留的事项进行分解，下放一些事项滥竽充数。还有的只是提出取消和下放一些行政审批事项的总量，仅满足于召开会议、下发会议纪要等方式来敷衍了事，使理应扎扎实实落到实处的改革举措流于形式。

改革信心存在一定程度的缺失。回顾改革开放三十多年来的艰难与辉煌历程，应当说，凝聚共识、统一思想、振奋民心起到了至关重要的作用。当前，我国经济总量已跃居世界第二，制造业产值位居世界第一，外汇储备稳居世界第一，部分省市经济总量或人均 GDP 已接近或超过一些中等发达国家水平。这些成绩的取得，使得一些领导干部容易躺在过去的功劳簿上，对当期没有显著收益和回报的改革措施，能拖则拖，能推则推。在改革进程中，甚至还有出现“只要不出事、宁愿不改革”的思想行为，存在“改革综合疲劳症”现象，这在一定程度上弱化了推进各项改革的信心和勇气。

改革红利存在难以共享的困境。如果说我国前三十年的改革，主要是由广大人民创造改革红利的话，那么，未来三十年应当是广大人民共享改革红利的时代。经过三十多年的改革发展，国有企业与民争利、挤出效应等问题还依然客观存在。在改革进程中，一部分群体如失地农民、农业转移人口等，不能共享改革所带来的红利而引起社会和人民的不满，其中因土地征用、房屋拆迁等利益冲突引发的群体事件时有出现。而官员的腐败、权力的寻租、法治建设的滞后等问题加速了社会利益的分化，使得人民对深化改革的预期有所削弱。

二、下一步深化改革的重要着力点

随着我国经济增长由高速增长转入中高速增长阶段，未来一段时期，我国经济社会发展将面临着更为复杂而严峻的挑战。我们必须加快实施稳增长、促改革、调结构、惠民生的各项政策举措，积极督查改革落实情况，适时引入第三方评估和社会评价机制,消除影响改革举措落地的体制障碍,让广大人民更好更公平地分享改革红利。

第一,推进结构性改革,把“稳增长”作为重要任务。2014 年一季度经济数据已公布,应当说,我国经济运行面临下行压力。我们既要“保持定力”,坚持积极的财政政策和稳健的货币政策不变,又要“主动作为”,积极推进结构性改革,实现经济的平稳健康增长。一是要推进需求结构改革,发挥好消费的基础作用和投资的关键作用。二是推进城乡结构改革,积极推进以人为核心的新型城镇化,构建城乡发展一体化体制机制。三是推进区域结构改革,依靠市场力量培育新的区域经济支撑带。四是推进产业结构改革,通过市场驱动和创新驱动,构建创新驱动产业升级机制。五是推动收入分配结构改革,逐步形成公开透明、公正合理的收入分配秩序。

第二,转变政府职能,更好发挥政府作用。未来一段时期,一是要深入推进行政审批制度改革,把那些含金量高的、管用的审批事项彻底放给市场和企业。二是要在全国实施工商登记制度改革,真正落实好注册资本改革措施。三是要强化政府服务管理职能,加强事中事后监管,不断创新监管和服务方式,逐步转变服务管理方式、提高服务管理效能。四是要基本完成省市县政府机构改革,严控机构编制,鼓励地方大胆探索创新,推进机构编制结构优化。五是要继续推进事业单位分类改革,逐步建立政府购买服务的机制,推动养老服务等公共服务实现社会化、市场化。

第三,完善基本经济制度,积极发展混合所有制经济。以公有制为主体、多种所有制经济共同发展的基本经济制度,是社会主义市场经济体制的根基。一是要加快国有企业股权多元化改革,积极探索“以管资本为主加强国有资产监管”的新模式和新方法。二是要推动国有资本向具有竞争优势的行业和未来可能形成主导产业的领域集中,向关系国家安全、国民经济命脉的重要行业和关键领域集中。三是要消除“玻璃门”“弹簧门”“旋转门”等隐形壁垒,为非公有制经济发展营造良好的政策、融资、服务等经营环境。四是要加快发展混合所有制经济,逐步形成国有资本、集体资本、非公有资本等交叉持股、相互融合的良好发展局面。

第四,深化财政金融改革,健全现代财税金融体制。从财税体制改革层面看,要推进预算公开,打造阳光财政和阳光政府。要进一步完善转移支付制度，促进转移支付制度规范化和法治化。要加快“营改增”改革，适时在生活服务业、建筑业等行业进行“营改增”试点。要进一步调整中央和地方事权以及支出责任，健全中央和地方财力与事权相匹配的财政体制。从金融体制改革层面看，要继续推进利率市场化改革，逐步拓宽金融机构负债产品市场化定价范围。有序扩大人民币汇率双向浮动区间，保持人民币汇率在合理均衡水平上的基本稳定。要逐步稳妥放宽民间资本进入金融领域的限制，稳步推进由民间资本发起设立中小型银行等金融机构的改革。

第五，保障和改善民生，让广大人民共享改革红利。落实各项改革举措、释放体制改革红利的出发点和落脚点就是要让广大人民更好更公平地分享改革发展成果。要加强农村地权制度的建立，深化户籍制度改革，着力提高社会保障水平。要顺应人民的新期待和新期盼，进一步加大教育体制、科研体制、卫生医疗体制等改革的力度，扎扎实实推进就业体制、保障性住房制度、生态和环保制度等领域的改革。尤其要出重拳强化污染治理，以雾霾频发的特大城市和区域为重点，深入实施大气污染防治行动。此外，要更加注重经济体制、政治体制、文化体制、社会体制和生态文明制度的改革协同效应，通过综合配套和改革试点相结合，促进各项改革举措尽快落到实处、见到实效。

第三方评估：以制度创新避免“自拉自唱”*

2014年6月以来，国务院首次委托国家行政学院、中国科学院、国务院发展研究中心、全国工商联四家机构开展第三方评估。按照分工，国家行政学院评估“取消和下放行政审批事项、激发企业和市场活力”的落实情况；中国科学院评估“重大水利工程及农村饮水安全”；国务院发展研究中心则承担了两项评估任务，分别是“加快棚户区改造”和“实行精准扶贫”；工商联评估“向非国有资本推出一批投资项目”。

2014年8月，李克强总理主持国务院常务会议听取了上述四家的评估汇报，对开展第三方评估给予了积极肯定的评价。他在回应问题时指出，过去评价政府工作做得好不好、是否落实到位，往往通过主管部门自我检查、自我评价。这就造成了“自拉自唱”，自己给自己“唱赞歌”，和群众的实际感受往往有较大差距。李克强总理要求国务院办公厅认真总结经验，使第三方评估成为今后政府工作的常规机制，并要求有关部门逐步尝试，将更多社会化专业力量引入第三方评估，进一步加强对政策落实的监督、推动，不断提高政府的公信力。

2014年10月，党的十八届四中全会通过的《中共中央关于全面推进依法治国若干重大问题的决定》提出，明确立法边界，对争议较大的重要立法事项，由决策机关引入第三方评估；探索委托第三方起草法律法规草案。全会决定中明确提出立法领域引入第三方评估。作为一种非常重要的制度创新，第三方评估已经得到党中央国务院的高度重视和认可，其适用范围也在不同领域得以拓展，国家治理体系和治理能力现代化的探索有了可喜进步。

开展第三方评估，是一项重大的制度性创新举措，是采用一种新的办法来

---

* 载《光明日报》2015年10月11日。

推动改革推动发展,是建设符合时代要求和人民满意现代政府的有益尝试,是推进政府治理体系和治理能力现代化的积极探索。对这些新生事物,我们要认真总结好的做法、理念和经验。

从国外“第三方评估”的经验看,第三方是指处于第一方(被评对象)和第二方(服务对象)之外的一方。由于“第三方”与“第一方”“第二方”都既不具有行政隶属关系,也不具有经济利益关系,所以一般也会被称为“独立第三方”。多数情况下是由非政府组织(NGO),即一些专业的评估机构或研究机构充当“第三方”,其独立性、专业性、权威性比较可信。在我国政府管理创新实践中,第三方评估的“第三方”被赋予了比西方更宽泛的理解。第一方评估是指政府部门组织的自我评价;第二方评估是指政府系统内,上级对下级作出的评价,也称为“督查”,这都属于内部评价。而第三方评估是指由独立于政府及其部门之外的第三方组织实施的评价,也称外部评价,通常包括独立第三方评估和委托第三方评估。第三方的主体可以是多样的,包括受行政机构委托的研究机构、专业评估组织(包括大专院校和研究机构)、中介组织、舆论界、社会组织等多种。

从具体过程来看,在评估“取消和下放行政审批事项、激发企业和市场活力”的落实情况时,为体现评估的专业性,国家行政学院组建专业复合型专家评估组,涉及公共管理、公共政策、经济学、行政法、政治学、社会管理、文化科技、电子政务等领域近三十位专家,还成立由相关专业知名学者组成的12人顾问组。评估对象为本届政府前四批取消下放的416项行政审批等事项。评估范围包括20个国务院部门、11个省份、24个地级市(区)和10个县(市)。评估组借鉴国际通行的“目标—效果”评估模型,主要从政策目标、执行过程、执行效果三个维度来评估政策落实情况。确定了“六评一看”的评估方法,即:评目标、评数量、评含金量、评监管、评规范、评效果、看下一步审改。

根据评估模型,国家行政学院评估组以“六评一看”为主要内容,设计了评估问卷,包括针对国务院部门、省级政府、市县级政府、大学生创业以及小微企业共5类,共回收问卷2406份。评估组还先后召开座谈会103次,访谈2000余人次。按照评估方案,根据评估模型、方法,评估组对国务院取消下放的行政审批事项、激发企业和市场活力进行了独立评估。

总体来看,取消和下放行政审批事项取得了积极的效果。明确释放了全面深化改革的强烈信号,推动了全社会凝心聚力促改革的进程。明显释放了市场和社会活力,推动了稳增长、促改革、调结构、惠民生政策措施的落实。有效推动了“放管结合”,提高了监管和服务水平。进一步推动了各级政府转职能、转作风,促进了高效廉洁政府的建设。

评估中也发现了存在的主要问题:一是在“放”的方面,数量目标还未完全落实,含金量有待进一步提高。二是在“管”的方面,对保留的行政审批事项,部门还存在该批不批或以批代管现象;地方还存在审批不规范和服务不到位的现象。三是中央政府和省级政府改革纵向联动比较好,但省级政府与市县政府联动不够。各地审改推进力度不一样,进展不平衡。四是转移支付制度改革和行政审批制度改革横向配套不够。

评估组针对评估中发现的问题,对下一步审改提出了多项建议。首先,要着力解决“最先一公里”和“最后一公里”问题。评估发现,从部委到地方,最难弄清楚、说明白的就是行政审批事项的数量。此外,保留的审批事项仍然过多,评比达标等事项过乱,资质资格类项目繁多。建议对“行政审批事项”进行明确界定,进一步加大力度,摸清审批等事项家底,对各部门和地方编制“行政审批事项目录”进行统一规范。同时建议各省级政府对本辖区的审改工作开展自查、督查和第三方评估。

其次,重点解决监管“短板”和服务滞后问题。评估发现,“监管是短板”“会批不会管”的情况普遍存在,各地基层监管能力跟不上的情况突出。建议认真总结各部门各地加强行政审批规范化、提高服务水平的经验,加快推广。

最后,抓紧推进财政转移支付制度配套改革。党的十八届二中、三中全会对财政转移支付制度改革作出了部署,本届政府已经开展了专项转移支付制度改革的试点工作,建议及时总结经验,抓紧全面推进,落实好“逐步取消竞争性领域专项”“严格控制引导类、救济类、应急类专项”等工作任务,做到既放权又放钱。

政府监管方式创新对新经济发展的促进*

新经济是指经济全球化背景下的信息技术革命及其带动的以高新科技产业为龙头的经济，体现为新技术、新产业、新要素、新能源、新材料、新业态、新服务、新模式等的相互关联与作用。新经济代表了产业变革方向，具有广阔成长空间。加快发展新经济、实现新旧动能接续转换，需要创新政府监管方式，为其成长保驾护航。

一、加快发展新经济具有现实紧迫性和长远重要性

（一）中国经济进入新常态后的现实需要

近年来，我国经济进入“新常态”的特征越发明显，传统经济下行压力加大，经济已由高速增长转为中高速增长。保持我国经济稳定增长，就必须对冲下行压力，加快发展新经济，从过去的要素驱动、投资驱动转向创新驱动，将培育壮大新动能和提升改造传统动能结合起来，共同驱动我国经济增长。

（二）应对国际经济关系新变化的重大举措

当前，世界经济增长乏力，不稳定不确定因素明显增多。为应对冲击，各国都加大了结构性改革步伐，各种形式贸易保护主义有所抬头。与此同时，我国经济在2015年已首次突破了10万亿美元大关，面对如此体量的经济体，需要统筹国际国内两个市场资源。发展新经济，有助于提振内需，扩大外需，推动经济升级换代，以应对复杂国际局势的变动。

（三）更高水平参与第三次工业革命竞争的时代要求

目前，人类社会正站在第三次工业革命门槛上。与第一次、第二次工业革

---

* 载《光明日报》2016年7月29日，原标题为《创新政府监管方式　助推新经济发展》，合作者冯俏彬教授。

命相比，我国面临的机遇条件更加充分。就互联网而言，目前我国已是世界上互联网应用最好的国家之一。2015 年，我国网上零售额达到 38773 亿元，比上年增长 33.3%；中国网民已达 6.68 亿人，比整个欧盟人口还要多。在全球互联网公司市值 10 强中，中国独占 4 席。“互联网+”已渗透到生产生活方方面面。由于历史原因，我们错过了第一次、第二次工业革命，绝对不能再错过第三次工业革命。

（四）全面建成小康社会和实现中国梦的重要支撑

党的十八大确立了到 2020 年全面建成小康社会的宏伟蓝图。相对于 2010 年，到 2020 年我国 GDP 总值与城乡人民群众收入要实现翻一番目标。据此测算，未来五年我国经济增速必须保持在 6.5%左右。现在看，由于传统动能趋弱，急需新动能兴起、发展和成长，以对冲传统产业下行带来的压力，发展新经济势在必行。长远看，这也是跨越“中等收入陷阱”、实现中国梦的根本保证。

二、我国政府监管方式改革的积极进展及面临的挑战

党的十八大以来，党中央、国务院着力推进简政放权、放管结合、优化服务，深化监管体制改革。经过各方共同努力，共取消和下放行政审批事项 618 项，提前超额完成本届政府向社会承诺的“减少行政审批事项三分之一以上”的目标。非行政许可审批彻底终结。连续两次修订了政府核准的投资项目目录，中央层面核准项目数量累计减少约 76%，95%以上的外商投资项目、98%以上的境外投资项目改为网上备案管理。工商登记由“先证后照”改为“先照后证”，前置审批精简 85%，注册资本由实缴改为认缴，全面实施“三证合一、一照一码”。个人和企业资质资格认定事项压减 44%。不断扩大营改增试点范围，砍掉了大部分行政审批中介服务事项，取消、停征、减免一大批行政事业性收费和政府性基金。中央政府定价项目减少 80%，中央对地方财政专项转移支付项目减少一半以上。这些改革极大激发了市场活力和社会创造力，推动了新经济的成长。2015 年以来，全国平均每天新增市场主体 4 万户，其中新登记企业平均每天新增 1.2 万户，城镇新增就业连续三年超过 1300 万人。

在肯定成绩时也要清醒看到，政府监管还面临以下几方面挑战：

一是从“管理”到“治理”的理念尚未完全形成。在市场经济条件下，政府监管制度改革在价值导向上应体现为从规制到治理的政府理念变迁，即由人治转向法治、由统治转向治理、由规制转向服务，打造阳光透明、程序规范、诚实信用、便民高效、服务为本、责任明确的治理型政府，政府管理重心要由管制功能转向服务功能、激励功能、导向功能和调节功能。目前看，以治理为导向的政府工作理念还没有完全形成。

二是政府监管的标准化工作才刚刚起步。政府监管标准化就是将标准化思维、理念和技术植入政府监管全过程，既要提升行政审批效能，又要约束部门和官员手中的自由裁量权，最大限度地降低交易成本。目前这方面工作刚刚起步，各地政府行政审批项目清单、收费清单、责任清单等都差异过大，相关审批流程、监管还没有形成统一标准，监管方式方法更是五花八门。

三是整体政府的综合统筹协调任重道远。整体政府是指不同级次的政府、同一级次政府的各个部门均能在同一政策目标引领下，协同一致行动，形成最大合力。目前，我国政府监管中还存在着明显的部门不够协调、上下不够联动问题，需引入更多整体和系统思维，以加强合作、形成协同的工作方式，向社会提供一套无缝隙的公共管理服务。

四是对新问题新需求难以及时回应。与新经济一日千里的发展势头相比，现行政府监管体系还很滞后，如一些新型企业可能面临着难以归类的问题，政府对这些新型企业的业务流程、业务形态十分陌生，更不要说准确识别其风险点和加强监管了，这使得政府对新经济监管既可能过度、也可能过宽，出错可能性大大增加。另外，政府监管对于互联网、大数据等新技术的应用也明显不足，监管效能有待进一步提升。

三、推动监管方式从“管理”到“治理”的升级

党的十八届三中全会指出，要实现国家治理体系和治理能力现代化。从管理到治理，虽只有一字之差，但内涵与意蕴却大不相同。“管理”是单向的、强制的、刚性的，而“治理”则强调多元化、网络化、协商、共治。随着新经济的广泛兴起和快速发展，政府必须创新监管模式，从管理到治理，从审批前准入

为主到准入后进行全链条监管，从传统的手工管理到全面适用互联网、大数据等新技术，实现政府监管方式转型升级，为新经济成长提供制度保障。

（一）贯彻实施“大道至简、弹性监管”原则

对新经济监管的首要问题是态度与原则。新经济与传统经济有很大不同，不宜简单套用已有监管思维与做法。近期跨境电商“新政”被紧急叫停就是一个生动例子。因此，对于新经济，各部门首先应承认其“新”，承认其可能超出了已有认知范围，承认现有监管规则可能不适用，在此基础上再讨论如何监管。历史经验表明，任何新生事物的成长，首先需要一个宽松环境，有容忍度。因此，政府监管应贯彻“大道至简、弹性监管”原则，形象讲就是温度适宜。对有些一时看不准的东西，可先观察一段时间，将广阔空间留给各类市场主体，政府不要轻易出手。当然，那些经过实践证明可能造成严重不良后果的，则要严格加强监管，果断出手。

（二）从“管理”到“治理”推动监管方式转变

即使是看得准的新生事物，比如基于“互联网+”和分享经济的新业态，也要探索新监管之道。新经济不仅“新”，且参与者众多。面对新经济，原来由政府主导的自上而下的垂直型管理要转变为政府与市场、政府与社会组织协同共治的扁平化治理。一是要推进形成平台化治理。在互联网经济中，平台作为一个节点，既是交易平台、数据平台，也是信用平台和消费者保护平台，呈现出多中心生态景观。既有以商品交易为核心的阿里和京东平台，以社交为核心的微信和微博平台，还有以版权处理为核心的乐视和爱奇艺平台，以及以撮合为核心的滴滴和优步平台。这些平台形成了一些参与者共同认可的重要规则，影响力和带动性很强，参与各方接受度很高。因此，政府对新经济监管中要重视平台作用，政府管平台，平台管个体，形成平台化治理。在与平台协作和互动中，将其中一些具有普适性的规则上升到法律法规层面，对一时看不准的东西，则可由平台为主继续探索。二是发挥好行业协会作用。例如 2008 年成立的中国互联网协会调解中心，成立以来已调解了大量民事纠纷案件，仅在 2014 年，就受理了各地委托的涉及网络知识产权侵权案件 3087 件，调解成功率达 54.95%。这说明在新经济时代，政府监管除了要有传统的、自下而上的政府层级结构的权力线之外，还要与各类合作伙伴建立起横向的行动线，这是新时期提高政府监管绩效的要点所在。

（三）创新政府监管技术手段打通各类“信息孤岛”

《促进大数据发展行动纲要》指出，大数据已成为“提升政府治理能力的新途径”。对新经济监管创新要重视大数据技术的应用，构建起一套“用数据说话、用数据决策、用数据管理、用数据创新”的新机制。一是要争取全面实现政务活动网络化、虚拟化、信息化，特别是涉及企业、群众日常需要办理的事务，应尽快全部在网上运行。二是要逐步实现计算机对数据的自动流程化管理，做到身份数据化、行为数据化、数据关联化、思维数据化和预测数据化，在数据汇集的基础上发现规律，发现风险点和薄弱环节，进而增强监管的针对性和有效性。三是要努力打通各类“信息孤岛”，实现数据按需、契约、有序、安全式开放，形成跨部门数据共享机制。为此，要尽快研究数据开放与共享方面的立法问题。

（四）在“放、管、服”基础上深化监管体制改革

市场经济条件下，政府职责之一是创造和维持规范有序的市场秩序和公平合理的竞争环境。一是要积极推进综合监管。继续推进市县两级市场监管领域综合行政执法改革，落实相关领域综合执法机构监管责任，建立健全跨部门、跨区域执法联动响应和协作机制，实现违法线索互联、监管标准互通、处理结果互认，消除监管盲点，降低执法成本。二是要实施公正监管。当前，要抓紧建立随机抽查事项清单、检查对象名录库和执法检查人员名录库，制定随机抽查工作细则。三是要促进市场主体公平竞争。要在降门槛、同规则、同待遇上下功夫，更好激发非公经济和民间投资活力。要重典治乱，依法打击各类侵犯知识产权、制售假冒伪劣、非法集资、信贷欺诈、电信诈骗等行为，维护健康的市场环境。

简政放权进入“依法施权”新阶段*

简政放权是全面深化改革的“先手棋”，也是政府职能转变的“当头炮”，两年来的简政放权工作成绩斐然，概括而言，做到了三个“前所未有”。

一是中央重视程度前所未有。2014 年和 2015 年的首次国务院常务会议都对简政放权做了重要部署，2014 年的 40 次常务会议中有 21 次涉及“简政放权”，如此高规格、大密度地就同一事进行决策、部署，说明本届政府切实将简政放权作为“开门第一件大事”来抓紧抓好。

二是简政放权速度和力度前所未有。短短两年时间，取消和下放的行政审批事项总量超过 700 项，总理作出的五年承诺提前两年实现，简政放权的速度可见一斑；不少中央部门和地方政府自我削权、忍痛割腕，大批高含金量审批事项下放基层政府或直接取消、交还市场，简政放权的力度毋庸置疑。

三是简政放权对市场活力的激发效果前所未有。简政放权增强了公众和企业对我国未来发展的良好预期，创新创业热情更高了、干劲更足了。2014 年全年新登记注册市场主体达到 1293 万户，其中新登记注册企业增长 45.9%、注册资本（金）猛增 99.02%，以政府权力的“减法”换取市场活力的“乘法”，效果十分显著。

当然，我们在对简政放权阶段性成果感到欢欣鼓舞的同时，也要充分认识到，简政放权难度进一步凸显，已经进入了必须“依法施权”的新阶段。

以 2001 年国务院成立行政审批体制改革领导小组为标志，我国进行了多轮的简政放权。截至目前已经取消或下放的审批事项超过 3200 项，剩下的都是货真价实的“权力”，“深水区作业”难度进一步加大，简政放权依靠各部门“自觉地”自我削权、忍痛割腕比较困难；仅仅依靠国务院强力进行任务落实、

* 载《人民政协报》2015 年 4 月 16 日。

约谈督导也难持久；简政放权不能搞平均主义，各部门谁减谁不减、各事项该减不该减，也需要一个统一的“说法”。此外已经取消、下放的行政审批事项通过以非行政许可审批、内部管理事项名义出现的可能性也没有根除，简政放权还要杜绝“破口子”“换马甲”，克服上述问题、进一步巩固和扩大简政放权的各项成果，关键在于依法施权。

所谓“依法施权”，就是要通过制订、修改相关的法律、法规，使行政审批事项的确立、下放、取消有法可依、有法必依，避免“法外施权”情况的产生。

社会主义市场经济是法治经济，建设社会主义法治国家是我们的一项长期战略任务。大道至简，有权不可任性。只有依法施权，才能为简政放权和政府职能转变提供强大的内在推动力和外在约束力，保证简政不反弹、放权不反复；只有依法施权，才能为经济发展提供一个相对稳定的外部环境和政策预期，使企业敢于投资、公众勇于创业，这对我们应对经济下行压力和形成大众创业、万众创新的生动局面具有重要意义。

做到依法施权，关键是以“权力清单”“责任清单”和“负面清单”为主线，健全、完善相关的法律、法规。权力清单主要界定政府能做什么，依法施权就要做到“法无授权不可为”；负面清单主要界定企业不能做什么，依法施权就要做到“法无禁止皆可为”；责任清单主要界定政府必须做什么，依法施权就要做到“法定责任必须为”。这三张清单比较清晰地勾勒出了政府的责任范围和政府、市场的权利边界，以这三张清单为主线，一方面修改、完善法律法规，另一方面规范、约束各级政府、各个部门的权力和行为，是依法施权的主要抓手。

使依法施权发挥应有的效力，还要做好相关配套工作，概括而言就要“疏前门、堵偏门、破围栏、强监管”。“疏前门”就是要在依法施权解决好“审批多”的基础上，通过切实一口受理、限时办理、网上办理等审批流程规范、创新解决好“审批难”的问题；“堵偏门”就是要加强信息公开，各部门权力责任上墙、上网，接受公众和媒体监督，避免各种非行政审批、内部管理事项重新出现；“破围栏”就是要清理规范各种协会、中介，防止他们蜕变成依托主管部门或假借政府之名强制服务、高额收费的“二政府”“红顶中介”；“强监管”就是要落实好各级政府、各个部门在市场监管中的主体责任，积极探索加强事中事后监管的新模式，使简政放权和政府职能转变实现协调统一。

调整央地关系提高国家治理能力*

从中国特色社会主义市场经济的实践来看，中央与地方事权划分是一个逐步推进、逐步法治化的过程。短期看，全面推进事权和支出责任划分改革的条件尚不成熟，需要多项基础性改革相配合，需要国家治理能力有一个总的提升。

财政是国家治理的基础和重要支柱。合理划分中央与地方财政事权和支出责任，是政府有效提供公共服务的前提和保障，是建立现代财政制度的重要内容，是推进国家治理体系和治理能力现代化的重要制度建设。近日，国务院印发了《关于推进中央与地方财政事权和支出责任划分改革的指导意见》（以下简称《意见》），这既是对党的十八届三中全会提出建立事权和支出责任相适应制度、适度加强中央事权和支出责任、推进各级政府事权规范化法制化要求的落实，也是优化资源配置、维护市场统一、促进社会公平、实现国家长治久安的制度保障。

从财政事权和支出责任划分的改革历程看，改革开放以来，中央与地方财政关系经历了从计划经济时期的统收统支到“分灶吃饭”“财政包干”等，再到符合市场经济内在要求的分税制的巨大变化，中央与地方政府之间的事权和支出责任划分逐渐明确。特别是1994年实施的分税制改革，初步构建了中国特色社会主义市场经济制度下中央与地方事权和支出责任划分的体系框架。这个初步的体系框架，为推动市场经济的发展作出了应有的贡献。

二十多年过去了，国家发生了很大的变化，分税制体制也需要不断完善。在新的形势下，政府财政事权和支出责任划分与国家治理现代化要求相比、与实现“两个一百年”奋斗目标相比，显示出一些不相适应的方面。一些本可由

* 载《学习时报》2016年9月8日。

市场调节或社会承担的事务，财政包揽过多，一些本应由政府承担的基本公共服务，财政承担不够；中央与地方财政事权和支出责任划分不尽合理，一些本应由中央直接负责的事务交给地方承担，如社保、教育等，而一些宜由地方负责的事务，中央又介入过多；不少中央和地方提供基本公共服务的职责交叉重叠，共同承担的事项较多；省以下事权和支出责任划分还很不规范，适宜省直管县改革的制度安排没有落实到位。

中央与地方事权划分不仅涉及财政事权，而且还涉及立法、司法等广义公共服务部门，是大事权的概念。从中国特色社会主义市场经济的实践来看，中央与地方事权划分是一个逐步推进、逐步法治化的过程。短期上看，全面推进事权和支出责任划分改革的条件尚不成熟，需要多项基础性改革相配合，需要国家治理能力有一个总的提升。《意见》从中央与地方的财政事权改革切入，是一个实事求是的设计。随着我国经济社会发展和财政收入规模扩大，政府提供基本公共服务的能力和保障水平不断提高，政府职能加快转变，中央和地方对财政事权划分要求越来越迫切，划分财政事权的条件已经初步具备。

从中央与地方财政事权改革切入，还可以为全面推进事权划分奠定基础和创造条件。财政事权是政府事权的重要组成部分，从合理划分财政事权切入中央与地方事权划分改革，符合我国改革特点和规律，抓住了提供基本公共服务这一政府核心职责，为全面推进事权划分改革积累经验。

《意见》遵循中央与地方事权划分的一般规律，努力构建中国特色社会主义市场经济制度下财政事权和支出责任划分模式。坚持财政事权由中央决定、坚持有利于健全社会主义市场经济体制、坚持法治化规范化道路、坚持积极稳妥统筹推进。这是立足我国经济社会发展阶段，坚持以中国特色社会主义政治经济学为指导，调整优化中央与地方关系，提高国家治理能力的积极探索。

从改革内容设计来看，体现了这样几个原则：一是确保中央权威和调控能力原则。我国是单一制国家，如果没有一个强大有力的中央政府，很多事情都会没有效率，面对突发问题就会力不从心，陷于被动。二是授权和激励原则。通过有效授权，合理确定地方财政事权，激励地方各级政府尽力做好辖区范围内的基本公共服务提供和保障。三是成本和效率原则。发挥地方政府尤其是县级政府组织能力强、贴近基层、获取信息便利的优势，将所需信息量大且获取困难的基本公共服务优先作为地方的财政事权。信息比较容易获取和甄别的全国性基本公共服务宜作为中央的财政事权。

《意见》明确要求,省级政府要参照中央做法,结合当地实际,按照财政事权划分原则合理确定省以下政府间财政事权。将部分适宜由更高一级政府承担的基本公共服务职能上移,促进基本公共服务均等化等方面的职责。这为县域经济社会发展提供了有利的制度环境,特别是对新型城镇化发展和省直管县体制改革会起到比较大的促进作用。

第六部分

城乡协同新动力

用五大理念引领新型城镇化建设*

“十三五”时期是全面建成小康社会的决胜阶段。党的十八届五中全会提出，实现“十三五”时期发展目标，必须牢固树立创新、协调、绿色、开放、共享的发展理念。这五大理念，是当代中国新版的马克思主义政治经济学，覆盖经济社会各个方面，当然也要覆盖新型城镇化建设。

一、用五大理念引领新型城镇化建设的现实针对性

城镇化既是经济结构转型升级的过程，也是社会结构转型升级的过程。推进城镇化建设，促进我国经济社会结构从传统农业社会向现代工业社会、乡村社会向城市社会转型，是艰巨的历史性任务。改革开放三十多年来，我国城镇化发展取得了举世瞩目的成就，常住人口城镇化率从 1978 年的 17.9%提高到 2014 年的 54.7%（国家统计局数据）。这种变化意味着人们的生活方式、生产方式以及价值观念等都随之发生深刻变化，也意味着“城市中国”登上了历史舞台，与“乡土中国”共同演绎着城乡经济社会的重大历史性变化，述说着 13 亿人发生的激动人心的故事。

但总的来看，我国城镇化水平还不高。2013 年我国户籍城镇化率只有 35.9%（国家公安部数据），远低于 50%的世界平均水平，也低于 48.5%的中等收入国家平均水平。根据《国家新型城镇化规划（2014—2020 年）》预测，户籍人口城镇化率必须每年提高 1.3 个百分点，转户 1600 多万人，才能实现 2020 年户籍人口城镇化率 45%左右的规划目标。目前来看，差距较大。同时，我国城镇化的质量也不高，城乡“双二元结构”矛盾突出。用五大理念引

* 载《国家行政学院学报》2016 年第 1 期。

领新型城镇化建设，是关系到我国现代化发展事业的重大战略，具有特殊的现实针对性。

第一，坚持创新发展，使城镇化释放出创造需求和供给的巨大潜力。创新是引领发展的第一动力。城镇化正如硬币的两面，既创造需求又创造供给。但是，由于创新没有到位，制约城镇化健康发展的难点问题很多。从世界范围看，大国经济发展必须保持需求与供给的协调统一。在过去较长时间，我国很大程度上依靠外需拉动，但近些年来传统的出口导向型经济增长模式已难以为继。我国经济能否避免像有的国家那样陷入低速增长，甚至出现停滞或衰退，很大程度上需要依靠内生增长的有力支撑。城镇化既能扩大消费需求，也能扩大投资需求。从长远看，我国还有大量农民没有城镇化，这是我国发展的突出难题，但也正是我国发展空间和潜力所在。从当前看，我国内需没有得到应有的扩大，根源于城镇化发展滞后。为什么城镇化滞后？在供给侧也存在很大的问题，一系列推进城镇化的方针战略，与之配套的具有指导性的规划体系和有效的实施机制还没有完全形成。一些地方随意调整规划，在规划实施中各自为政。关键领域和重要环节，如户籍制度、土地制度、就业制度、财税制度、投融资制度、社会保障制度等方面改革滞后，经济政策和社会政策创新不足，重大的理论研究和公共政策落后于实践，制约了公共资源在城乡的优化配置和生产要素在城乡之间的合理流动，影响了城镇化的健康有序发展。加大供给侧结构性改革，对于城镇化建设意义深远。

第二，坚持协调发展，让城镇化成为推动区域和城乡发展的关键抓手。城镇化是人口和经济在区域空间合理集聚的过程。目前我国城镇化建设存在着不协调因素。从区域发展不协调来看，一个重要表现就在于中西部地区城镇化水平相对滞后。从城乡发展不协调来看，一些地方缺乏城乡统一规划，城乡发展“一头重、一头轻”，工业反哺农业，城市支持农村，难以落地。有的地方甚至出现农民“被上楼”现象。从城市内部发展不协调来看，城市建设“重面子轻里子”“重地上轻地下”“重硬件轻软件”“重短期轻长期”等问题突出。坚持协调发展，要落实中央城市工作会议精神，统筹空间、规模、产业三大结构，统筹规划、建设、管理三大环节，统筹改革、科技、文化三大动力，统筹生产、生活、生态三大布局，统筹政府、社会、市民三大主体，优化城镇空间布局，引导劳动力等生产要素在区域间和城乡间合理流动，使人口分布与经济布局更加协调,缩小区域、城乡以及城市内部的差距。

第三,坚持绿色发展,是城镇化推动资源节约和环境友好的重要途径。城镇化从本质上讲也是一个提高经济效率、减少资源消耗和污染排放的过程。我国城镇化建设面临的一个最大瓶颈是资源和环境制约,一些城市发展超出了资源环境承载能力,人口、土地、资源、环境的矛盾日益突出。世界城镇化规律表明,城镇化过程存在着生态效应。当一个国家经济发展水平较低的时候,环境污染的程度较轻,但是随着人均收入的增加,环境污染由低趋高,环境恶化程度随经济的增长而加剧;当经济发展达到一定水平后,到达某个临界点或称“拐点”以后,随着人均收入的进一步增加,环境污染又由高趋低,其环境污染的程度逐渐减缓,环境质量逐渐得到改善。坚持绿色发展,能够提高能源、原材料使用效率,有利于生态环境保护,把美丽中国真正铺到大地上。当前我国总体上正处在城镇化发展的中期阶段,客观上已进入污染排放应当下降的时期。我们要下更大的决心坚持绿色发展,加强节能减排工作,加大生态环境保护力度,建设生态城市、田园城市、海绵城市,推进“两型社会”健康发展。

第四,坚持开放发展,是城镇化顺应全球化发展参与国际竞争的时代要求。我国已经成为全球性的经济大国,正向经济强国迈进,要高度重视城镇化对全面提升我国国际竞争力的重要作用。当前,国际竞争一个显著特点是城市间竞争越来越激烈,一个大国没有几个居于全球产业分工高端的城市,没有在全球化发展中具有综合竞争力的城市群,这个国家就很难形成强大的竞争力。根据近年来世界银行“世界城市化发展展望报告”等分析,未来城市人口将越来越集中在大城市和城市群。据统计,我国环渤海、长三角、珠三角占国土面积不足4%,人口比重却达到18%,创造了40%的GDP,这三大城市群在很大程度上代表了我国的国际竞争力水平。我国推进城镇化,就要顺应全球化发展需要,适应以大城市和城市群参与全球资源配置和市场竞争的发展趋势,统筹利用国际国内两种资源、两个市场,培育像纽约、伦敦、巴黎、东京那样的大城市和城市群,不断壮大我国整体的竞争实力,在现有的国际分工和全球化竞争格局中赢得主动。

第五,坚持共享发展,是城镇化健康发展的必由之路。世界城镇化经验表明,能否让城乡人民共享发展成果是城镇化健康发展的关键。一些发展中国家没有处理好这些关系，导致了农业衰败和凋敝，城市出现严重“贫民窟”现象。近些年来，许多从农村升学、参军、经商、务工进入城镇的人口，在城镇有稳定工作、持续缴纳社保和税费、购买了住房并在城市生活，却被小小的户口本挡在了公共服务之外。坚持走共享的城镇化道路，就要在城镇化建设中牢固树立改善民生的质量意识，把重大民生工程摆在优先序列，全面推进就业、医疗卫生、社会保障、教育、文化等领域的改善民生行动计划，逐步扩大基本民生保障的覆盖面，推进基本公共服务均等化。要提高不同规模和类型城镇的综合承载能力，加强公共交通、水电热气供应等市政基础设施和公共服务设施建设，推动智慧城镇建设，完善城镇应急管理和治安防控体系，提高城镇综合管理水平。要重点改进和完善保障性安居工程，加快廉租房、棚户区改造等住房建设管理，解决好低收入群众住房困难问题。要不断缩小收入差距，度过反映收入差距与经济发展关系变化的“库兹涅茨拐点”，跨越人们普遍关注的“中等收入陷阱”。

二、加快破除制约户籍人口城镇化率提高的难点问题

习近平总书记在党的十八届五中全会上明确提出，加快提高户籍人口城镇化率。中央城市工作会议将促进常住人口有序实现市民化作为城镇化的首要任务。未来五年，加快提高户籍人口城镇化率是全面建成小康社会必须补齐的短板。实现1亿人在城镇落户意义十分重大。从供给侧来看，我国面临劳动年龄人口总量减少的压力，“刘易斯拐点”已经出现并越发严重，提高户籍人口城镇化率对于稳定劳动力供给和工资成本、培育现代产业工人队伍具有重要意义。从需求侧来看，城市人口的消费能力是农村人口的三倍，提高户籍人口城镇化率，对于扩大消费需求、稳定房地产市场、扩大城镇基础设施和公共服务设施投资具有重要意义。把这件事情办好，既有利于稳定经济增长，也有利于促进社会公平正义与和谐稳定，是全面小康社会惠及更多人口的内在要求。我理解，要重点解决以下几个难题：

一是推进城镇化与工业化、信息化、农业现代化协同发展，增强城镇产业对人口的吸纳能力。城镇化发展得好不好，关键要有产业做支撑，特别是要有

比较优势的特色产业就更有发展后劲。有了产业支撑的城镇化,就会有人气,就会人丁兴旺,就会出现产、城、人的融合。但是,一些地方,城镇化与工业化、信息化、农业现代化没有实现协同发展,产业集聚带动社会分工深化细化不够,一些地方盲目跑马圈地,搞了一些有名无实的"开发区""工业园区""城市新区",片面发展房地产,库存严重,甚至出现"空城""鬼城",成为经济和社会风险隐患。城市吸纳就业的能力很低,城市留不住人,城市如何才能繁荣?因此,加快提高户籍人口城镇化率,必须要坚持走新型工业化道路,以信息化带动工业化发展,着力提高信息产业支撑融合发展的能力,用信息化的生产方式改造传统产业,用信息化的组织方式发展新兴产业,用"互联网+"提高工业化和城镇化发展的信息化水平。加快农业现代化步伐,积极推进农业产业化和适度规模经营,更好发挥农业对城镇化的基础性作用。

二是大力发展现代服务业,引领城镇转型升级以增强就业和服务能力。国际经验表明,城镇化早中期主要靠工业拉动,中期之后服务业将取代工业成为城市的主导产业,城市发展的趋势是城市的核心区以服务业为主导,城市的工业向郊区和外围中小城市扩散。西方先进国家城镇化率达到60%以上,服务业的比重是工业的2—3倍,而我国东部地区的城镇化率已经接近60%,进入了服务业加快发展的阶段。城市功能是否完善,取决于城市服务业发展的好坏。城市资源利用的效率粗放还是集约,意味着是否给服务业发展留下充分的空间。城市的发展既是现代服务业与信息产业高度聚集的过程,也是传统的服务业为城市的中低收入人口提供服务的过程。城市服务业是最大的就业容纳器,铺天盖地,可以相互创造需求,在城镇化中可以发挥其他产业难以替代的支撑作用。在城镇化发展中要采取有效措施,为服务业发展创造有利环境,扩大服务业规模,提高服务业水平。既要发展生活性服务业,又要发展生产性服务业;既要发展低端服务业,又要发展高端服务业,着力扶持中小型服务企业发展。

三是加快形成农业转移人口市民化成本分担机制,积极接纳新市民。实现1亿人在城镇落户,是党中央作出的重大决策,推进农民转移人口市民化,让农民工及其家属转化为城镇居民,均等享受社会保障、医疗卫生、子女教育、城镇住房保障体系等基本公共服务,需要抓紧研究建立农民工市民化成本分担机制,强化各级政府责任,充分调动社会力量,尽可能缩短农民工市民化的过程。除承载特殊功能的个别特大城市之外，都应该以积极的状态接纳新市民。要有序放宽大中城市的落户条件，逐步建立城乡一体、以居住地为依据的人口登记制度。推进户籍人口的城镇化，这是城镇化的本质所在，也是新型所在。

四是深化体制机制改革，为人口城镇化提供坚强的制度性保障。推进城镇化发展，需要加大供给侧的制度性改革。包括户籍制度、土地政策、住房政策、公共服务、财税体制、投融资体制、行政体制和行政区划等改革，是一个复杂的系统工程，既要全面推进，又要重点突破。当前，涉及城镇化的体制改革，大体可分为两大类：一是中央已有明确要求，思路也已清晰，如就业、保障房、基本公共服务等，各地各部门要坚决贯彻执行中央决定，克服困难，狠抓落实；二是方向和目标很清楚，有些地方已有试点，具体方案还需探索的，如户籍制度、土地制度等，现在就是要努力找到"过河的船"，找到切实可行的操作办法。在推动改革和体制创新的过程中，能不能真正贯彻新的发展理念，能不能真正以人为本、关注民生，很大程度上，就看我们能不能真正从制度上破除城乡二元体制障碍。

三、就近城镇化为全面建成小康社会提供新动力

由于大城市、特大城市和超大城市的高生活成本、高落户门槛，以及普遍存在的"城市病"和巨大人口压力，大多数农业转移人口难以落户这些城市，最大可能是通过就近城镇化落户中小城市和小城镇，以此减轻大城市、特大城市和超大城市的承载压力，并促进大中小城市和小城镇协调发展，而这很可能是一条符合我国国情的、有中国特色的新型城镇化发展之路。

当前，我国就近城镇化发展面临诸多困境，主要存在产业支撑不足、资金严重短缺、政策不完善、规划不合理等问题。

一是产业发展滞后，支撑能力不足。首先，政府主导产业发展，特色不鲜明。许多地方推动产业发展主要靠政府招商引资，靠吸引东部地区的产业转移，一窝蜂地上重化工业、制造业，缺少区域产业分工和错位发展，产业结构严重雷同，当前经济下行压力大，产能过剩暴露出来，加剧了全国范围的结构调

整难和产业升级难。其次，片面理解“产业支撑”的含义，忽视社会建设和公共服务事业发展。一些地方片面突出工业，忽视现代农业和服务业，教育、医疗卫生事业发展缓慢，导致中小城市和小城镇城市服务功能不足，缺乏吸引和稳定人口集聚的能力。

二是融资渠道不畅，资金严重短缺。就近城镇化，钱从哪里来？“土地财政”能够获取建设资金，对地方政府有吸引力，但容易形成严重的“土地依赖症”，难以持续。当前经济下行压力大，财税收入缩水，土地不像以前那么好卖了。多头撒胡椒面式的财政转移支付更是杯水车薪，无法从根源上解决资金短缺。近年来地方政府负债规模过大的风险也逐渐暴露，处置不当极易引发债务链条危机。建设资金短缺已经成为就近就地城镇化的重要制约因素。就市场主体企业来讲，近些年普遍反映融资难、融资贵问题突出，中小企业融资更是困难重重。农业发展银行、农业银行和邮储银行因其网点分布少、针对农民的产品服务少，服务农民力度不够，涉农金融服务缺位比较严重。

三是改革不到位，配套政策不完善。就近城镇化是复杂的系统工程，由于户籍、土地、财税、审批、规划、社保、金融、教育、医疗、行政、区划等体制机制改革不到位，导致政策不配套，制约了就近城镇化的展开。比如，由于农村土地制度改革滞后，农村土地要素没有盘活，农民缺少金融资本武装，农村土地流转和农业适度规模经营进展迟缓。比如，地方投融资有些问题还未纳入国家统一规划和制度安排，直接融资渠道有限，政策性和商业性金融界限混淆，中小金融机构生长困难。再比如，中央对推动农业转移人口市民化非常重视，但各方如何分担市民化成本？特别是中央政府与地方政府之间、输出地政府和输入地政府之间，至今也没有形成有效的分担机制。

四是规划混乱不合理，形式主义严重。具体来说，一是多头规划，统筹不够。总体规划、分区规划和专项规划统筹衔接不够，没有做到多规合一。二是规划宗旨、目标不清晰，一些地方政府盲目模仿发达地区的做法，思路不清、方向不明，难以形成分工明确、布局合理的产业体系、城镇体系和空间布局。三是群众参与度低，对群众的诉求回应不够，存在着以权代规和换一任领导就换一套规划的问题，规划实施刚性不足。四是规划缺乏鲜明的个性特色，缺乏与时俱进的创新，千城一面，针对性差，可操作性不强。

就近城镇化面临的困难，不是单单哪个中小城市或小城镇的问题，具有普遍性。究其原因，主要有以下三点。

一是发展理念存在误区，片面迷信大城市。我国城市行政等级与资源分配呈正相关性，优质资源过度集中在大城市、特大城市和超大城市，“虹吸”效应导致城镇化“极化”现象严重，大城市、特大城市和超大城市越来越大，而中小城市、小城镇难以获得应有的经济资源和公共资源，发展缓慢。这种事实上存在的迷信大城市，片面推崇大城市，忽视中小城市、小城镇的问题，导致我国人口等要素短时间、大规模向大城市、特大城市和超大城市集聚，超出了城市的承载能力，隐患严重。

二是发展思路不清晰，片面发展房地产。一些地方将城镇化发展片面地理解为房地产化，认为城镇化建设就是基础设施建设加房地产开发，忽视“新增城镇人口如何安居乐业”，“在城镇人口不断增加的同时，如何完善城镇基础设施和基本公共服务”等民生问题。片面地理解为城镇规模的不断扩张，过度依赖土地出让收入和土地抵押融资推进城镇建设，加剧了土地粗放利用，催生地产泡沫，出现了“鬼城”“空城”现象。农民离开乡村到城镇就业生活，不能享有与城镇居民同等的权利和福利保障，不能真正融入城镇社会，旧的城乡二元被移到城市里，“半城镇化”现象突出。

三是发展政策有缺陷，资源集聚不够。过去有多年的西部大开发和中部崛起战略实施，但总的来看中西部地区资源集聚不够，一方面各种要素资源源源不断流向东部地区；另一方面国家宏观政策引导资源向中西部回流的强度不够。国家向中小城市、小城镇基础设施建设的投入仍然不足，截至 2014 年年底，我国仍有近 20% 的镇没有集中供水，近 80% 的镇没有污水处理设施。国家重大项目向中小城市、小城镇的布局十分有限，教育资源、医疗资源向小城市、小城镇流动的措施不给力。公共服务水平低，制约了中西部中小城市、小城镇的发展。

那么，如何才能稳妥推进就近城镇化呢？要把握两个关键点：一是既要走出片面迷信大城市、特大城市、超大城市的误区，同时也不能转而片面迷信中小城市、小城镇，特别是小城镇不能遍地开花，避免要素过于分散，导致土地等资源的浪费。二是把县城建设作为就近城镇化的重要平台和主要抓手，增强对人口就近城镇化的吸纳能力。

第一，重视产业支撑，加快推动产、城、人融合。鼓励支持中小城市和小城镇培育壮大特色产业和新兴产业，比如通过“互联网+”来推动劳动密集型产业的发展，发展现代物流产业，发展旅游休闲和健康养老产业等。建立产业梯度转移激励机制，积极引导鼓励东部产业向中西部小城市和小城镇梯度转移，健全承接大中城市工业企业的激励机制，提供土地、财政、税收、金融、技术、人才等全方位的支持政策。比如，组建中西部产业发展基金。把特色产业与重点镇建设结合起来，培育有特色产业支撑的工业强镇、商贸重镇、旅游古镇和卫星城镇。加快推进交通、水利、能源、市政等基础设施建设，增强发展后劲。

第二，拓宽投融资渠道，建立规范透明的城市建设投融资机制。允许和扩大地方政府发行市政债券，建立健全地方债券发行管理制度和评级制度，拓宽城市建设融资渠道。加快建立城市基础设施、住宅政策性金融机构，为城市基础设施和保障性安居工程建设提供融资服务。完善 PPP 模式，拓宽社会资本投入领域和多元投入机制。加大财政支持力度，在小城镇产生的城镇建设配套费、土地出让金、排污费等，建议省市县留成部分全部或大部返还给小城镇。加大各级金融机构对中小城市和小城镇的信贷支持力度，改制后的农村商业银行坚守农村金融阵地，大力实施普惠金融。

第三，深化体制改革，完善配套政策。就近就地城镇化是一系列公共政策的集合。把简政放权落地落实，赋予地方更多自主权，调动地方干部积极性。改革土地制度，完善和拓展城乡建设用地增减挂钩试点，积极探索土地增值收益分配机制和进城农民的土地退出机制。深化城镇住房制度改革，加大保障性住房货币化安置力度，建立覆盖不同收入群体的城镇住房多元化供应体系。探索建立农业转移人口市民化成本分担机制，逐步提高中央财政在义务教育、基本养老、基本医疗等基本公共服务支出中的比重。构建有利于人口迁徙的可转移接续的社会保障体系，把更多进城务工人员随迁子女纳入城镇教育、加强农民工职业技能培训。实现城乡居民在劳动就业、基础教育、公共卫生、社会养老等方面的公平对接。

第四，转变发展理念，优化规划布局。就近城镇化面临国家实施“一带一路”战略的重大机遇，要把加快发展中小城市作为优化城镇规模结构的主攻方向，加强产业和公共服务资源布局引导。鼓励引导产业项目在资源环境承载力强、发展潜力大的中小城市和县城布局。加强市政基础设施和公共服务设施建设,教育医疗等公共资源配置要向中小城市和县城倾斜,引导高等学校和职业院校在中小城市布局、优质教育和医疗机构在中小城市设立分支机构。对具备行政区划调整条件的县可有序改市,把有条件的县城和重点镇发展成为中小城市。要搞好规划布局,把就近城镇化纳入经济社会发展规划之中。

新型城镇化进程中的经济发达镇设市建议*

2010 年以来,全国层面的经济发达镇行政管理改革试点,取得了很大成效,有效地扩大了试点镇的自主权,优化了发展的制度环境。当前,应抓紧筛选一批经济发达镇进行设市改革,加速推进新型城镇化的进程。

一、经济发达镇设市改革的原则和指标选择

在未来一段时间,我国设市应主要围绕镇改市展开,这符合中央提出的创新行政管理和降低行政成本设市模式的要求。

(一)镇改市标准制定的原则

城市是一个复杂的综合体,镇改市标准制定和指标选择要既能代表城市本质特征,又能反映区域差异、发展需求,还能够便于比较。

第一,以省区为单元确定镇改市标准。考虑到我国地域差别,各地城镇化发展水平不一,可在国家总体规划的前提下,在每个发展时期,确定一省区镇改市数量。每一省区结合经济、社会、文化、生态发展需求,本着指标设置区域性原则,自行设定镇改市设置标准。这样的好处在于:一是均衡推进各省区城镇化发展。省区可以考虑以镇域经济指标为主,也可以考虑以镇域人口指标为主,还可以考虑以镇域文化旅游特色为主,有些边境口岸的特色小镇,完全可以降低相应指标。全国不用统一指标,这在镇改市上更能突出各地城镇化特色,也照顾到中西部地区的城镇化发展,有利于丝绸之路的建设。二是避免更多的人为干预。一个时期省区内指标确定后,符合行政区划改革条件的经济发达镇,只要在省内横向比较就很容易产生。

---

* 载《北方经济》2015 年第 8 期。

第二,镇改市要符合区域空间规划要求。根据土地、水资源和环境承载能力,以及交通、区域城市群落确定是否镇改市。只有符合空间规划要求,符合行政区划改革方向才能镇改市。一般来说,只有那些远离中心城区,经济发展相对具有独立性,有发展潜力能带动周边地区发展的城镇,才能进入镇改市选择的名单。

第三,镇改市指标要反映城市的本质特征。镇改市最根本的出发点是依法赋予经济发达镇相应的城市发展权限,提高其城市化发展的权力,这不是通过强镇扩权所能完全解决的。镇改市使经济发达镇按照城市的标准来规划和管理,使城市规模、城市设施、产业结构以及服务能力进一步提升。一是东部地区经济发达镇设市标准主要按照城市的本质功能设定,重点测评经济发达镇人口聚集、经济实力和公共服务能力。二是中西部地区镇改市,对于人口、经济等方面指标可相应降低,重点考虑"产强城弱"的经济发达镇设市。城镇化发展要有产业做支撑,实现产城融合城市才会发展起来。中西部地区要重点发展区位优势明显、资源环境承载能力强的经济发达镇设市,培育一批资源加工、商贸物流、文化旅游、边境口岸的小城市。三是对于大学所在地或重要物流节点的小镇,可以放宽准入条件,进行镇改市的改革。一些国家常用的设市模式是:大学带动一个小镇,发展一座城市。现在我国大学设在小镇上数量偏少,可在未来十几年,国家有计划地把部分大学从特大城市和大城市迁到具有一定区位优势的小镇上,让大学来促进小城市的发展。同样,一些重点物流节点、商贸集散地所在的小镇也可以改市。

(二)镇改市指标的框定

从国家民政部撤镇设市2014年征求意见稿来看,设市指标选择大多还停留在20世纪90年代设市标准之中。如全镇5年GDP平均值,第二、三产业比重,万人医院床位数,城区燃气普及率等。这些指标,有些较为过时,有些可操作性较差。在新的历史时期,选取的指标要以每一省区为单位,突出可比性。

第一,以城镇建成区人口规模为人口指标。一项研究表明,小城市只有人口达到一定规模,经济发展才能进入良性状态。在选取相应的人口指标时,考虑到指标的城镇化内涵,建成区人口规模是一个重要指标。这是由于建成区是镇行政区范围内经过征用的土地,是实际建设发展起来的非农业生产建设用地。建成区集聚的人口生产生活方式最接近城市。

第二，以镇财政一般预收入为经济发展指标。经济实力的强弱影响到城市未来的发展和对周边地区的带动能力，是判断一个城市是否具备强劲发展能力和区域职能的主要因素。由于一般预算收入不包括上级政府的转移支付，这既能体现一个地区产业发展状况，又能体现经济发展实力，因此是重要的设市指标。

第三，以教育和医疗作为公共服务能力指标。公共服务能力是城市形成后所必须具备和承担的职能。镇的公共服务能力包括多方面，但多数指标缺乏统计依据，只有教育和医疗领域能找到具有横向可比性的指标，教育领域的指标采用人均公共财政教育支出，医疗领域的指标采用万人拥有医生数，这两个指标方便可查。

二、经济发达镇设市改革的模式选择

对经济发达镇设市，一直存在争论。目前争论的焦点表现在究竟是切块设市，就是将镇设市后从原有的县域中分离出来，还是用县下辖市模式。不同的设市模式直接关系到镇改市后的归属问题，这是争论的核心所在。

县下辖市是发达地区农村城镇化的现实需求，是与世界上多数国家和地区的设市模式相对应的，同时，县下辖市仍由县管辖，有利于县的稳定，并设计出县下辖市定为副县级为好。毫无疑问，县下辖市模式可以避免切块设市引发的利益分割问题，一般会得到所属县的支持。然而，经济发达镇升格为副县级市后，其实质仍然是县下政权，随着县下辖市的发展，其与县的矛盾会逐渐显露出来，不可避免会出现“市管县”体制的问题。另外，县下辖市如果没有自治改革的推动，其与县域中心镇没有太大的区别，实质上就是强镇扩权。

切块设市是将升格后的经济发达镇从原县中剥离出来，它的优点是恢复了城市的本来含义，所辖农村区域不是很大，而且升格为县级，有利于推动小城市的建设。切块设市存在以下几方面问题：一是会削弱所在县经济发展的实力。一般来说，经济发达镇在县中权重占比较大，切块设市无疑会对县的经济发展产生重要影响。二是行政区划面临两难。镇改市是以镇原有的行政区划为界，还是综合考虑经济发达镇未来的发展，突破镇的区划边界，扩进来几个乡镇，设市前要充分研究，进行前瞻性设计。经济发达镇设市，在目前国家政治制度下，县下辖市没有太大的意义，这种改革对我国行政区划改革，新型城镇化建设作用较小。同时，还会导致市制的混乱，社会接受程度偏低等现象的发生。镇改市，在设市模式上，倾向于采取切块设市的方式，适当突破建制镇的边界，扩进一些相关乡镇，为镇改市后提供必要的发展空间。

三、镇改市要走降低行政成本的改革模式

镇改市改革，要重视做好以下工作：一是有效推进省直管改革。各地要按照新的镇改市标准，确定一批符合条件的经济大镇撤镇设市。设市后，符合行政区划改革条件的，不再通过地级市、县市的管理，切块后由省直接管理。二是按照简化行政机构原则设市。撤镇设市后，不再设置四大班子，领导机构要与社会发展阶段相适应，要与小城市的特点相适应。设市可参考经济开发区管理体制，并且要求一个方面工作由一个领导负责。三是实行大部门体制。行政机构与事业单位职能整合，部门统一设置。行政部门与事业单位能够合署办公的，坚决合并。四是推进政府向社会力量购买公共服务。镇改市后，公共服务供给主体要多元化，有些体制内提供的公共服务，要走向社会力量购买的方式。

我国新型城镇化健康状况的测度与评价*

——以35个直辖市、副省级城市和省会城市为例

当前，随着经济社会的发展，我国城镇化发展进入新的阶段，即城镇化进入城镇化加速发展阶段和城市病发作阶段的叠加期（张占斌、黄锟，2013；简新华、杨冕、黄锟，2013）。面对经济社会发展的新阶段和新常态，积极稳妥地推进城镇化意义重大，影响深远。总结历史经验和教训，我国应该走中国特色的新型城镇化道路，以促进城镇化的健康发展。本文将探讨新型城镇化健康发展的基本要求，并实证分析我国35个直辖市、副省级城市和省会城市的城镇化的健康状况，最后提出推进城镇化健康发展的政策建议。

一、新型城镇化健康发展的基本要求

根据发达国家城市化的经验教训、城镇化的发展规律、新型城镇化的内涵要求和我国城镇化发展的实际，新型城镇化健康发展需要在发展速度、水平、布局、城乡关系、可持续性等方面具有独特而科学的规定性（张占斌，2014）。根据国内外的经验，新型城镇化健康发展的基本要求如下。

一是水平适当。新型城镇化是适度城镇化，要求城镇化水平与经济社会发展水平相适宜，也就是说，城镇化既不能过度超前，也不能过于滞后。城镇化既是工业化、非农化、经济发展的结果，又是工业化、非农化、经济发展的促进器，也是社会发展的根本动力。城镇化和国民经济健康发展、社会进步要求城镇化必须与经济社会发展保持一定的对应关系，适度同步、协调发展，过度城镇化和滞后城镇化都是不健康的。判断城镇化率是超前、滞后，还是适当，需要从不同的角度、采

---

* 载《经济社会体制比较》2014年第6期，合作者黄锟教授。

用不同的方法，既要看城镇化与工业化和经济发展的相互关系，又要进行国际比较，考察同类国家或不同国家同样发展阶段的城市化情况（简新华、黄锟，2010）。

二是速度适中。新型城镇化是速度适中的城镇化，强调速度与质量相协调，即城镇化速度要与经济发展、城市基础设施建设、人民生活水平提高等反映城镇化发展质量的指标相协调，既不能太快，也不能太慢，更不能以牺牲城镇化质量而片面追求城镇化速度。显然，城镇化是否健康不能单纯从城镇化速度来判断。之所以速度不是衡量城镇化健康状况的唯一指标，其原因为：第一，城镇化不是匀速发展的，城镇化发展具有阶段性（焦秀琦，1987）。判断城镇化速度是否适中必须结合城镇化所处的发展阶段，在不同的发展阶段要保持相应的发展速度，该快的时候快，该慢的时候慢，不能错位发展。第二，判断城镇化速度是否适中必须结合城镇化质量，有质量的城镇化才是健康的城镇化。新型城镇化的实质和核心是人的城镇化，是经济、社会、人口、生态发展的综合体，这些也是反映城镇化质量的要素。所以，判断城镇化速度是否适中，关键是要看城镇化速度与这些反映城镇化质量的要素是否协调。

三是布局合理。新型城镇化要科学规划、因地制宜、合理布局、协调有序，即国家要根据资源环境承载能力、发展基础和潜力，以城市群为主体形态、城镇体系合理布局、东中西地区因地制宜、大中小城市和小城镇协调发展，优化城镇化空间布局和城镇规模结构。从国际上看，在特定发展阶段，人口过度集聚和规模过大的特大城市都不同程度地存在“大城市病”，如伦敦的雾都、纽约的交通拥堵、拉美特大城市普遍存在的贫民窟等。中国虽然地域广阔，但人多地少、人地矛盾十分尖锐。我国基本国情决定了我国城镇化既不能是大城市化，也不能是小城镇化；既不能是集中型城镇化，也不能是分散型城镇化，而必须优化城镇规模结构、集中型城镇化与分散型城镇化相结合、城镇空间布局合理、地区城镇化协调平衡。

四是城乡协调。新型城镇化要强调城镇化和新农村建设“双轮驱动”，形成城乡一体、良性互动的协同发展态势。自城市产生之后，城乡关系即随之产生。城乡关系的实质是城乡之间资源、经济、社会诸要素的自由流动，而流量和速率取决于城乡之间的联系程度（曾磊、雷军、鲁奇，2002）。处理好城乡关系的根本途径是促进城乡协调发展，而城乡协调发展是促进城镇化健康发展，缩小城乡差距，改变城乡二元结构，从根本上解决三农问题的根本途径，是我国实现现代化和科学发展的必由之路。城乡协调包括城乡政治协调、经济协调、生态环境协调、人口协调、文化协调、空间协调等方面,观念上消除城乡差别,发展模式上在城市发展的同时实现农村现代化,功能上强调城乡的一体化职能,空间和景观生态上城乡紧密联系、相互依存。

五是发展可持续。新型城镇化强调城镇化发展要与人口、资源、环境相协调,即新型城镇化必须将生态文明融入全过程,实现人口、经济、资源和环境相协调,建设生态文明的美丽中国,实现中华民族永续发展。人口多、资源不足、环境承载能力脆弱是我国的一个基本国情。随着城市人口的急剧增长及城市规模的迅速扩张,城镇化可持续发展问题日益突出。近年来,我国资源和环境约束压力显著增大,这是资源禀赋、发展阶段、发展方式和体制原因共同作用的结果。目前,一些城市"十面霾伏",垃圾围城,给我们敲响了警钟。解决经济发展与资源环境之间的紧张关系迫切要求促进城镇化与生态文明深度耦合,处理好城镇化发展和资源环境的关系。

二、新型城镇化健康发展评价指标体系与方法

(一)新型城镇化健康发展评价指标体系

作为城镇形成过程的城镇化,是速度、水平和质量的统一体,反映的是城乡空间结构的转变过程,其健康状况取决于城镇化诸要素的配置效率或速度、水平和质量的协调程度;作为城镇化结果的城镇,是人口聚集区经济、社会、生态等系统的综合体,反映的是城乡空间结构的转变结果,其健康状况取决于城镇经济、社会、生态等系统的发展状况及诸系统之间的协调发展程度。

因此,基于城镇化的内涵和新型城镇化的要求,评价城镇化健康状况,不仅要考虑城镇化的速度、水平,还要考虑城镇化的质量;不仅要考虑城镇化的经济发展水平,还要考虑社会、生态等方面的协同发展状况;不仅要考虑城镇化的发展成果,还要考虑为此付出的代价;不仅要考虑城镇的发展状况,还要考虑区域范围内的城乡协调情况。

为了评价城镇化发展的健康状况,根据新型城镇化的内涵、基本特征,遵循代表性、系统性、可操作性等指标设置原则,我们从城镇化发展水平、速度、可持续性和城乡协调性等方面设置四个一级指标,即水平适当性指标、速度适中性指标、发展可持续性指标和城乡协调性指标。从城镇化和城镇经济、社

会、生态和城乡关系等领域设置若干个二级指标，其中，水平适当性指标下设置水平—经济发展适当性指标、水平—社会发展适当性指标两个二级指标，速度适中性指标下设置速度—经济发展适中性指标、速度—社会发展适中性指标、速度—生态发展适中性指标三个二级指标，发展可持续性指标下设置人口承载力、资源利用率和环境保护度三个二级指标，城乡协调性指标下设置城乡经济发展协调性指标和城乡社会发展协调性指标两个二级指标。根据一、二级指标的内涵和要求，我们设置了 57 个观察指标，即三级指标。这三级指标构成一个立体的指标体系，从多个维度、多个层面衡量城镇化的健康状况。

在权重方面，我们根据二级指标的数量（10 个）为新型城镇化的健康发展指标平均赋值，即每个二级指标权重均为 0.1，二级指标的权重平均分配到其下的三级指标，一级指标的权重分别为其下二级指标的简单加总。于是，新型城镇化健康发展评价指标体系及其权重见表 6-1。

表 6-1　新型城镇化健康发展评价指标体系

一级指标（权重）	二级指标（权重）	三级指标	权重	指标类型
水平适当性（0.2）	水平—经济发展适当性（0.1）	第三产业产值比重与城镇化率的比值	0.02	适中
		非农产业就业比重与城镇化率的比值	0.02	适中
		人均 GDP（万元）	0.02	正向
		人均地方财政收入（万元）	0.02	正向
		城镇居民人均可支配收入（万元）	0.02	正向
	水平—社会发展适当性（0.1）	人均城市道路面积（平方米）	0.0125	正向
		每万人拥有公共汽车数（辆）	0.0125	正向
		人均排水管道长度（米）	0.0125	正向
		每百人公共图书馆图书数（册）	0.0125	正向
		养老、医疗、失业保险平均参保率（%）	0.0125	正向
		千人拥有病床位数（床）	0.0125	正向
		财政人均科技支出（元）	0.0125	正向
		财政人均教育支出（元）	0.0125	正向

续表

一级指标（权重）	二级指标（权重）	三级指标	权重	指标类型
速度适中性（0.3）	速度一经济发展适中性（0.1）	第三产业产值比重增长率与城镇人口增长率之差	0.0167	正向
		非农产业产值比重增长率与城镇人口增长率之差	0.0167	正向
		非农产业就业比重增长率与城镇人口增长率之差	0.0167	正向
		人均 GDP 增长率与城镇人口增长率之差	0.0167	正向
		人均地方财政收入增长率与城镇人口增长率之差	0.0167	正向
		失业率增长率与城镇人口增长率之差	0.0167	反向
	速度一社会发展适中性（0.1）	人均城市道路面积增长率与城镇人口增长率之差	0.0167	正向
		每万人拥有公共汽车数增长率与城镇人口增长率之差	0.0167	正向
		每百人公共图书馆图书增长率与城镇人口增长率之差	0.0167	正向
		人均医院卫生院床位增长率与城镇人口增长率之差	0.0167	正向
		财政人均科技支出增长率与城镇人口增长率之差	0.0167	正向
		财政人均教育支出增长率与城镇人口增长率之差	0.0167	正向
	速度一生态发展适中性（0.1）	市辖区人均公园绿地面积增长率与城镇人口增长率之差	0.0167	正向
		建成区绿化覆盖率增长率与城镇人口增长率之差	0.0167	正向
		工业除尘率增长率与城镇人口增长率之差	0.0167	正向
		工业固体废弃物综合利用率增长率与城镇人口增长率之差	0.0167	正向
		污水集中处理率增长率与城镇人口增长率之差	0.0167	正向
		生活垃圾无害化处理率增长率与城镇人口增长率之差	0.0167	正向

续表

一级指标（权重）	二级指标（权重）	三级指标	权重	指标类型
发展可持续性（0.3）	人口承载力（0.1）	劳动生产率： 单位劳动力实现的 GDP（万元/人）	0.025	正向
		职工平均工资（万元）	0.025	正向
		失业率（%）	0.025	反向
		居住用地占城市建设用地面积的比重	0.025	正向
	资源利用率（0.1）	能源利用效率： 单位 GDP 耗电量（千瓦时/万元）	0.0167	反向
		土地利用效率： 市辖区人口密度（万人/平方公里） 市辖区单位面积实现的 GDP（万元/平方公里）	 0.0333 0.0167	 正向 正向
		水资源利用效率： 单位 GDP 耗水量（吨/万元） 人均生活用水量（吨/人）	 0.0333 0.0167	 反向 反向
		资金利用效率： 规模以上工业企业万元资金提供的利润（元/万元）	0.0167	正向
	环境保护度（0.1）	人均拥有公园绿地面积（平方米）	0.0125	正向
		建成区绿化覆盖率（%）	0.0125	正向
		工业除尘率	0.0125	正向
		空气质量达标天数	0.0125	正向
		工业二氧化硫去除率（%）	0.0125	正向
		工业固体废弃物综合利用率（%）	0.0125	正向
		污水集中处理率（%）	0.0125	正向
		生活垃圾无害化处理率（%）	0.0125	正向

续表

一级指标（权重）	二级指标（权重）	三级指标	权重	指标类型
城乡协调性（0.2）	城乡经济发展协调性（0.1）	城乡居民人均收入比值	0.33	适中
		城乡人均 GDP 比值	0.33	适中
		市辖区与全市人均地方财政预算内收入比值	0.33	适中
	城乡社会发展协调性（0.1）	市辖区与全市中小学师生比的比值	0.02	适中
		市辖区与全市人均公共图书馆图书比值	0.02	适中
		市辖区与全市人均床位数比值	0.02	适中
		市辖区与全市人均地方财政预算内科技支出比值	0.02	适中
		市辖区与全市人均地方财政预算内教育支出比值	0.02	适中

（二）数据来源和标准化

本次评价范围包括直辖市、省会城市和副省级计划单列市，共 35 个城市。我们采用这 35 个城市在 2011 年的相关数据，数据来源为《中国统计年鉴》《中国城市统计年鉴》《中国城市建设统计年鉴》及各城市国民经济和社会发展统计公报等。

数据标准化处理方法有以下几种：①对于正向指标，标准值为各指标值与最大指标值（异常值除外）的比值。②对于反向指标，标准值为最小指标值（异常值除外）与各指标值的比值。③对于适度指标，区别情况处理：在城乡发展协调性中，对于数值大于 1 的指标，取值为 1 与各指标值的比值；对于数值小于 1 的指标，取值为各指标值与 1 的比值；在速度适中性指标中，有很多值为负值，标准值的计算方式为：

第一步：相对化，即指标相对值=（指标最小值-指标值）/指标最小值；第二步：标准化，即指标标准值=指标相对值/最大指标相对值。其中的“失业率增长率与城镇人口增长率之差”为反向指标，指标标准值=非零最小指标相对值/指标相对值；指标相对值为零或负数（异常值）的指标标准值取值为 0。

④对于异常值，当异常值大于 1 时取值为 1，小于 0 时取值为 0。

三、中国城镇化健康状况综合评价的基本情况

（一）中国城镇化健康状况的总体情况

2011 年，全国城镇化健康指数为 0.5844，最高值为 0.6605（上海市），最低值为 0.4643（成都市），城镇化健康发展水平不高。上海、厦门、深圳、北京、杭州、呼和浩特、南京、青岛、沈阳、天津位居前十名，位居后十名的城市分别为银川、广州、石家庄、南宁、郑州、西宁、合肥、太原、兰州、成都（见表 6-2）。

表 6-2　城镇化健康指数：分值及排序

排序	城市	城市编号	城镇化健康指数	排序	城市	城市编号	城镇化健康指数
1	上　海	10	0.6605	19	武　汉	21	0.5869
2	厦　门	16	0.6586	20	海　口	26	0.5812
3	深　圳	24	0.6432	21	南　昌	17	0.5786
4	北　京	1	0.6422	22	贵　阳	29	0.5777
5	杭　州	12	0.6402	23	哈尔滨	9	0.5692
6	呼和浩特	5	0.6393	24	福　州	15	0.5665
7	南　京	11	0.6342	25	长　沙	22	0.5636
8	青　岛	19	0.6309	26	银　川	35	0.5561
9	沈　阳	6	0.6297	27	广　州	23	0.5561
10	天　津	2	0.6278	28	石家庄	3	0.5556
11	乌鲁木齐	36	0.6277	29	南　宁	25	0.5525
12	长　春	8	0.6165	30	郑　州	20	0.5316
13	济　南	18	0.6095	31	西　宁	34	0.5271
14	大　连	7	0.6085	32	合　肥	14	0.5036
15	重　庆	27	0.6083	33	太　原	4	0.4810
16	宁　波	13	0.6069	34	兰　州	33	0.4752
17	昆　明	30	0.6035	35	成　都	28	0.4643
18	西　安	32	0.5933				
35 城市平均		0.5844					

（二）中国城镇化健康状况的主要特征

我国城镇化健康状况的整体水平。全国35个城市城镇化健康指数平均为0.58434，城镇化健康指数的最大值为0.6605，最小值为0.4643，最大值/最小值为1.422，标准差仅为0.052296。可见，我国35个直辖市、副省级城市和省会城市城镇化健康状况的整体水平不高，且城市之间差异不明显。不过，从二级指标的指数看，除了发展可持续性指数的差距较小外，其余三个指数的城市间差距都较大，最大值/最小值均大于2.0，标准差也基本上大于0.1，其中速度适中性的最大值/最小值为6.016，标准差为0.151104（见表6-3）。

表6-3　城镇化健康指数和二级指标指数的城市差异性比较

指　数	最小值	最大值	最大值/最小值	平均值	标准差
城镇化健康指数	0.4643	0.6605	1.422	0.58434	0.052296
水平适当性指数	0.317	0.651	2.054	0.48108	0.090347
速度适中性指数	0.124	0.746	6.016	0.56506	0.151104
发展可持续性指数	0.447	0.723	1.617	0.56733	0.064175
城乡协调性指数	0.466	0.997	2.139	0.74353	0.129439

不同行政级别城市的城镇化健康状况。从城市行政级别看，城镇化健康指数由大到小依次为直辖市、副省级计划单列城市、副省级省会城市、其余省会城市，其指数分别为0.63470、0.62962、0.58999、0.55585；城镇化二级指标也具有类似的分布规律（见表6-4）。可见，本文所研究的35个城市的城镇化健康状况呈现出显著的行政级别特征，行政级别越高，自主性权力越大，城镇化健康程度越高。

表6-4　城市行政级别与城镇化健康状况的关系

城市级别 / 城镇化指数	直辖市	副省级计划单列城市	副省级省会城市	其余省会城市
城镇化健康指数	0.63470	0.62962	0.58999	0.55585
水平适当性	0.52925	0.58080	0.47630	0.44324
速度适中性	0.58175	0.58860	0.56940	0.55081
发展可持续性	0.61725	0.61220	0.56500	0.54376
城乡协调性	0.84550	0.76600	0.77220	0.69606

直辖市和副省级计划单列城市的城镇化健康指数之所以较高，贡献最大的因子为城乡协调性。城乡协调性是经济发展的结果。由表6-5可见，4个直辖市和5个副省级计划单列城市的人均GDP和第三产业比重比10个副省级省会城市和17个省会城市高得多。

表6-5 城市行政级别与经济发展水平的关系

城市级别	直辖市	副省级 计划单列城市	副省级 省会城市	其余 省会城市
人均GDP(万元)	7.10	8.55	6.49	4.74
第三产业比重(%)	0.59	0.51	0.46	0.47

东、中、西部城市的城镇化健康状况。在35个样本城市中，东部城市16个、中部城市8个、西部城市11个。从总城镇化健康指数看，东、中、西三地区分别为0.616、0.554、0.563，东部地区城镇化健康状况好于中西部地区（见表6-6）。从新型城镇化二级指标看，也基本上呈现东部地区好于中西部地区的区域特征（除中西部地区城镇化的速度适中性指数比东部地区略高之外）。

表6-6 城镇化健康状况的区域差异

城镇化指数 \ 地区	全国	东部	中部	西部	东部/中部	东部/西部	东部/中西部	中部/西部
城镇化健康指数	0.584	0.616	0.554	0.563	1.112	1.094	1.098	0.984
水平适当性指数	0.480	0.524	0.480	0.424	1.093	1.236	1.197	1.131
速度适中性指数	0.565	0.567	0.521	0.594	1.087	0.954	1.006	0.877
发展可持续性指数	0.567	0.602	0.561	0.525	1.074	1.147	1.109	1.068
城乡协调性指数	0.744	0.800	0.666	0.719	1.201	1.113	1.133	0.927

但是，城镇化健康状况的地区差异远没有三大地区之间城镇化率差异那么大。2011年，东部地区的城镇化率分别是中、西部地区的1.30倍和1.42倍，地区差距比较显著；而东部地区的城镇化健康指数分别是中、西部地区的1.11倍和1.10倍，新型城镇化二级指标也基本上介于1.07—1.20倍之间，地区差距并不显著。

不同规模城市的城镇化健康状况。按照最新的城市规模分类标准①,在35个城市中,北京、天津、上海、广州、深圳、重庆6个城市为超级城市,太原、沈阳、大连、长春、哈尔滨、南京、杭州、宁波、厦门、济南、郑州、武汉、长沙、成都、贵阳、昆明、西安、乌鲁木齐18个城市为特大城市,石家庄、呼和浩特、合肥、福州、南昌、青岛、南宁、海口、兰州、西宁、银川11个城市为大城市,这个样本中没有中等城市和小城市。从总城镇化健康指数看,城市规模越大,城镇化健康状况越好,超级城市、特大城市和大城市分别为0.62302、0.58905、0.56060;在二级指标中,除了大城市的速度适中性指标高于超级城市和特大城市外,水平适当性、发展可持续性、城乡协调性也基本呈现上述分布规律(见表6-7)。

表6-7　城市规模与城镇化健康状况的关系

城市规模	指数类别	城市数	最低值	最高值	平均值	标准值
超级城市	总指数	6	0.556	0.660	0.62302	0.037142
	水平适当性	6	0.354	0.651	0.54950	0.110524
	速度适中性	6	0.322	0.739	0.49817	0.156337
	发展可持续性	6	0.570	0.723	0.63017	0.054777
	城乡协调性	6	0.723	0.997	0.87300	0.087907
特大城市	总指数	18	0.464	0.659	0.58905	0.052270
	水平适当性	18	0.354	0.597	0.46744	0.068061
	速度适中性	18	0.124	0.746	0.58622	0.166799
	发展可持续性	18	0.474	0.644	0.55417	0.054156
	城乡协调性	18	0.575	0.911	0.76722	0.092667
大城市	总指数	11	0.475	0.639	0.56060	0.048677
	水平适当性	11	0.317	0.639	0.45455	0.095172
	速度适中性	11	0.349	0.728	0.56691	0.120904
	发展可持续性	1	0.447	0.647	0.56373	0.065012
	城乡协调性	11	0.466	0.867	0.65245	0.126195

① 1000万及以上为超级城市(或超大城市),人口300万—1000万为特大城市,人口100万—300万为大城市,人口30万—100万为中等城市,人口5万—30万为小城市。

不同人口密度城市的城镇化健康状况。从总城镇化健康指数看，如表6-8所示，人口密度在0.5万—1.0万人/平方公里和1.0万—2.0万人/平方公里的城市，城镇化健康状况最好，分别为0.59630和0.59646；人口密度低于0.5万人/平方公里和高于2.0万人/平方公里的城市，城镇化健康状况相对较差。

表6-8 城市人口密度与城镇化健康状况的关系指数类别

指数类别	人口密度（万人/平方公里）				
	≤0.5	0.5—1.0	1.0—2.0	2.0—3.0	≥3.0
总指数	0.59010	0.59630	0.59646	0.58855	0.55806
水平适当性	0.42000	0.42371	0.46367	0.49500	0.50137
速度适中性	0.70850	0.67686	0.57925	0.51917	0.44450
发展可持续性	0.50150	0.55743	0.56600	0.56750	0.60687
城乡协调性	0.71500	0.70600	0.77092	0.81767	0.71200

从新型城镇化二级指标看，各二级指标的人口密度特征差异很大，水平适当性指数和发展可持续性指数与城市人口密度正相关，人口密度越大，水平适当性指数和发展可持续性指数越大；速度适中性指数与城市人口密度负相关，人口密度越大，速度适中性指数越小；城乡协调性的人口密度特征与总指数相似，人口密度在1.0万—2.0万人/平方公里和2.0万—3.0万人/平方公里的城市，城镇化的城乡协调性最好，人口密度小于1万人/平方公里和大于3万人/平方公里的城市，城镇化的城乡协调性都较差。

四、结论与政策建议

根据新型城镇化健康发展评价指标体系和2011年的统计数据，对我国35个直辖市、副省级城市和省会城市的城镇化健康状况进行了评价，结果发现，这些城市的城镇化健康状况整体水平不高，且在城市之间的差异不大，不同城市行政级别、不同地区、不同城市规模、不同人口密度的城市城镇化健康状况分布不均衡。这一结果与我国城镇化发展健康状况的总体情况是一致的，因而具有较强的政策意义。

第一,我国城镇化健康状况整体水平不高,且在城市之间差异不大,而二级指标在城市之间的差距比较明显。这说明,有些城市在某个领域发展质量较高,健康程度较好,但在另外一些领域发展得又很不够,健康程度很低。所以,为了提升我国城镇化的总体健康程度,各城市需要在薄弱环节加强投入和建设。在四个一级指标中,水平适当性指数、速度适中性指数低于城镇化健康总指数,其中,城镇化水平适当性指数主要受社会发展滞后的拖累,水平—社会发展适当性指数仅为0.421,比水平—经济发展适当性指数低了22%;城镇化速度适中性指数主要受社会建设和生态的拖累,速度—社会建设适中性指数和速度—生态建设适中性指数比速度—经济建设适中性指数低18%。这说明,在城镇化进程中,城市建设滞后于城镇人口增长速度,尤其是城镇社会建设和生态建设滞后于城镇化进程和城镇经济建设。因此,在未来城镇化进程中,在促进农民进城的同时,必须重视城市基础设施建设、城市基本公共服务能力建设、城市环境保护和治理、城市先进文化的教育普及,促进城市经济建设、社会建设、生态建设、文化建设的同步协调。

第二,我国城镇化健康状况呈现出显著的行政级别特征,即行政级别越高、自主性越大,城镇化健康程度越高。这一现象与城镇化发展规律和我国坚持市场化改革有较大的相悖。在我国,城市被划分为不同的行政级别,行政级别越高,自主性越大,可以调动的资源就越多,从而不仅能够保持城市经济的更快发展,也有更大的能力发展社会事业和生态环境保护,结果造成了行政级别越高,城市规模就越大,城镇化健康程度也越高的独特现象。因此,为了促进城市的健康发展,形成更多的增长极,应当减少行政层级,扩大城市自主权,充分地发挥市场在资源配置中的决定性作用。首先,可以考虑再增设2—3个直辖市,增加计划单列市数量,扩大省直管县试点范围,加快镇改市的步伐。其次,要全面深化城镇经济体制和管理体制改革,减少政府对市场的直接干预,确保市场在资源配置中的决定性作用,明确政府与市场的边界,使城镇化成为一个自然的历史过程。

第三,我国城镇化健康状况呈现东部地区好于中西部地区的区域特征,但地区差异远没有城镇化率的地区差异大。这说明未来城镇化地区布局中需要确立两个重点任务:一是东部地区城镇化要以提高城镇化质量和健康状况为重点任务,主要包括尽快完成棚户区改造、推进农民工市民化和城市基本公共服务均等化、加强城市基础设施建设、推进淘汰落后产能和促进产业升级、重视生态保护和生态、建设加快城乡融合和一体化进程等;二是中西部地区要以推进1亿人口的城镇化,提高城镇化水平为重点任务,包括培育发展1—2个全国性城市群和若干个区域性城市群,加快发展县域经济、着力发展有历史记忆、地域特色、民族特点的宜居美丽城镇,加强道路、交通、管网等城镇基础设施建设,提高城镇基本公共服务供给能力,增强中西部城镇对集聚产业和人口的吸引力和集聚力。

第四,我国城镇化健康状况的规模特征表明,城市规模越大,城镇化健康状况越好。今后,要优化布局,根据资源环境承载能力构建科学合理的城镇化宏观布局,把城市群作为主体形态,促进大中小城市和小城镇合理分工、功能互补、协同发展;尤其要继续以中心城市为内核,培育发展全国性、区域性大都市圈和城市群,更好地发挥中心大城市在促进可持续发展、统筹城乡发展方面的示范带动作用。

第五,我国城镇化健康状况的人口密度特征表明,只有具有适度人口密度的城市,城镇化健康状况才是最好的,城市人口密度过大或过小,城镇化健康状况都不会太好。对于人口密度超过2万人/平方公里的城市,要注意加强城市新区建设和功能区的规划整合,通过城市基础设施、公共服务的均衡布局,调整和控制人口密度;对于人口密度不足0.5万人/平方公里的城市,也要注意通过城市产业发展、功能区的规划布局、城市基础设施和公共服务的重新布局,增强城市的集聚功能和人口密度,发挥城市的集聚效应。

推进新型城镇化需及时修改土地法律*

本届政府对推进农业转移人口市民化高度重视，而且作了制度性的要求，把一些重要的精神变成制度，推动农业转移人口的市民化，推进城镇化的发展。

2016年政府工作报告中提出，今年重点抓好的三项工作之一是：加快农业转移人口市民化，包括深化户籍制度改革，放宽城镇落户条件，建立健全"人地钱"挂钩政策。

一、新政策可更好改善民生

3月16日上午，第十二届全国人民代表大会第四次会议在人民大会堂举行闭幕会，会议决定批准国务院总理李克强所作的政府工作报告。政府工作报告中提出，城镇化是现代化的必由之路，是我国最大的内需潜力和发展动能所在。为此，今年重点抓好的三项工作之一是加快农业转移人口市民化，举措包括建立健全"人地钱"挂钩政策。这说明本届政府对推进农业转移人口市民化是高度重视的，而且作了制度性的要求，就是说把一些重要的精神变成制度，推动农业转移人口的市民化，推进城镇化的发展。过去没有"人地钱"挂钩制度，农业转移人口市民化进程迟缓，很多农业人口在城里面打工多年，甚至"二代农民工"都上岗了。所以，推进农业转移人口市民化关系到国家持续、健康发展的大战略，更好地促进城乡统筹、城乡一体化。

所以，国务院提出"人地钱"挂钩政策，就是说，今后无论哪个城市吸纳了农业转移人口，比如说吸纳了1000人，国家给你1000人的财政补贴，同时给

* 载《法制日报》2016年3月18日。

予这个城市土地用地指标上的激励，增加土地用地指标，这样把钱、地和人挂起钩来，推动城乡一体化发展。

这也说明，国务院很希望这个工作能往前推动，很希望做好这件事情，很希望通过这件事情能够更好地改善民生，体现出以人为本，推动新型城镇化的发展。

“人地钱”挂钩政策提出的背景，一是过去我们在这方面有缺陷，过去没有搞“人地钱”挂钩政策，没有制度性规定，有的地方政府就不会跟着国家的“指挥棒”走，没有拿出钱推动农业转移人口市民化。二是中国经济发展进入新常态，希望通过新型城镇化和农业人口转移增加经济增长动力，通过提高城镇化的效率和质量，为中国经济增长提供持续动力。三是我们要建立小康社会，提出了五大发展理念，在这五大理念引领下建设小康社会，落实到新型城镇化上，就要求我们以人为本，通过农业转移人口的市民化，体现我们城镇化和五大发展理念的结合。四是我们在 2020 年对城镇化率有一个具体要求，常住人口城镇化率达到 60%，户籍人口城镇化率达到 45%，这是一个硬指标。应当说实现这些硬指标，需要有一些配套的制度，因此也是政策的背景。

二、试点工作为新政做准备

截至 2015 年，我国城镇化率达到 56.1%，城镇常住人口已达 7.7 亿。但是不可否认的是，城镇化推进过程中户籍人口城镇化率比较低，农业转移人口市民化进展比较缓慢等，目前户籍人口城镇化率刚超过 30%，土地城镇化远远快于人口城镇化。这就说明我们的城镇化存在不合理的地方，有的地方简单地把城镇化等于开发区、办新城、搞房地产开发等，大量批地卖地，这是挣钱，但农业转移人口市民化是要花钱的，所以有的地方政府在农业转移人口市民化方面动力不够，导致农民进城进不了，影响经济发展。所以，中央提出了新型城镇化，这就要求首先是以人为本，再往下说，就是推动农业转移人口市民化。

“人地挂钩”试点政策的推行，为提出“人地钱”挂钩政策做了准备。国务院办公厅《关于 2008 年深化经济体制改革工作意见的通知》就提出了“推进城镇建设用地增加规模与吸纳农村人口定居规模相挂钩的试点工作”。

2011年9月,《国务院关于支持河南省加快建设中原经济区的指导意见》中提出河南先行先试“人地挂钩”政策。该政策的基本操作方式是:农民到城市工作,在当地落户得到妥善安置后,他所在农村的那一块宅基地、耕地可以“腾出来”,复耕或者变成建设用地,这样他所居住的城市也就获得了建设用地指标资格。

中央考虑到了新型城镇化的复杂性,在“人地钱”挂钩政策之前搞了“人地挂钩”试点,提供了一些实践经验,当然从政策意义上肯定是为这个政策做了准备。

“人地钱”挂钩政策能够解决一些实践中的问题。农业转移人口市民化涉及很多问题,试点政策确实能够加快农业转移人口市民化,但这还涉及城市能不能容纳、产业能不能容纳、农民愿不愿意进城等一系列问题。

比如说,钱的问题。根据测算,一个进城农民工需要政府配套大约10万元的成本,一个两个,地方政府掏得起,如果数量很大,有的地方政府可能就掏不起,可能就不会太积极做这个事情。因此,提出这项政策,有助于激励地方政府将政策落地。

三、新政需在法律层面确认

要打通“人往城转、地随人走、钱从地出”需要各方面的政策配合,实施效果才更好。农业转移人口市民化还是有很多问题,比如农业人口进入城市以后,需要融入这个城市,待下去,政府就需要提供可及性的公共服务。

国土资源部正在制定这方面的政策和制度,也需要户籍制度改革、财政转移支付制度、社保制度等的配合,事情就能做得更好。

中国目前执行最严格的耕地保护制度,并建立起了一套以建设用地指标审批和控制为核心的管理体系。因此有观点认为,探索实行“人地挂钩”的政策,可以说是化解当前土地“城镇化”发展过快,提高土地高效使用的重大土地制度改革。

土地法、土地管理法对于规范土地的利用和开发,应该说还是取得很好的规范作用,但中国的经济也给土地管理制度提出了新的挑战,包括怎么实现

“人地钱”挂钩、怎么能够实现以人为本的新型城镇化，土地法、土地管理法，特别是土地管理法还有一些修改完善的空间，还需要随着国家政策的完善做一些调整。比如，对于“人地钱”挂钩政策，需要在法律层面上进行确认，另外，对于农村土地的流转，也要在法律中进行科学规范，更加有法律上的保障。

京津冀协同发展的重大战略意义*

推进京津冀协同发展是党中央、国务院作出的一个重大战略决策，这一决策为全面改革扬旗立志，为区域经济社会发展添油助力，为建设生态城镇和美丽中国身体力行，可谓立意高远、影响深远。

一、京津冀协同发展是“改革元年”的一招大棋

2013年11月，党的十八届三中全会作出了全面深化改革的重大决定，我国经济社会发展进入了全面改革、全方位开放的新阶段，而2014年是我国全面深化改革的开篇布局之年，也就是“改革元年”。当前改革正处于攻坚期和深水区，没有敢于啃骨头、涉险滩的历史使命感和革命豪情难以为之，没有集中全党全社会智慧、调动一切积极因素的精神感召力和行动号召力难以为之，没有冲破思想观念束缚、打破利益固化藩篱的改革决心和变革勇气难以为之。

从政治、经济、生态等多个角度看，打好全面深化改革的攻坚战，京津冀都应该当仁不让、率先行动。从政治角度看，京津冀地区的最大特点在于首都包含其中，任何改革举措都能产生“涟漪效应”，全面深化改革，处理好政府和市场、中央和地方关系，京津冀首当其冲；从经济角度看，京津冀地区既是总部经济、高新技术聚集区，也是过剩产能聚集区，还是典型的“大城市、大农村”地区，经济转型升级、推进新型城镇化，京津冀责无旁贷；从生态角度看，京津冀地区近几年因雾霾频发、交通拥堵等生态环境问题备受瞩目，建设美丽中国、实现人与自然和谐发展，京津冀时不我待。

京津冀协调发展的呼声由来已久，中央和地方也都有意推进，但却由于种

---

* 载《环境保护》2014年第17期。

种原因、重重阻力,一直处于"久闻楼梯响,不见人下来"的尴尬境地。2014 年 2 月,习近平总书记在京津冀协同发展工作座谈会强调,实现京津冀协同发展"是一个重大国家战略",首次将京津冀协同发展问题上升到国家战略层面,标志着京津冀协同发展最终取得实质性进展,由原先的理论构想转变为三地的实际行动。

中央在 2014 年"改革元年"这样一个关键时间节点,史无前例地将京津冀协同发展提高到国家战略高度,可谓布局缜密、谋划深远,2014 年也因此成为"京津冀协同发展元年"。

二、京津冀协同发展的战略意义

在我国经济社会发展进程中,京津冀地区地位特殊、作用重要,现阶段中央将京津冀协同发展摆在非常重要的位置,其目的就是在于发挥好京津冀的战略带动作用,引领我国经济社会发展爬坡过坎、再上新台阶,为顺利实现"两个一百年"奋斗目标和中华民族伟大复兴打下坚实的基础。

(一)京津冀协同发展是全面改革、全方位开放的重要"试验田"

改革,"改"的是利益分配格局,"革"的是既得利益者手中的权力,因此改革的重点在"改机制",而改革的难点则在"改政府"。京津冀协同发展久久未能从构想变为现实,与邻为壑、利益藩篱等主观因素的阻碍作用明显,以基础设施为例,京津冀交界地区"断头路"问题迟迟得不到妥善解决,其主要原因就在于三地各打各的"小算盘"、各有各的"小九九",导致规划不衔接、行动不一致。中央强调京津冀协同发展"是一个重大国家战略",并且从中央层面成立领导小组协调相关工作,就是为了打破固有的利益藩篱,积极探索地方利益协调机制优化、政府管理科学化的有效实现形式,以及市场机制完善、社会治理能力提升、社会公共服务健全等配套改革的协调推进机制,使全面改革从顶层设计、地方创新到取得应有成效,切实产生"一竿子插到底"的改革实效。

(二)京津冀协同发展是形成我国经济"第三极"、保持经济中高速增长和实现转型升级的主要"发动机"

目前,我国经济发展正在进入中高速增长的"新常态",经济社会发展的整体环境和内外部条件正在经历重大转变,如何在经济发展保持合理速度的前提下，实现增长动力的转换和经济结构的转型升级成为经济工作的重中之重。以京津冀为核心的环渤海地区是继珠三角、长三角之后，我国最具发展潜力的地区，积极推动京津冀地区协同发展，不仅能够实现京津冀的一体化发展，而且对整个环渤海地区协同发展起到标杆示范作用，这有利于我国经济发展“第三极”的形成，是保持经济增长合理速度的重要支撑。京津冀既是经济发展梯度明显、经济协同发展潜力大的地区，也是产能过剩问题突出、转型升级压力大的地区。京津冀协同发展搞得好，在推进产业梯度转移的同时，能有序化解过剩产能、带动产业转型升级，必将为我国经济内涵式增长提供诸多有益的借鉴。

（三）京津冀协同发展是推动新型城镇化健康发展的关键“领路人”

新型城镇化是我国现代化建设中的一项重要历史任务，也是我国扩大内需最大潜力之所在，2014 年“两会”后颁行了《国家新型城镇化规划》，为今后一段时间新型城镇化的健康发展指明了方向，但规划如何落实还需要各地方根据自身实际进行探索创新。京津冀地区既有世界知名的国际化大都市也有欠发达的国家级贫困县，既有基数巨大的本地户籍人口也有规模庞大的外来常住人口，既有功能完善设施齐全的现代化大都市也有偏远落后缺少保障的广大农村腹地，京津冀协同发展有利于将京津冀的“一群城市”发展成“一个城市群”，推动大中小城市和小城镇协调发展；有利于有序推进农业转移人口市民化，使城镇化切实体现以人为本；有利于加大统筹城乡发展力度，促进城镇化和新农村建设协调推进。最为重要的一点是，以首都为中心的京津冀地区城镇化发展示范作用明显，为新型城镇化在全国范围内破题、落地开辟了道路。

（四）京津冀协同发展是实现区域经济、社会、生态和谐发展的典型“示范者”

京津冀协同发展是包含经济、社会、自然、生态等诸多因素在内的综合体系，而京津冀是我国雾霾问题最为严重地区，全国十大污染城市占据七席，首都变“首堵”“去北京看海”等问题也饱受社会诟病，因此搞好京津冀协同发展、还老百姓一片绿水蓝天，不仅关乎本地区经济发展和转型升级，更关乎当地居民的基本生存环境和生存权利；另外推进京津冀协同发展，通过优化产业布局、完善基础设施配套以及教育、科技、公共服务均等化等一系列措施引导人口在城市群内有序流动，为进城务工人员和大学毕业生提供更多更广阔的就业创业空间，为城乡常住居民创造更多更宜居的环境条件，有利于缓解中心城区的人口、交通、住房等压力，也有利于维护社会的和谐稳定。

三、京津冀协同发展应遵循的四大原则

习近平总书记在2014年2月就推进京津冀协同发展提出了加强顶层设计、加大协同推动、加快产业对接协作、优化城市布局和空间结构、扩大环境容量和生态空间、构建现代化交通网络系统、加快推进市场一体化进程七点要求，为京津冀协同发展指明了方向。我们同时必须清醒地认识到，区域协同发展不可能一蹴而就，京津冀协同发展的构想从20世纪80年代就已提出却迟迟未能落地推行，其中的复杂性和艰巨性可见一斑，因此在贯彻落实总书记指示精神、扎实推进京津冀协同发展过程中，我们必须以人为本、脚踏实地，认真坚持以下几个基本原则。

一是中央统筹规划、地方协同创新。京津冀协同发展顺利推进的首要前提就是各方能够顾全大局，突破行政分割、地方利益的藩篱，实现合作共赢，这既需要从中央层面加强沟通协调，也需要地方加强协同和创新，切实实现京津冀发展“一盘棋”。中央协调主要包括两部分内容，一是协调三地的成本收益分配关系，二是要协调三地的规划和行动。例如河北在未来几年缩减数以千万吨计的钢铁、水泥、平板玻璃等过剩产能，由此带来的环境改善、产业转型升级等收益并非一家独占，因此中央和京津两地应该通过资金援助、产业转移、项目援建等方式对河北进行适当的支持。京津冀协同发展事无巨细，不可能任何事情都依靠中央协调，地方还需在促进协同发展上下功夫，例如在交通、通信和其他基础设施互联互通等方面，可以自主协商确立成本、责任分担机制和收益共享机制，切实在京津冀区域发展中实现中央顶层设计和地方协同创新的完美统一。

二是科学定位、优势互补。京津冀三地的发展定位是否科学、清晰，能够实现优势互补、避免同质化竞争是京津冀协同发展成败的关键。目前北京作为首都，在积极建设政治中心、文化中心、科技创新中心和国际交流中心的同时，发展经济的热情也很高涨；天津意图打造北方经济中心，北京目前高科技研发、高端服务业和高端制造业项目天津也有兴趣大力发展；河北在积极承接

京津产业转移项目的同时，也在积极培育、引进高新技术产业项目，三地竞争呈现同质化趋势。要推动京津冀协同发展，就要在对各产业发展配套关系进行科学研究的基础上，根据各地的发展愿望和自身特色优势进行科学定位，从而实现优势互补、错位发展。当然科学定位不是搞“一刀切”，而是要通过产业转移、引进、培育使产业成片、成带、成群，发挥企业和产业的规模效应和聚集效应。

三是政府与市场相结合。处理好政府和市场的关系，使市场在资源配置中起决定性作用和更好发挥政府作用，是我国经济体制改革的最核心内容，在京津冀协同发展过程中，也要努力实现“看不见的手”和“看得见的手”协同配合、共同发力。一方面我们要充分发挥中央政府对地方的协调、督导作用和地方政府在发展战略、区域规划、产业标准、基础设施、公共服务及社会管理等方面的职能；另一方面我们也要充分尊重市场经济规律，特别在城市功能布局、产业发展、劳动就业和人口流动、污染治理等经济相关领域，要更多地通过市场机制来实现资源的优化配置，通过利益引导将公共资源和产业资源流向效率最高、最能实现公平正义的领域，要努力避免政府的不当干预，杜绝“看得见的手”变成“闲不住的手”。

四是集约绿色、生态文明。京津冀协同发展的内涵，不仅包含经济的持续增长，还包括社会、文化的融通进步以及人与自然的和谐发展。需要特别指出的是，如果首都周边交通拥堵、雾霾重重、资源浪费等问题长期得不到妥善解决，则难免其他地区上行下效，长此以往不仅直接影响京津冀百姓的正常生产生活，而且将危及我国环境治理、生态文明全局，甚至容易引起公众对政府宏观调控能力和执政党执政水平的质疑。因此必须将“集约绿色、生态文明”摆在突出位置、融入京津冀协同发展的各方面和全过程，深化生态文明体制改革，建立健全有关国土空间开发、资源节约利用、生态环境保护的各项体制机制，推动人与自然和谐发展，使京津冀成为生态文明示范区和“美丽中国”建设的样板区，切实发挥好京津冀地区的龙头带动和典型示范作用。

推进京津冀协同发展需处理好三个“不易”*

京津冀协同发展是以习近平为总书记的党中央作出的一项重大国家战略决策，《京津冀协同发展规划纲要》审议的通过意味着原先空间、行政、经济社会发展彼此独立的京津冀三地变为区域开发开放的利益共同体，京津冀一体化进入发展的快车道。目前京津冀三地面积只占我国陆地国土面积的2.3%，人口规模约占全国总人口的7.4%，地区生产总值占到全国的近10%，是我国“环渤海经济区”的最主要组成部分之一，而根据财政部的相关测算，推动京津冀一体化需要在未来6年投入42万亿元，这将给整个华北地区乃至全中国带来新的发展动力和机遇，这也就意味着，京津冀协同发展必将成为中国经济新的增长极。

《京津冀协同发展规划纲要》目前尚未正式对外公布，但从公开报道的内容看，该《纲要》的政策要点可以概括为“一个核心、三项重点、错位发展、协同一体”。

“一个核心”即有序疏解北京非首都功能。对于首都的核心功能，2014年2月习近平总书记在考察北京时就明确定位为“全国政治中心、文化中心、国际交往中心、科技创新中心”，实际上就是将原来的“经济中心”从北京的战略定位中明确剔除，当然剔除“经济中心”并不意味着放弃经济发展，而是要放弃原先包罗万象、大而全的经济发展模式，使经济发展走向高端化、服务化、集聚化、融合化、低碳化。而有序疏解非首都功能，除了要将低端产业部门移出北京外，还要将部分不对全国产生重要影响、与首都核心功能不相适应的公共部门也迁离北京核心城区。

---

* 载人民网2015年10月26日。

“三项重点”即交通、环保和产业转移升级是京津冀协同发展的重点领域。根据河北省交通厅的统计，河北与京津之间的“断头路”总里程长达2300公里，这些“交通栓塞”成为阻碍京津冀一体化发展的严重障碍；根据环保部的统计，2014年全国空气最差的10个城市中京津冀占据8席，京津冀不仅是严重缺水地区而且是水污染最严重地区之一，环境治理联防联治联控迫在眉睫；河北省是我国钢铁、水泥、平板玻璃等产能过剩最集中地区，其中很大一部分产能是由京津地区转移而来的，在疏解北京非首都功能过程中实现绿色转移、升级转移势在必行，因此京津冀协同发展必须在交通、环保和产业转移升级三个重点领域寻求突破，走出一条区域协同、内涵集约发展的新路。

“错位发展”即北京、天津、河北之间的发展定位相互区别、相互配合。北京侧重首都核心功能的发挥，即建设“四个中心”；天津则依托自身比较优势，建设全国先进制造研发基地、国际航运核心区、金融创新示范区、改革开放先行区；河北则要在产业转型升级、商贸物流、环保和生态涵养、科技成果转化等方面寻求突破，努力缩小经济落差。北京、天津在发展定位上不相互冲突，天津、河北在承接非首都功能转移时不相互竞争，北京做好“减法”、津冀做好“加法”、三地共同做好“乘法”。

“协同一体”即京津冀以实现一体化发展为最终目标。《新型城镇化规划（2014—2020年）》确定了“加快推进城市群一体化进程”的发展要求，《京津冀协同发展规划纲要》是有关京津冀城市群发展的整体性规划，也是《新型城镇化规划》精神的具体体现，因此除了促进交通、环保和产业发展一体化外，还要努力推进要素市场一体化和社会基本公共服务一体化。

《京津冀协同发展规划纲要》绘就蓝图，但要将蓝图变为现实，还要努力破除各种体制机制性障碍，从目前情况看，推进京津冀协同发展还有三个“不易”需要我们妥善处理。

一是人口密集地区引导人口转移不易。2015年北京市人口调控目标为2180万人，2020年控制目标为2300万人，大约每年增长限额为24万人，人口规模调控压力巨大。人口向核心城市、中心城区不断集中，一个原因是产业聚集、就业创业机会增多能够给就业者带来较多的收入激励，另一个原因则是因为这些地区拥有较为丰富、优质的教育、医疗等基本公共服务资源，居住其中可以享受到较好的社会保障。人口转移难以通过运行行政干预方式直接推进,而只能通过各种途径加强引导,目前通过疏解北京非首都功能可以将部门产业和就业转移出去,而如何实现基本公共服务的同城化还需要我们深入研究、妥善安排。

二是人口经济密集地区探索优化开发模式不易。京津冀地区地域广大、人口经济密集,在如此大的人口规模、经济体量基础上实现优化开发,在世界经济发展史上前所未有,在我国改革发展史上也无先例;同时京津冀内部发展并不均衡,北京、天津在部分产业发展上竞争关系依然存在,河北与京津之间的经济落差十分明显,在此基础上推进京津冀协同发展、探索区域优化开发模式,需要我们进一步深化改革、开拓创新。

三是全面实现北京非首都功能在欠发展地区落地生根不易。产业、企业落户某地区,是在成本收益综合分析基础上作出的决策,其中的成本既包括土地、人工、物流、原材料等直接成本、显性成本,也包括社会治安、政府依法行政、社会服务能力等间接成本、隐性成本,如果地方政府在运行规范、管理和服务能力上存在一定欠缺,无疑会增加企业的交易成本。与京津相比,河北各级地方政府,特别是基层政府,在法治观念和服务能力上还有一定差距,因此要保证这些非首都功能在河北落地生根,各级基层政府还要进一步提升管理和服务能力。

因此针对上述三个"不易",中央及京津冀三地还要深化改革、加快创新,在推进京津冀一体化发展过程中做好以下几方面工作:

第一,努力扩大优质公共资源的辐射范围。在疏解北京非首都功能、将非核心功能的产业部门和公共部门转移出去的同时,更加重视基本公共服务的同城化,将部分优质教育、医疗资源等由核心城市、中心城区配置到北京远郊和周边地区,通过就业促进和公共服务保障"两条腿走路",努力引导人口由中心城区向郊区、更远地区转移,从而实现调控北京人口规模、促进京津冀协同发展的目的。

第二,鼓励先行先试,加快体制机制创新。京津冀地区除了要在交通、产业、环保领域率先取得突破外,也要努力破除阻碍京津冀协同发展的各种体制机制障碍,在加快自贸区试点、推进新型城镇化发展、促进公共服务一体化、建立健全地区交通、环保、税收、市场监管等责任分担、利益分享机制方面开拓进取、先行先试,通过打造若干先行先试平台充分体现京津冀协同发展对促进区域经济社会协调发展的试点示范作用。

第三,要加快建设法治政府、服务型政府。各级地方政府要以“四个全面”为指导,贯彻推进依法行政,坚决查处各类违法行为和懒政怠政现象,学习借鉴国内外在综合管理和公共服务方面的先进经验,全力打造法治政府和服务型政府,为实现地区经济社会协同发展提供良好的环境氛围。

第七部分

经济转型新亮点

加快推进供给侧结构性改革*

一、中国供给侧改革与西方不同

推动供给侧结构性改革的基本思路是：按照创新、协调、绿色、开放、共享的发展理念，加大结构性改革力度，矫正要素配置扭曲，扩大有效供给，提高供给结构适应性和灵活性，提高全要素生产率。通过实施相互配合的五大政策支柱，即宏观政策要稳、产业政策要准、微观政策要活、改革政策要实、社会政策要托底，抓好"去产能、去库存、去杠杆、降成本、补短板"五大任务。

自中央提出积极推进供给侧改革以来，社会各个方面都在认真研讨中央精神，其中大部分是符合中央意图与经济学相关理论的。但是，也出现了一些误读与误解。我认为，供给侧管理不是对需求侧管理的简单代替，而是有所侧重、相互促进。在我国，需求管理在相当长一个时期内，是宏观管理或宏观调控的主要方式。目前，我国的需求管理确实有需要改革的方面，如宏观调控政策主要是围绕着鼓励投资，以增加投资需求为中心，这实际是强调增加供给的政策。供给和需求不是非此即彼的关系，两者互为条件，相互转化，两手都得抓，但主次要分明。

供给侧改革是要更好地发挥政府作用，而不是要搞新计划经济。有一种误解是，认为推进供给侧结构性改革是搞新的"计划经济"。恰恰相反，供给侧结构性改革就是要充分发挥市场在资源配置中的决定性作用，通过进一步完善市场机制，矫正以前过多依靠行政配置资源带来的要素配置扭曲。为此，要调整各类扭曲的政策和制度安排，进一步激发市场主体活力，更好发挥市场在资源配置中的决定性作用，这是社会主义市场经济在新形势下的完善和深

* 载《第一财经日报》2016 年 2 月 28 日，原标题《五大关键要素都要深入改革》。

化,决不是要回到计划经济的老路上。

这次中央经济工作会议上提出的“推进供给侧结构性改革”,更多是基于我国经济自己发展变化的需要,更多地源于中国经济学群体独立研究之成果,更多的是中国共产党在探求建设社会主义市场经济伟大实践上的不断创新。

供给经济学的真正成名,始于20世纪70年代。其背景是:1929年至1933年美国爆发经济危机进而引发全球经济衰退,这就是广为人知的“大萧条”。为应对衰退,各国先后采用了英国经济学家约翰·梅纳德·凯恩斯的经济理论与相关政策主张,掀起了一场声势浩大的“凯恩斯革命”。但是,随着时间的流逝,凯恩斯主义的负面效果不断积累。由于过度人为扩大需求、刺激增长,到20世纪70年代初,主要资本主义国家先后出现了严重问题,后世将之总结为“滞胀”,由此,凯恩斯经济学的主流地位受到质疑和挑战,供给学派和供给经济学于是应运而生。

我们提出的“推进供给侧结构性改革”与西方经济学中的供给学派提出的观点有本质的区别,我们的供给改革是在坚持中国特色社会主义政治经济学的基础上提出来的,契合了破解当前我国经济发展的突出矛盾和难题,是具有中国特色的马克思主义政治经济学的集中体现。

二、五大关键要素都面临改革

从整体上看,供给侧改革的主战场是要素市场改革。长期而言,要素的数量和质量,从根本上决定着一国经济增长的效率。目前,我国五大关键要素都面临着制度陈旧、不适应市场经济发展需要的情况,需要进行深入改革。

一是立即调整人口政策,从控制人口数量转向实施人力资本战略。人是经济增长最根本的因素。随着我国人口红利的消失,老龄化社会的阴影正在逼近。必须尽快、果断调整我国人口政策。

二是审慎推动土地制度改革,建立城乡统一的土地流通制度。土地制度是国家的基础性制度,是供给管理的极重要内容。在逐步建立城乡统一的土地产权框架和流转制度过程中形成兼顾国家、单位、个人的土地增值收益分配机制。土地征收中严格界定公共利益用地范围,规范程序,公开信息;建立对被征地农民的合理、规范、多元的补偿和生活保障、生产引导机制。

三是深化金融改革，全面解除“金融抑制”。金融是现代经济的核心。目前，我国金融市场结构失衡、功能不全，“金融抑制”比较明显，应全面推进金融改革。

四是全面实施创新驱动战略，建设创新型国家。创新是党的十八届五中全会提出的“五大理念”之首。对于今日之中国，其重要性无论怎么强调都不过分。当务之急是科技创新和产业创新，努力实现科技与经济的融合，在高端“买不来的技术”领域靠原始、自主创新艰难前行，在中高端依靠全面开放和“拿来主义”“引进、消化吸收再创新”与“集成创新”结合，最终建成“创新型国家”。

中央经济工作会议提出，要完成好去产能、降成本、去库存、补短板和去杠杆五大重点任务，要求在战略上坚持稳中求进，在战术上要抓住关键点。

第一，积极稳妥化解产能过剩。要按照企业主体、政府推动、市场引导、依法处置的办法，研究制定全面配套的政策体系，因地制宜、分类有序处置，妥善处理保持社会稳定和推进结构性改革的关系。要依法为实施市场化破产程序创造条件，加快破产清算案件审理。要提出和落实财税支持、不良资产处置、失业人员再就业和生活保障以及专项奖补偿等政策，资本市场要配合企业兼并重组。要尽可能多兼并重组、少破产清算，做好职工安置工作。要严格控制增量，防止新的产能过剩。

第二，帮助企业降低成本。要开展降低实体经济企业成本行动，打出“组合拳”。要降低制度性交易成本，转变政府职能、简政放权，进一步清理规范中介服务。要降低企业税费负担，进一步正税清费，清理各种不合理收费，营造公平的税负环境，研究降低制造业增值税税率。要降低社会保险费，研究精简归并“五险一金”。要降低企业财务成本，金融部门要创造利率正常化的政策环境，为实体经济让利。要降低电力价格，推进电价市场化改革，完善煤电价格联动机制。要降低物流成本，推进流通体制改革。

第三，化解房地产库存。要按照加快提高户籍人口城镇化率和深化住房制度改革的要求，通过加快农民工市民化，扩大有效需求，打通供需通道，消化库存，稳定房地产市场。要落实户籍制度改革方案，允许农业转移人口等非户籍人口在就业地落户，使他们形成在就业地买房或长期租房的预期和需求。要明确深化住房制度改革方向，以满足新市民住房需求为主要出发点，以建立购租并举的住房制度为主要方向，把公租房扩大到非户籍人口。要发展住房租赁市场，鼓励自然人和各类机构投资者购买库存商品房，成为租赁市场的房源提供者，鼓励发展以住房租赁为主营业务的专业化企业。要鼓励房地产开发企业顺应市场规律调整营销策略，适当降低商品住房价格，促进房地产业兼并重组，提高产业集中度。要取消过时的限制性措施。

第四，扩大有效供给。要打好脱贫攻坚战，坚持精准扶贫、精准脱贫，瞄准建档立卡贫困人口，加大资金、政策、工作等投入力度，真抓实干，提高扶贫质量。要支持企业技术改造和设备更新，降低企业债务负担，创新金融支持方式，提高企业技术改造投资能力。培育发展新产业，加快技术、产品、业态等创新。要补齐软硬基础设施短板，提高投资有效性和精准性，推动形成市场化、可持续的投入机制和运营机制。要加大投资于人的力度，使劳动者更好适应变化了的市场环境。要继续抓好农业生产，保障农产品有效供给，保障口粮安全，保障农民收入稳定增长，加强农业现代化基础建设，落实藏粮于地、藏粮于技战略，把资金和政策重点用在保护和提高农业综合生产能力以及农产品质量、效益上。

第五，防范化解金融风险。对信用违约要依法处置。要有效化解地方政府债务风险，做好地方政府存量债务置换工作，完善全口径政府债务管理，改进地方政府债券发行办法。要加强全方位监管，规范各类融资行为，抓紧开展金融风险专项整治，坚决遏制非法集资蔓延势头，加强风险监测预警，妥善处理风险案件，坚决守住不发生系统性和区域性风险的底线。

三、国企是产能过剩“重灾区”

供给侧结构性改革的主旨是释放新需求，创造新供给。中央经济工作会议明确，2016 年的首要任务是积极稳妥化解过剩产能，其目的就是将宝贵的资源要素从那些产能严重过剩的、增长空间有限的产业和“僵尸企业”中释放出来，通过理顺供给端，提高有效供给，创造新的生产力。

首先，应立足于经济新常态的基本特征和社会发展实际，尽快修订和完善《破产法》，使产能过剩的企业和“僵尸企业”可以依照法律程序申请破产，从法律层面解决长期积累的债权债务关系、不良资产处置、失业人员再就业和生活保障等各项遗留问题;同时也从法治层面修订地方政府经济绩效考核体系,缓解 GDP 增长任务压力。

加快完善化解过剩产能的政策法规体系。中央政府应抓紧建立完善化解产能过剩相关的立法工作,从产能利用效率、排放标准、土地、环保、节能等层面,从严制定、修改、完善相应的法律法规,实施逐步由行政干预向依靠法治和经济手段治理转型,建立常态化的化解过剩产能的长效治理机制。在压缩过剩产能的同时,使用负面清单管理制度,从法治层面确保产能过剩行业中不再有新的项目投入和新的产能扩建。

另一个重要的方面是从法治层面遏制过剩行业的新增产能。加强化解过剩产能的系统性立法研究,确保化解过剩产能工作有法可依、有章可循,依法终止相关产业、区域和企业备案且核准的产能严重过剩行业的新增产能项目,要实施及时曝光,并严厉查处,及时追究相关责任主体的法律责任;强化立法标准的约束机制,加大淘汰落后产能力度,要强化用地标准、能耗标准、环保标准约束力,对不达标和违规建设项目,坚决依法取缔。

此外,还要深化配套改革,释放供给端活力。国有企业是国民经济的命脉,但也是产能过剩的重灾区。据有关数据显示,仅 A 股市场就有 266 家企业依靠政府“输血”为生。国有企业改革迫在眉睫,必须通过国有企业的混合所有制改革,以管资本为主加强国有资产监管,提高国有资本配置和运行效率,推进国有经济布局战略性调整,引领新常态下的创新驱动、技术进步、人力资本提升、知识增长等要素升级。对于产能严重过剩、发展潜力有限的传统的国有企业坚决依法退出破产,优化供给端。

破解中国经济"重大结构性失衡"*

认真研读刚刚闭幕的中央经济工作会议公报，2017 年我国经济发展的主题是什么呢？我理解是四个字："稳中求进"。如果还需要再强调什么，那应该再加三个字："防风险"。如何实现"稳中求进+防风险"？我理解，就是要下决心破解中国经济"重大结构性失衡"之难题。这个难题，一些大国也曾经遇到过，我们不回避矛盾，不能涛声依旧，要敢于亮剑闯关。现围绕中央经济工作会议公报内容，对一些新精神新提法进行阐释。

其一，对稳中求进工作总基调的重要性有了更加深刻的认识和更加明确的揭示。会议提出，稳中求进工作总基调是治国理政的重要原则，也是做好经济工作的方法论，明年贯彻好这个总基调具有特别重要的意义。稳是主基调，稳是大局，在稳的前提下要在关键领域有所进取，在把握好度的前提下奋发有为。可以说，中央经济工作已经连续六年定调"稳中求进"。但需要注意的是，过去几年稳中求进虽然是经济工作总基调，但基本没有展开论述。这次突出强调和展开论述，提到治国理政的重要原则和做好经济工作方法论的高度，寓意深刻，针对性很强。让我们能够感受到稳中求进工作总基调的特殊意义：一是要为党的十九大胜利召开创造稳定的经济社会环境；二是要特别注重采取果断的措施化解各种经济风险；三是奋发有为的改革也要把握好有利于稳的度。

其二，对宏观经济形势总的特点和势头的研判是缓中趋稳、稳中向好。去年中央经济工作会议提的是"稳中有进，稳中有好"，今年强调"缓中趋稳"，说明经济下行的压力还有，但逐渐放缓，稳增长的效果已经表现出来了。一些经济数据表明，经济企稳和筑底的迹象开始出现，也就是说 2017 年很有可能成

* 载《北京日报》2016 年 12 月 26 日。

为我国经济发展阶段性的底部。强调“稳中向好”,说明中央目前对经济下行压力一直很关心,但坚持底线思维,保持着战略上的定力,并不十分担心,天塌不下来。从各种情况上看,中央对经济增长适当放缓是有容忍的、认可的,不搞量化宽松,不搞大水漫灌,不追求以往那种高增长或超高速增长。由于经济增长中结构调整向好的方向发展态势明显,更是增强了信心,并且留出空间,注重结构调整,登高望远,更加注重经济成长的质量和效益。

其三,对妥善应对风险挑战和来之不易的“十三五”良好开局成绩予以充分肯定。2016 年,坚持稳中求进工作总基调,坚持新发展理念,以推进供给侧结构性改革为主线,适度扩大总需求,坚定推进改革,妥善应对风险挑战(去年是“重大风险挑战”,因为发生了股市的剧烈波动。今年把“重大”去掉,说明今年总体上还是控制住了风险),引导形成良好社会预期,经济社会保持了平稳健康发展。经济运行保持在合理区间(今年实现 6.7%的增长可能没有悬念),质量和效益提高(服务业发展很快)。经济结构继续优化,创新对发展的支撑作用增强。改革开放取得新突破,主要领域“四梁八柱”性改革基本出台,对外开放布局进一步完善。人民生活持续改善,精准扶贫、精准脱贫全面展开,贫困人口预计减少 1000 万以上。生态环境有所好转,绿色发展初见成效。这些亮点表明,我们实现了“十三五”良好开局。这些成绩来之不易,是在经济下行压力很大的情况下,稳中求进、守住底线、久久为功取得的,必须充分肯定。

其四,从四个大的方面对我国经济运行面临的突出矛盾和问题进行了冷静理性的研判。去年中央经济工作会议谈到了问题,但没说出有什么具体问题。今年的中央经济工作会议点明了问题,讲了四个主要方面:产能过剩和需求结构升级矛盾突出,经济增长内生动力不足,金融风险有所积聚,部分地区困难增多等。由于国际国内环境复杂多变,不确定性增强。因此,对这些风险,不能小看,要精心防范,要增强防风险的责任意识,要敢与风险赛跑,要跑在风险前面,要敢于亮剑。由此看,中央对速度关心但不是非常担心,担心的是结构、质量和风险。我国经济运行面临的突出矛盾和问题,虽然有周期性、总量性因素,但根源是重大结构性失衡,导致经济循环不畅,必须从供给侧、结构性改革上想办法,努力实现供求关系新的动态均衡。这里,中央特别强调了问题的根源是“重大结构性失衡”。治理的药方是什么呢?必须向深化改革求解。当下,最重要的是推进供给侧结构性改革,发挥市场在配置资源的决定性作用。靠供给侧结构性改革提高供给质量,满足需求,走出困局、僵局、危局。这就把供给侧结构性改革的重要性和必要性讲得非常清楚了。

其五,党的十八大以来初步确立了适应经济发展新常态的经济政策框架。这包括三个层面的内容:第一,作出经济发展进入新常态的重大判断,把认识、把握、引领新常态作为当前和今后一个时期做好经济工作的大逻辑。以前也提,多是讲认识、适应、引领,这次把"适应"改成了"把握",更强调主动性、积极性。第二,形成以新发展理念为指导、以供给侧结构性改革为主线的政策体系,引导经济朝着更高质量、更有效率、更加公平、更可持续的方向发展,提出引领我国经济持续健康发展的一套政策框架。第三,贯彻稳中求进工作总基调,强调要保持战略定力,坚持问题导向、底线思维,发扬钉钉子精神,一步一个脚印向前迈进。这三个层面的归纳提炼,表明党中央对经济形势作出的重大判断、对经济工作作出的重大决策、对经济工作思想方法作出的重大调整,经受了实践检验,是符合实际的。用三个"重大",说明党中央思路和方法逐渐调整完善起来,领导经济工作的水平更加提高,也更加自信。

其六,对明年经济工作总体部署的基调不变和财政货币政策的微调。中央经济工作会议提出,明年要继续坚持稳中求进工作总基调,牢固树立和贯彻落实新发展理念,适应把握引领经济发展新常态,坚持以提高发展质量和效益为中心,坚持宏观政策要稳、产业政策要准、微观政策要活、改革政策要实、社会政策要托底的政策思路,坚持以推进供给侧结构性改革为主线。以上这些内容,与去年大体相同,基调没有变。但在财政政策和货币政策方面还是有了调整。中央提出财政政策要更加积极有效,从三季度开始加了个"有效",过去是积极的财政政策要加大力度,现在是积极有效,更强调结果,即注重财政的精准性、有效性。财政资金安排要围绕着供给侧结构性改革、降低企业税费负担、保障民生兜底来安排。去年是明确要求"加大力度",现在强调"有效",这个变化还是很明显的,意图也很明确。货币政策提出要保持"稳健中性"。过去是"稳健灵活",现在是在稳健后面加了个中性。也就是说既不会"左",也不会"右"。考虑到下一步加强监管、去杠杆会继续发力,货币供应实际执行与 2016 年比较有可能会偏紧些。中央的调子是防风险,重点是防范金融风险。重提"增强汇率弹性",说明对汇率波动的容忍性会继续加大。中央提出要把防控金融风险放到更加重要的位置，下决心处置一批风险点，着力防控资产泡沫，提高和改进监管能力，确保不发生系统性金融风险。这里的“抑制资产泡沫”，说明中央下决心要让经济理性增长，防范金融风险成为中央最重视、最操心的重要经济内容。

其七，突出强调明年的四项重点经济工作和继续深化供给侧结构性改革。会议指出，2017 年经济工作有四个重点：深入推进“三去一降一补”、深入推进农业供给侧结构性改革、着力振兴实体经济、促进房地产市场平稳健康发展。这说明，更加注重农业供给侧结构性改革和挤出房地产泡沫，把发展实体经济提到“振兴”的高度，这表明对近年金融投机、资本脱实向虚的担心和不满。具体来讲，第一，深入推进“三去一降一补”，强调要根据新情况新问题完善政策措施，推动五大任务有实质性进展。提出“实质性”三个字，表明中央对“三去一降一补”的期待，要有勇气产生些突破。第二，深入推进农业供给侧结构性改革，值得重视的是要积极稳妥改革粮食等重要农产品价格形成机制和收储制度，既要抓好玉米收储制度改革，又要想办法解决农民卖粮难等。第三，着力振兴实体经济。这里提出的发扬“工匠精神”，培育更多“百年老店”，很耐人寻味，发人深省。第四，促进房地产市场平稳健康发展。要坚持“房子是用来住的、不是用来炒的”的定位，综合运用金融、土地、财税、投资、立法等手段，加快研究建立符合国情、适应市场规律的基础性制度和长效机制。既抑制房地产泡沫，又防止出现大起大落。房价上涨压力大的城市要合理增加土地供应，提高住宅用地比例，盘活城市闲置和低效用地。特大城市要加快疏解部分城市功能，带动周边中小城市发展。要加快住房租赁市场立法，加快机构化、规模化租赁企业发展。加强住房市场监管和整顿，规范开发、销售、中介等行为。这些内容，都有很强的针对性和指导性。对北京市等超大型城市、特大城市来说，也更是寄予希望，期待探索出好的路子来。

其八，按照统筹推进重点突破的要求更好发挥改革的牵引作用。2017 年最重要的改革有可能是国资国企改革，12 月初的政治局会议已经释放明确信号，之前的说法是“财税、金融、国企等重大改革”，现在是“国企、财税、金融”。这表明中央提出要加快改革步伐，深化国企国资改革放在重要位置。近两年社会上对混合所有制改革是有不少争论的，混改有点进退两难。现在中央强调混合所有制改革是国企改革的重要突破口，令人眼前一亮。中央要求在电力、石油、天然气、铁路、民航、电信、军工等领域迈出实质性步伐。所以,2017年央企兼并重组和混合所有制改革有可能出现大的动作,值得期待。中央重申要坚持基本经济制度,坚持社会主义市场经济改革方向,坚持扩大开放,意在稳定民营企业家信心。特别提到要加强产权保护制度建设,抓紧编纂民法典,加强对各种所有制组织和自然人财产权的保护。这对提振企业家信心、增加民间资本投资意义重大。坚持有错必纠,甄别纠正一批侵害企业产权的错案冤案。保护企业家精神,支持企业家专心创新创业。这些内容给了市场一个重要明确的信号,极其重要,非常受欢迎。说明中央对依法保护产权高度重视,对稳定企业家信心空前重视,对扩大民间资本投资非常期待。会议还提出要稳妥推进财税和金融体制改革,落实推动中央与地方财政事权和支出责任划分改革,加快制定中央和地方收入划分总体方案,抓紧提出健全地方税体系方案。要深入研究并积极稳妥推进金融监管体制改革。中央提出要完善跨部门的统筹机制,加强对财税、金融、土地、城镇化、社会保障、生态文明等基础性重大改革的推进,既制定方案又推动落实。抓好重大改革顶层设计,也要充分调动地方和基层推动改革的积极性和主动性。这些内容,都有极大的含金量,如能够落地开花,必将是春色满园关不住,非常值得期待。

坚决打好化解过剩产能攻坚战*

中央经济工作会议对我国经济形势和发展态势做了重要研判，强调指出“我国经济运行面临的突出矛盾和问题，虽然有周期性、总量性因素，但根源是重大结构性失衡，导致经济循环不畅，必须从供给侧、结构性改革上想办法，努力实现供求关系新的动态均衡”。这里提到的“重大结构性失衡”，深刻揭示了我国经济发展存在的深层次矛盾和问题。

所谓“重大结构性失衡”，首先就表现在产能过剩和需求结构升级的矛盾突出。目前我国经济运行中出现的许多矛盾，或多或少都与产能过剩有关。我们需要下决心解决的重大结构性失衡问题，就是“三去一降一补”这个量级的、而非一般的结构性失衡问题。其焦点之一，就在于产能过剩。若不及时化解，对经济持续发展影响很大，后患很多。

破解“重大结构性失衡”，化解产能过剩，是一项重大的系统性工程，需要理顺政府与市场的关系，理顺政府与企业的关系，发挥市场在资源配置中的决定性作用，需要用改革手段去破解体制机制难题。从一年来全国各地去产能的实践来看，各地以“三去一降一补”五大任务为抓手，推动供给侧结构性改革取得了初步成效，部分行业供求关系、政府和企业理念行为发生积极变化。但从总体上看，还有许多问题没有解决，仍然存在着一些问题。继续推进供给侧结构性改革，更多的要靠改革靠市场靠法治发挥作用，真正走出新路来。

中央经济工作会议强调指出，供给侧结构性改革，最终目的是满足需求，主攻方向是提高供给质量，根本途径是深化改革。这明确了最终目的、主攻方向、根本途径，画了一张清清楚楚的路线图。明年要继续深化供给侧结构性改革，要根据新情况新问题完善政策措施，推动“三去一降一补”五大任务有实

---

* 载《经济日报》2016年12月29日。

质性进展。从去产能来看,要继续推动钢铁、煤炭行业化解过剩产能,就要抓住处置“僵尸企业”这个牛鼻子,严格执行环保、能耗、质量、安全等相关法律法规和标准,创造条件推动企业兼并重组,妥善处置企业债务,做好人员安置工作。要防止已经化解的过剩产能死灰复燃,就要用市场、法治的办法做好产能严重过剩行业去产能工作。化解过剩产能依然是明年经济工作的重点和难点。为了更好地深化供给侧结构性改革,坚决打好化解过剩产能攻坚战,推动去产能取得实实在在的进展,以下几个方面特别需要努力加强。

一是把市场化和行政化手段有机结合,分类重点处置。当前去产能重点对象可以划分为落后产能、非法产能和不安全产能三种,应该分类重点处置。一方面落后产能应按照市场出清原则,优胜劣汰、平衡供需、稳定价格,既要遵循法治思维,也要重视市场和商业逻辑;另一方面,非法产能和不安全产能主要依靠严格监管,用法治化手段严肃惩治。依法重拳严厉打击“地条钢”,坚决取缔违法违规的小煤矿。同时应该加大惩处力度,统一思想,形成合力,明确地方政府的主体责任,坚决铲除违规违纪事件。

二是把握“一带一路”战略契机,深化国际产能合作。坚持化解过剩产能“疏堵结合”的原则,打通产能国际转移的出口。一方面积极主动参与全球资源配置,进一步加快钢铁产业链的全球化布局,构筑全球产业发展平台;另一方面,充分把握好“一带一路”战略发展机遇,深度挖掘国际市场需求,加快国际产能合作,引导钢铁煤炭等有效产能的设备装备、工艺技术、管理人才、技能人才等生产要素向“一带一路”沿线国家的优势地区和企业转移,带动国内产能输出和产业结构优化升级。

三是适时监管重视验收,严惩落后产能复产增产企业。去产能企业复产增产现象会形成严重的负向激励,应严格监管和重视验收。一方面应利用现代信息技术工具构建“三类产能”的溯源平台,完善落后产能、非法产能和不安全产能的可追溯体系。尤其是在钢铁煤炭行业建立工业产能及利用率调查制度,形成完备的工业产出和产能利用监测体系;另一方面,应重视验收、精准识别,对企业既要抓正面典型树标杆,也要抓负面案例严惩罚;坚决杜绝违规违法和落后产能死灰复燃,确保过剩产能“真去”“真退”。

四是加快僵尸企业破产退出。在这一过程中,应该提高认识,增强“四个意识”,坚决贯彻中央决策部署,秉承新发展理念,切实突破僵尸企业债务重组、人员安置和资产处置三个瓶颈，在尊重市场化、尊重法治化的前提下，有序推进去产能企业破产清算、破产重整等。

五是完善企业退出的金融配套政策，做好企业债务处置。债务处置是去产能企业退出的一个重大障碍，应该进一步健全企业退出的金融政策支持体系，完善支持企业退出的资本市场体系，深入推进资产证券化。支持银行通过向金融资产管理公司打包转让、市场化债转股等方式，加快处置不良资产，提高不良资产处置效率。采取差别化的信贷政策，杜绝信贷“一刀切”模式。提高金融机构应对僵尸企业破产的处置能力，推进企业债务有序、平稳处置，防范发生系统性金融风险。

六是细化职工分流安置工作，广开就业门路。一方面要多措并举、深入细致做好职工安置，特别要做好职工转岗培训，搭建创业平台，深入细致做好社会托底工作；另一方面，高度重视分享经济在化解就业压力中不可替代的作用，搭建政府企业平台，创造高效宽松的新经济发展的体制机制环境，充分释放分享经济在拓展就业门路方面的资源优势和平台优势。

民间资本投资增速下滑成因分析*

民营经济已成为稳增长、调结构、惠民生和促就业的重要力量。但2015年第四季度以来，民间资本投资增速出现了断崖式下滑。研究发现，增速回落的主要原因是国际国内经济形势下滑压力较大、政府的管理服务不到位、融资难融资贵问题依然突出、民营企业生存负担重与投资门槛高渠道窄和约束多。

近年来，中国民营经济以灵活的机制、卓越的管理效率、敏锐的市场洞察力、不断释放的投资活力取得了长足发展，为我国经济持续快速增长作出了突出贡献。据有关数据显示，民营经济对GDP贡献已高达60%，提供了社会80%的就业岗位，占据社会固定资产投资总额的60%和税收总额的50%，可见，民营经济已成为稳增长、调结构、惠民生和促就业的重要力量。

党的十八大以来，党中央国务院积极推进民营经济政策落实，把鼓励非公有制经济和促进民间投资健康发展工作摆在更加重要的位置。同时，深度推进简政放权改革，促进民间投资的政策体系不断完善、准入领域越来越宽、投资审批越来越便利化等一系列有力举措，使得民间投资发展环境和氛围进一步优化。但是中国经济进入新常态以来，民间资本投资也出现了一些新的矛盾和问题，尤其是2015年第四季度以来，民间资本投资增速出现了断崖式下滑。民间投资增速严重下滑的主要原因和症结究竟是什么，如何有效治理民间资本投资增速下滑成为当前政府、学者和企业界关注的焦点。

一、经济下行压力大，民资不想投

从民营经济发展的内外部环境看，目前国内国际经济下行压力较大，削弱

* 载《中国经济时报》2016年10月18日，合作者孙飞博士后。

了民间资本投资的动力和意愿。

（一）国内经济下行压力较大

一方面中国经济由于受新旧动能转换衔接、部分行业产能过剩和产业转型升级相互叠加的影响，内生性增长动力不足。结构性的供需错配现象较为严重，导致国内市场有效需求不足，低端和无效供给短期内难以化解，相当一批民企市场订单减少，扩大投资的意愿和积极性不高。另一方面，近年来工业品出厂价格持续下滑，尤其是部分产能过剩行业的企业利润严重下降，投资回报率不断降低，优质投资项目较少，多数企业家认为经营风险加大。如民间投资主要集中于房地产和制造业，但房地产要去库存，制造业则要淘汰过剩产能，在行业深度调整的背景下，经济结构转型升级滞后且压力巨大。辜胜阻认为民间投资下行原因：一是民营企业的能力问题，在转型升级面前，民营企业转型的能力不够，导致了投资下行；二是动力问题，因为成本急剧上升，利润越来越薄，空间越来越窄，所以民营企业存在投资动力不足问题。

（二）国际经济衰退势头仍在持续

当前，世界经济复苏步伐明显低于预期，全球市场产出能力过剩，劳动生产率增长缓慢和地缘政治问题等导致全球投资率不断下降。一方面全球贸易增速连续五年放缓。2015 年全球商品贸易增速为 2.8%，但全球商品出口额下降了 13.5%，服务出口额也下降了 6.4%，疲软的贸易增长引发了全球性的投资下滑。另一方面，美国和欧盟拒绝承认中国的市场经济地位，以中国钢铁为靶向的新一轮贸易制裁开始实施，国际贸易与投资环境恶化的迹象显著，全球市场预期持续下行，民营企业不敢贸然投资。

二、政府的管理服务不到位，民企不敢投

政府对民间资本投资的管理服务水平不断提升，但依然存在政府守信意识差、不依法行政和政策执行效率低等一系列问题。

（一）守信意识差

讲诚信是政府执政的基本要求，但政府管理服务中存在诚信不足、商务诚信体系脆弱等一系列问题。在管理实施层面存在不严格执行合同规定、不兑现与项目有关的承诺、在合同之外增加义务和有失所有权公平等歧视性行为。

据调研获知，在建筑行业中，合同规定政府的验收审计环节一般不超过完工后的30个工作日，但有的甚至拖至三年。政府的不及时验收审计完工工程、拖欠工程款等失信违约行为严重影响了民企的投资意愿。

（二）不依法行政

政府作为外力促进民间投资，存在产权保护和合同法执行不到位，“权大于法”现象突出，民营企业在与地方政府博弈时永远处于弱势地位，民告官鲜有胜诉的案例。

（三）执行效率低

基层政府存在简政放权、放管结合和优化服务的政策落实时间慢、走样、变形、不到位。尤其在土地转让、资格审批、证照办理和工程验收等关键环节，依然存在行政审批时间长、盖章多、收费多、中介多等突出瓶颈问题，这是民营企业家的同感共识。民企未切实体验到中央“放、管、服”政策的“获得感”，政策执行“最后一公里”的短板严重束缚了民营企业的投资意愿。

三、融资难融资贵问题突出，民企无钱投

目前，民间投资在金融服务支持层面依然存在融资难、融资贵和融资险等问题，融资藩篱使民营企业无钱可投。

（一）融资难现象突出

融资难主要是银行信贷服务供给结构与中小企业的贷款需求结构不匹配，放贷导向过重偏于商业性和风险性，在规模上“重大轻小”，在身份上“重公轻私”。同时，民企贷款还存在手续繁杂、审批时间长、额度小、机制僵化、授信苛刻和附加条款多等一系列融资难问题。在经济下行和信用风险集中爆发的前提下，银行对民营企业的资产抵押率也越来越低。

（二）融资贵问题显著

目前金融发展脱离实体经济，套利取向明显，而民企直接融资能力和议价能力不强，普惠性金融发展滞后导致了较高的融资成本。据调研获知，银行对中小民企的贷款利率普遍会在基准利率上再上浮30%，在此基础上还变相附加贷款担保费、保证金、评估费、中介费、审查费等项目，使民营企业融资成本高达13%以上。

（三）抽贷、断贷、惜贷等融资险问题时有发生

由于民企缺乏政策性信用担保平台，银行普遍存在歧视性问责机制，进而导致抽贷、惜贷和断贷行为时有发生，因此民企很难从银行贷到长期稳定的款项，倒逼民营企业通过民间借贷、地下钱庄、非法集资等方式高息获取续贷资金，在转贷续贷中极易掉入“过桥陷阱”。调研发现，过桥资金一般日息是 0.3%，一个月后日息 0.9%，如贷款 1000 万元，年息就是 3285 万元。山东多家民企死于“过桥陷阱”。银行抽贷和断贷行为严重削弱了民营资本的投资发展活力。

四、生存负担重，民企难以投

目前，民营企业生存负担重，没有充裕的资金实力扩大投资规模。

（一）民企生产经营存在隐形门槛高、税负重

一方面政府没有彻底清除行业监管、市场准入等“有形门”，涉及民企生产运营的检验评审和资格认证等成本居高不下。如青岛某公司年净利润 200 万元左右，其中每年各种评审费、校准费等高达 50 万元，占比 25%左右。民营“创新实验室”建得起养不起。另一方面，当前税费规则体系复杂，制度履行成本较高，税收政策落地不到位。据调研获知，营改增后江苏国属投资集团的税负几乎增加了一倍。李稻葵指出，“营改增”主要是由地税转向国税，以前地方政府会跟民间投资讨价还价，“多搞一点投资，少报点税”，但现在这个交易很难做了，因为纳税征管的权利转到了国税局，此种情况或许可以解释一季度民间固定资产投资巨幅下降的原因。

（二）民企的乱摊派乱收费名目繁多

由于地方政府监管不力、政策配套不完善，导致民企生产运营的制度性交易成本、风险成本和市场准入成本依然较高，行政性收费清理不彻底，乱收费乱摊派名目繁多。如建筑行业需缴纳的民工维稳基金、合同执行保证金、招标中介费等，还涉及乱罚款、前期垫付款、拖欠工程款等严重攫取民企利益行为，使民企生存不堪重负，对民企投资能力构成了较大制约。

（三）民企的生产要素成本不断攀升

当前，民企生产经营面临着不断攀升的用工成本、原材料成本、房屋租赁成本和电力能源成本等，综合生产要素成本的上升明显快于技术进步、生产效率提升、产品附加值增加、商品市场占有率扩大等带来的效益提升，致使投资的比较优势不断下降，严重削弱了制造业的竞争力。如快速增长的人力成本中，有的社保基金缴纳额已占到工资总数的32%。民营企业不断攀升的生产要素成本严重挫伤了其投资的积极性。

五、门槛高渠道窄约束多，民企无处投

民营企业投资面临着门槛高、渠道窄和约束多等一系列问题。

（一）国资、国企对民资民企的挤出效应明显

一方面国资国企凭借其地位和授信优势挤压民资现象显著。2016年1—4月份，在民间投资大幅度下滑的同时，国有企业固定资产投资同比增速加快至23.7%。另一方面，央企国企和其子公司渗透到市场的各个领域，存在管理和法人层级多、子企业数量庞大、与民企民资争夺市场、挤压民企民资发展空间等突出问题。

（二）民企可投资产业空间进一步收窄

目前，民营企业投资主要集中于房地产业和制造业，一方面三四线城市房地产业近期持续低迷，债务违约集中爆发；传统制造业初级产品缺乏竞争优势、转型升级缓慢、产能过剩严重，投资机会不多。另一方面，部分领域准入门槛高，民营企业没有平等参与竞争的机会，一些基础设施建设、电力、石油和交通等垄断领域没有真正放开，银行、保险、电信等行业对民间资本的介入依然存在严格限制。

（三）PPP（政府与社会资本合作，Public-Private Partnership）项目实施中存在多重弊端

PPP项目是激发民间投资活力的关键领域，但截至2016年5月，PPP项目落地率仅为21.7%。一方面政府在PPP项目招标中明显地“重公轻私”，倾向于国有企业分享一些优质PPP项目，风险高、回报周期长的PPP项目民企投资积极性不高。如近日中国首条PPP高速公路，最终接单者还是国企。另一方面，有关PPP项目实施缺乏完善的顶层设计，立法缺位，未建立合理的投资回报机制。民营企业因处于弱势的博弈地位，担心自身的合法权益得不到有效保障，而投资的动力和信心不足。

提升民间资本投资应把握五大举措*

积极参与全球经济治理和发展国内新经济，增强民营企业投资新动力；全力打造诚信政府和法治政府，构建“亲”“清”新型政商关系；创新财政金融体制机制，重点破解民营企业融资难和融资贵问题；政府应切实减税清费，提升民营企业的投资实力；营造公平公正透明的市场竞争环境，为民营企业投资拓疆展域。

一、积极参与全球经济治理和发展国内新经济，增强民营企业投资新动力

当前，中国所处的国际贸易和投资环境不好，这一趋势与中国经济的 L 型增长态势相叠加，因而要减缓当前经济的下行压力。

（一）积极参与全球经济治理

现今大国博弈重心已经向全球经济规则的制定权转移，其中贸易规则制定权的争夺最为关键。美国以 TPP 和 TTIP 谈判为契机欲主导全球贸易与投资规则制定权的意向非常明显，旨在削弱国际贸易规则中中国的话语权。中国必须持续推进区域经济一体化，牢牢把握“一带一路”和“国内自贸区”战略发展契机，积极参与全球价值链与跨国产能合作体系，进一步把握国际贸易和跨国投资的机遇，来冲销美国 TPP 和 TTIP 谈判给中国带来的“全球贸易规则压力”。

（二）发展新经济冲销国内经济下行压力

新经济是以信息技术和知识创新为主导的，生产力发展出现重大突破的

---

* 载《中国经济时报》2016 年 10 月 19 日，合作者孙飞博士后。

一种表现形式。应坚定不移地实施创新驱动发展战略,通过新业态、新技术和新模式等创造更多投资机会和就业机会,创造更多供给和消费需求,为发展新经济注入强劲动力,有效减缓国内经济下行压力。同时,应深化行政管理体制、金融体制和资本市场改革,进一步简政放权,为新经济发展创造富有活力的体制机制和资本市场环境。尤其要深化产权制度改革和建立健全社会信用制度体系,这不仅是全力发展新经济的重要基础,也是增强民企投资动力和提振投资信心的有力保障。

二、全力打造诚信政府和法治政府,构建"亲""清"新型政商关系

诚信和依法行政是政府执政的基本要求,是构建"亲""清"新型政商关系的前提。

(一)注重培育诚信政府

社会主义市场经济是法治经济,更是信用经济。地方政府应注重自身信用体系建设,建立健全信用制度,提升自身施政公信力。中央政府应建立地方政府信用考核档案,完善信用评估和考核体系建设,构建第三方信用监督平台,畅通民企的投诉机制和考评政府的通道,培育地方信用环境的"软资产"。国家发改委副主任连维良曾指出,将利用大数据对所有地方政府的信用状况进行监测、评价和预警,对失信情况严重的地方政府,将提出预警报告,督促其进行整改。对地方政府承诺不兑现、政策不落实这样一些失信行为,要进行责任调查和追究。鼓励全社会对失信行为进行联合惩戒,让失信行为无处藏身,但是对失信行为的惩戒要做到依法依规。

(二)政府严格依法行政

应注重培养政府行政管理的法治化意识,按照法律明确授予与规定的职能范围、权限大小与关系依法行政,严格执法,维护法制的权威和尊严,杜绝"权大于法"现象。同时,强调行政程序法定化,履行管理职能过程中应遵循法定化的行为步骤、方式与过程,履行合同,信守承诺,重点是依法保护民企的产权和合法权益不受侵犯。如建设工程项目合同纠纷案件应创新采取异地审判制度,彻底摆脱原告和被告的地缘依附关系干扰不公正执法,确保双方有效

维权。

（三）提高政策执行效率

一方面以提高政策执行力为宗旨，继续深化以简政放权、放管结合、优化服务政策为抓手的行政管理改革，完善信息披露制度，完善事中事后监督机制，保证政策执行见效快、不变形、不折扣，将政策内容原汁原味地转化为掷地有声的实施效果。重点突破民间资本投资领域中高门槛、隐形门、包袱重等瓶颈问题。另一方面，中央与地方政府要统筹协调、上下一致，定期获取行业协会和民间企业的发展建议，加快清理和及时修改不利于民间投资发展的法规政策，切实保护民间投资的合法权益，培育和维护平等竞争的投资政策环境。

三、创新财政金融体制机制，破解融资贵和融资难

目前，破解民营企业融资难和融资贵问题，需全面创新财政和金融体制机制，厘清财政、金融和实体经济发展的关系。

（一）政府实施积极财政政策为企业增信

一方面政府应创新财政支付体制，拿出部分预算内资金、专项建设资金、创业投资引导资金等主动为民企增信，激发民企投资活力。应重点抓好小微企业、“三农”领域、技术创新和产业创新，特别是贫困地区的财政金融服务“直通车”，打通资金流向实体经济的通道，切实破解民营企业融资难和融资贵问题。另一方面，通过积极财政政策为企业授信、宽信，建立政府政策性信用平台——民企信用融资担保服务中心，弥补小微企业贷款难和贷款贵的信用短板。加大力度落实“政府财政性担保基金”，依照区域性、分散性和精准性原则为民企提供宽信用担保服务。

（二）创新金融业供给侧体制机制

一方面创新银企合作模式，探索逐步由银行主导的信贷模式向风险资本市场的股权投资模式转型，构筑利益捆绑、风险共担的新型伙伴关系。另一方面，要多发银行牌照，增加金融供给主体，破除银行业垄断势力，强化多层次资本市场对民营企业股权和债权的融资支持。同时也要发挥政策性金融的补短板作用，专门拿出预算内资金，组建应急周转基金，帮助企业实现“连连贷”“续贷通”“无间贷”，摆脱“过桥陷阱”。

（三）创新金融业态和融资模式

应创新发展供应链金融、互联网+普惠性金融等新生业态，开辟民企金融服务直通车，利用税贷通、税易贷、数据贷、信用贷、应收账款质押贷等方式，盘活一切信用资源，拓宽融资担保渠道。同时也应增加企业贷款抵押能力和拓展抵押品种，建立国家中小企业发展基金，并更多地为企业提供直接融资渠道。全国人大财经委副主任委员辜胜阻认为，要完善多层次的资本市场，发挥好资本市场服务创业创新的功能，在这一方面，发展多层次的资本市场是创新创业的当务之急，要规范资本市场的新三板、股权众筹，实现众创与众筹的有效对接。

四、应切实减税清费，提升民营企业投资实力

政府应切实减税控费，充分激发民企投资活力，重点抓好以下三个方面。

（一）优化税制改革

进一步搞好税收顶层设计，简化优化税制，深入推进减税清费改革，确保在营改增中所有企业税收负担有所减少。同时，也积极鼓励企业提升自身管理水平，完善和规范抵扣链条，增加减税层面的获得感。对于技术创新能力强、符合产业转型升级导向的民营企业，创业期应给予免税、减税支持；应取消补助、支持等专项资金，改为直接对优势产业减税控费。

（二）剥离民企冗余的监管环节

应积极有序开展专业化、社会化的职业水平评价，依据法律法规，进一步取消职业资格许可和认定事项，剥离各种检验、认证、校准、评审等不必要环节，同时减少了如合同保证金、民工维稳金、工程中介费、资产评估费等名目繁多的乱收费和乱摊派，使民营企业轻装上阵，焕发经济新常态下的投资活力和动力。

（三）努力降低四种成本

利用现代信息技术手段优化行政管理程序，使降成本措施冲破“最后一公里”的束缚，降低制度性交易成本；以供给侧改革为抓手，增加特许经营行业的供给主体，进而减少民企付出的垄断成本；进一步深化生产要素的市场化改革，降低民营企业的用地、用工、房屋租赁和电力能源等生产要素成本；强化

对民营企业创新中的知识产权保护，即降低其创新成本。

五、营造公平公正透明的市场竞争环境，为民营企业投资拓疆展域

政府应切实拓展民企投资领域和渠道，培育统一、公平和有序的市场竞争机制，发挥政府对民企投资的引导和带动作用，稳定民企投资预期。

（一）培育统一、公平、有序的市场竞争机制，拓疆展域引民资

应积极稳妥引入各类社会资本参与央企结构调整与重组，采取引入民资或出售给民企的做法彻底剥离国有企业子公司，减缓国资国企对民资民企的挤出效应。同时，也要抓紧建立行业准入负面清单制度，破除民间投资进入电力、交通、油气、养老、教育等领域的隐性壁垒，取消对民间资本单独设置的歧视性条款，做到同股同权，保障民营资本合法权益。

（二）搞好 PPP 项目顶层设计和立法

PPP 项目是撬动民间资本的重要抓手，应抓紧推动 PPP 项目的顶层设计和相关立法，促进公共服务供给的市场化改革和公平竞争，建立合理的 PPP 投资回报机制，提升民间资本参与 PPP 项目的积极性。同时，中央财政应加快推进 PPP 项目建设，加强政策协调和统筹，落实好 PPP 项目财政支持政策，对 PPP 项目民资投资比例作出硬性规定，将吸收民间资本投资纳入各级政府绩效考核范畴，使 PPP 项目基金、财政奖补等政策落到实处。

（三）发挥政府公共投资和国企投资对民间资本投向的引导和带动作用

应重视政府对民企投资的引导作用，稳定民间资本投资预期，分散和弱化投资风险，让民间投资获得稳定的市场利益后，再逐步提升其投资新兴产业的抗风险能力，增加其政策红利的获得感。同时，对社会资本的产权和合法利益一定要有健全的法律保障，通过司法公信力提升，保障民企与政府、国企谈判中的平等权和话语权。

（四）加快推进混合所有制改革

目前，中国政府在金融行业、能源行业、电信行业等龙头企业持有的股权比例过高，达到了 80%—90%。必须深度推进混合所有制改革，加快构建多层次资本市场建设，重点完善产权交易市场、股权交易市场和证券交易市场

（IPO、资产证券化、并购重组、股票增发和优先股），进而降低国企的持股比例，释放给民营企业部分股权，在提高其资源配置效率和组织运转效率的同时，也让非国有经济获得适度发展空间。

振兴实体经济抓住了供给侧改革“牛鼻子”*

刚刚闭幕的中央经济工作会议已将“着力振兴实体经济”列为2017年深化供给侧结构性改革的四大重点工作之一，并用质量、创新、品牌和“工匠精神”这四个关键词明确了振兴实体经济的主攻方向，给出了实体经济振兴的着力点。

一、中央把“着力振兴实体经济”列为2017年深化供给侧结构性改革的四大重点工作之一

刚刚闭幕的中央经济工作会议，把“着力振兴实体经济”作为2017年深化供给侧结构性改革的四项重点任务之一，这是党中央在深入分析当前我国经济运行面临的突出矛盾和问题的基础上，为解决中国经济“重大结构性失衡”而作出的重大战略性部署。“振兴”这两个字寄托了无限希望。这种“重大结构性失衡”主要表现在两个方面。

一是资本“脱实向虚”问题。一方面，实体经济投资意愿低迷，民间投资增速出现断崖式下滑，在今年前三季度总体固定资产投资中，民间投资只增长了2.5%，虽然前10个月和前11个月分别增长2.9%和3.1%，较前三季度有所回升，但回升力度并不大。另一方面，大量资本“脱实向虚”，涌入金融、房地产领域。数据显示，2016年上半年新增人民币贷款7.5万亿元，其中2.3万亿元投向了购房贷款，占新增人民币贷款的31%，加上1.1万亿元投向房地产开发企业的贷款，约占新增贷款的15%，上半年的新增贷款，约有46%投向了房地产市场。资本“脱实向虚”不但容易引发“资产泡沫”，还会进一步推高

* 载《中国经济时报》2016年12月26日。

实体经济的成本,加大经济运行的风险。

二是供需错配问题。近年来,从马桶盖到化妆品到电饭煲,境外购物一度火爆。商务部的数据显示,我国游客每年在境外消费超过万亿元,消费外流已经成为不可忽视的现象。这说明什么?说明老百姓对美好的生活有向往,对好的产品和服务有追求。而国内在供给上出了问题。也就是说,老百姓需要的东西,我们有的没有,国内买不到;有的有,甚至很多,能买到,但质量不好,老百姓不情愿买。因此,不断减少无效和低端供给,扩大有效和中高端供给,增强供给结构对需求变化的适应性和灵活性应成为供给侧结构性改革的着力点。此次中央提出"着力振兴实体经济",正是抓住了供给侧结构性改革的"牛鼻子",是促进资本流入实体经济、供需结构动态平衡的对症下药之举。

二、当前我国实体经济发展面临的主要挑战

在当前的国际国内形势下,我国以制造业为主体的实体经济面临着诸多挑战。

从国际看,一方面,欧美发达国家推行"再工业化"战略,谋求在技术、产业方面继续领先优势,美国、德国、英国、法国、日本都宣布了新的计划,大力推动制造业复兴,抢占制造业高端,也就是抢占制高点。

另一方面,印度、越南、印尼等发展中国家则以更低的劳动力成本承接劳动密集型产业转移,抢占制造业的中低端,我国制造业面临来自欧美发达国家和东南亚、非洲等发展中国家"前后挤压"的双重挑战。在这种进退维谷的状态下,很显然日子不好过。从国内看,一方面,在经历几十年的高速增长后,我国制造业在劳动力、土地、能源、税费等各方面的成本优势都在降低,使主要依靠低成本获利的"中国制造"逐渐失去竞争力。也就是说,比较优势越来越不明显了。另一方面,我国制造业所处的阶段尚未有明显的改变,经济下行压力下,市场对产品质量、品牌等要求不断提高,而产品附加值尚不足以消解上升的成本,不少企业面临巨大的生存压力,有一些已经破产倒闭,有的关掉了工厂,到东南亚、非洲发展,我国实体经济转型升级面临"青黄不接"的挑战。

三、质量、创新、品牌和“工匠精神”是振兴实体经济的关键点

中央经济工作会议用质量、创新、品牌和“工匠精神”这四个关键词明确了振兴实体经济的主攻方向，给出了实体经济振兴的着力点。近年来，中央多次强调注重经济增长的质量和效益。质量是振兴实体经济的生命线，是支撑我国经济转型升级的基石；创新是实体经济振兴的灵魂，是促进我国经济转型升级的不竭动力；品牌是树立我国实体经济良好形象的标签，是形成具有自主知识产权名牌产品的核心要素；“工匠精神”是振兴实体经济的精神动力，是培育更多“百年老店”，增强产品竞争力的基本遵循。

加强全面质量管理、坚持创新驱动、发扬“工匠精神”、加强品牌建设都需要进行一系列系统设计，建立质量、创新、品牌和“工匠精神”协同发力的制度体系。比如，要扩大高质量产品和服务供给，既需要企业不断完善质量管理体系，坚持严字当头，也需要全社会努力构建质量共治机制，完善国家标准体系，加快相关法规建设；要激励创新和品牌建设，培育百年老店就需要强化知识产权保护，严厉打击假冒伪劣，防止出现“劣币驱逐良币”的逆淘汰，使优质高端产品得到应有的高额回报；要发扬“工匠精神”，就要强化有效的激励机制，使工匠群体真正感受到“才有所值，能有所得”，还要改革我国职业教育制度，培养更多技能型人才。

四、振兴实体经济要处理好四个方面的关系

一是政府与市场的关系。党的十八届三中全会确定的使市场在资源配置中起决定性作用和更好地发挥政府的作用，对振兴实体经济仍十分关键。让市场在资源配置中起决定性作用并更好地发挥政府的作用，才能有效治理产能过剩难题；才能消除教育、医疗等服务领域的市场进入壁垒，让市场优胜劣汰机制发挥作用，增加高品质的民生产品和服务的有效供给；才能切实转变政府职能，降低经济运行中的制度性交易成本，减轻实体经济的税费负担。

二是新兴产业和传统产业的关系。实施创新驱动发展战略，既要推动战

略性新兴产业蓬勃发展，也要注重用新技术新业态全面改造提升传统产业。振兴实体经济必须坚持新兴产业和传统产业并重，新兴产业与传统产业不是简单的替代关系，在新产业革命的推动下，二者可以互为补充、相辅相成，传统产业可以通过注入新兴技术激发新的活力，提高成长性；而战略性新兴产业的快速增长也需要传统产业诸如环境、资本、人才等生产要素的支撑。因此，培育经济发展新动能，也需要重视对传统产业的改造升级。

三是引进来和走出去的关系。振兴实体经济，必须坚持扩大开放，一方面要建设法治化的市场营商环境，加强引进外资工作，更好发挥外资企业对促进实体经济发展的重要作用。另一方面也要鼓励国内企业走出去，推动国际产能合作，将过剩但不落后的产能转移出去，给新经济的发展留出空间，有利于实体经济的转型升级。

四是大企业和中小微企业的关系。振兴实体经济，优化产业组织，需要提高大企业的素质，需要大企业发挥更大的作用，但同时也要重视中小微企业发展，发挥好中小微企业机制灵活、反应迅速的长处，要在市场准入、要素配置等方面更多支持中小微企业参与市场公平竞争。

五、振兴实体经济需要着重做好以下四方面工作

一是按照中央经济工作会议提出的稳中求进的工作总基调，稳住实体经济存量，我国以加工组装为主的中低端制造的成本优势逐渐丧失，利润空间越来越小，要通过改革的举措切实为企业减负，尤其要坚决落实降成本的各项举措。中央经济工作会议提出，“要在减税、降费、降低要素成本上加大工作力度；要降低各类交易成本特别是制度性交易成本，减少审批环节，降低各类中介评估费用，降低企业用能成本，降低物流成本，提高劳动力市场灵活性，推动企业眼睛向内降本增效”。这些政策都是非常好的，也讲到了点子上，能够救不少企业的命，关键是要督促落实，防止空转，不能让好的政策悬在天上，要落地，要配套，要可操作，让企业真正感受到负担减轻。

二是在稳的前提下求进，通过市场化改革激发实体经济的创新活力，催生新的增长点；通过营造更加公平的市场环境，消除行政垄断与寻租空间，使创新成为企业利润的主要源泉，变成本优势为质量、创新优势，提高产品附加值，

掌握品牌话语权，让中国制造真正走向中国创造。

三是用税收等手段引导资金“脱虚向实”，比如对实体经济尤其是对小微企业进一步降税，而对于回报率比实体经济高得多的金融、房产等领域，可考虑加税，以切实提升实体经济的回报率。

四是切实保护产权，稳定企业家的市场信心和预期。最近中央出台了保护产权的重要文件，很受欢迎。中央经济工作会议也提出要加快解决一些对企业家的冤假错案的复查平反，这些都是重大的信号。切实保护产权，保护企业家的财产权，对扩大民间资本投资意义重大。这项工作，需要从战略的高度来重视，以更加务实的精神来落实。

供给侧结构性改革的邯钢经验*

20年前，邯钢实施的“模拟市场核算、实行成本否决”的经营机制为全国工业企业改革贡献了“时代智慧”。20年后，邯钢经验仍具有丰富的价值内涵，在全球钢铁产能普遍过剩和中国钢铁产业全面亏损的背景下，2015年实现营业收入725亿元、利润5.2亿元，同比分别增长3.6%和2%。今年1—9月实现利润近5亿元。现河钢邯钢是河钢集团的核心企业之一（简称为邯钢）。日前，国家行政学院调研组赴邯钢进行了调研，发现邯钢的市场化导向、效益否决、锐意创新、绿色发展和抓党建聚合力等经营理念依然值得现今国有企业学习和推广。

一、20年来眼睛向外，盯市场抓机遇，有力推进供给侧结构性改革

一是坚守市场化战略导向，持续优化市场供给结构。一方面是敢于“推墙入海”，让企业在市场中求生存、求发展。邯钢能准确研判钢铁产业供给结构中存在的突出矛盾和问题，及时作出富有前瞻性的战略抉择，通过生产方式转换、组织管理变革、技术创新等路径，大力推进产品结构、品质结构调整，增强供给结构对需求变化的适应性和灵活性，有效化解过剩产能。从2001年全面关停第二炼钢厂到2008年之后迎来以精品板材和优特钢为主的生产时代，都彰显着邯钢人积极淘汰落后产能、加快产业转型升级、优化供给结构的决策智慧。另一方面，坚持弘扬“工匠精神”，助推产品不断迈向中高端。邯钢已

* 载《国家行政学院送阅件》（第62号），2016年11月9日，原标题为《“邯钢”这面旗帜高扬20年靠什么》，合作者孙飞博士后等。

让"工匠精神"沉淀成为企业决策者、生产经营者的价值取向和行为准则，深刻认知到专注才能精细，精细才能提升品质，才能切实推进"增品种、提品质和创品牌"的发展理念。在生产实践中，邯钢将"定位高端，智造精品"作为提升产线对接市场的主要抓手，着力提升高端品种钢生产水平。2016 年 1—8 月份，生产品种钢比例达到 65.2%，其中高端品种比例超过 40%。二是加快发展新经济，推进"'互联网+'产品定制化生产和产业链延伸"。新经济传递新动能，邯钢依托现代信息技术实施产品定制化生产，推行大客户经理制，为中国一汽等重点战略用户构建"点对点+量身定制"式的系统化服务，产品直供比例达到 65%，周边市场投放比例高达 80%。积极运用"互联网+"、现代物流技术和河钢集团云商平台等新技术、新模式，拓展钢铁业务，实现线上线下共同发力和小批量零售增值；延伸钢铁主产业链，发展非钢业务。目前已经形成资源开发、智慧物流、气体制品、城市服务、工程装备和化工制品六大产业集群，2015 年非钢业务收入高达 210 亿元。三是抢抓"一带一路"发展机遇，加快国际产能合作。邯钢以"一带一路"战略为契机，积极拓展国际市场，加大高强镀锌板、家电板、汽车板、重轨等高端产品的出口力度。2015 年出口同比增长 27%，2016 年 1—8 月份出口钢材 65 万吨。同时，通过国际产能合作，向发展中国家输出技术、管理、设计等"软资产"，加强与发达国家深度合作，引进、消化和吸收先进工艺技术，持续推动产品提档升级。

二、20 年来眼睛向内，抓改革要效益，顺利实现"成本否决"向"效益否决"转型

20 年来，内化市场管理机制赋予了邯钢较高的管理效率和经济效益。一是深化改革，实现企业做强做优做大和"瘦身健体"的有机统一。邯钢一直重视向改革要动力、要效率、要效益，重视"瘦身健体"，敢于下决心消除依附于企业的各类"寄生"公司，通过深化改革，瘦臃肿之身、低效之身，降低运营成本、精简业务主链，不断增强企业的活力、影响力和抗风险能力，逐步实现做强做优做大。20 年间，营业收入从 44 亿元增加到 725 亿元，在岗人数却从 2.8 万人降到了 2.3 万人，迈向了"量增人减"的高效发展之路。二是强化内化市场管理，降成本要效益。一方面创新企业内部预算管理机制，用市场衡量各级预算指标，

把二级单位作为独立利润主体，推行全收入、全成本的核算方式，各工序间形成市场买卖关系，生产单位从“成本否决”向“效益否决”逐步转型。另一方面，改革考核体制机制，实现内部利润市场化、绩效指标数量化、核算数据信息化、考核控制精细化，做到“千斤重担众人挑、人人肩上有指标”。邯钢炉炉清的信息化管理系统将成本和效益适时测算到了每一炉钢水，并和每一个班组绩效收入挂钩。内化市场管理机制大幅度削减了“附加成本”。三是实施对标管理，找差距补短板。20 年来，邯钢坚守“精准高效、追求卓越”的管理理念，不断找差距补短板。对标管理就是其挖潜增效的“杀手锏”，公司瞄准国内外同行业先进水平，围绕产品、管理、技术、人员配置和分配机制等，开展全要素系统对标管理，拓展挖潜途径，提升挖潜能力。2016 年 1—8 月份累计挖潜增效 19. 3 亿元。

三、立足当前，依托创新支撑，实现“邯钢制造”向“邯钢创造”的顺利蝶变

20 年来，邯钢一直恪守“超越昨天”的创新理念。一是高度重视技术创新和研发投入。经济新常态下，技术创新是提质增效和弥补“短板”的重要抓手。邯钢积极构建先进的技术支撑体系，通过持续推进科技创新平台建设、强化自主攻关、着力解决技术难题、加大创新投入等路径，为工艺技术优化和产品提档升级提供有力的技术支撑。2014 年邯钢创新研发投入 16. 6 亿元，占主营业务收入比重为 4. 03%；2015 年投入 17. 1 亿元，占比 4. 06%，两年的研发投入比重均超过全国平均数一倍左右。二是构建创新人才支撑体系。邯钢决策层深知人才是技术创新的主要载体和持续发展的智力支撑。公司实施了“1531 重点人才培育工程”，选拔命名科技领军人才、青年拔尖人才、青年后备人才、“金蓝领”高技能人才等构建创新“人才池”。实施“引智”工程，引进研究生学历以上高端人才、技术专家和生产技术骨干，组建技术创新攻关团队。目前，有 3000 多名技术人员、技术主管和技术专家配置到生产一线，研究生以上学历人员在一线服务比例高达 92. 2%。三是依托技术创新培育知名品牌。邯钢不仅通过技术创新驱动降本增效，还驱动产品附加值的提升，弥补产品竞争的“短板”。在线材钢等建筑用钢市场火热时，就超前谋划向板材钢等中高端产品转型升级，并组建了汽车板、家电板课题攻关团队积累技术储备，依托

技术创新和工艺改进,提品质育品牌。仅在2015年就开发新产品28项,其中12项填补了河北省的空白。

四、着眼长远,绿色发展负能炼钢,实现人、环境和钢铁的和谐共生

在结构性改革中,邯钢坚持“变废为宝”和“绿色发展”的协同并举。一是倡导“负能炼钢”,降低企业行为的外部社会成本。邯钢积极践行绿色循环发展理念,认为“废物”就是放错位置的资源,可通过能源转换变废为宝,把产生的煤气、蒸汽等废气资源,全部作为二次能源发电的动力源,极大推进了能源利用效率最大化,获得经济和环境的双重效益。邯钢投资9.3亿元引进世界先进技术建立了燃气蒸汽联合循环发电项目(CCPP),作为富余高炉煤气的“能源转换”加工厂,年回收高炉煤气21亿立方米,年发电量6.67亿度。全工序“负能炼钢”能力已达到了国际一流水平。二是建设能源管控中心。20年来,邯钢由关注企业内部成本逐步向关注企业行为外部成本积极转型,凸显了企业的时代社会责任感。邯钢建设投运了一个覆盖全公司的集生产管控、物流管控、能源管控为一体的能源管控中心,实现了物流、能源流及信息流的三流合一,有效地提升了能源系统安全运行水平和煤气、蒸汽等余能余热资源的回收利用水平,大幅度减少了二氧化碳、二氧化硫等污染物的排放。三是重视绿色发展基础设施建设。邯钢在生产运营实践中,一直坚持绿色发展促进和谐共生的新发展理念,持续加大节能环保基础设施投资,已建成脱硫脱硝、烟尘治理、二次能源利用等50多个国内一流的节能减排项目。投资7亿元建设了亚洲跨度最大的全封闭机械化原料场,每年直接创造经济效益和生态效益1亿元以上;建设了长约13公里的O型原料传送皮带,在密闭中把各工序原料运送到各个岗位,实现了用煤不见煤、用矿不见矿、运料不见料的清洁生产。

五、不忘初心,抓党建聚合力,逐步完善党建绩效量化考评体系

邯钢经验经过20年的传承和发展,一定程度上得益于公司党委坚强有力

的领导和中流砥柱作用的发挥。一是坚持党的建设与企业发展目标协同。邯钢始终坚持把党组织的机构设置、职责分工和工作任务纳入企业的发展战略、治理机制和管理制度，把党的建设与企业发展实际需求深度融合，秉承协调、共享的新发展理念，形成可持续发展的思想共识和行动合力。2016 年年初，针对公司为转型升级提出的 40 项重点支撑措施，党委就及时成立了 40 支党员攻关队伍协同支持、凝心聚力。二是构建了“四位一体”的党建绩效量化考评体系。邯钢党委以企业提质增效为核心，建立了对二级单位党委、政工部室、基层党支部、广大党员的量化考评体系，以“理念设定现代化、考评标准数据化、运行管理信息化、结果使用价值化”为目标，突出关键绩效指标，切实将党建工作由“定性评价”变为“定量评价”，提升了党建绩效评价的科学性和准确性。例如“对标一流”就是邯钢结合生产经营抓党建的一个载体。三是围绕供给侧结构性改革开展相应的党组织支撑活动。在供给侧结构性改革中“爬坡过坎”的关键时期，邯钢党委带领广大党员在“技术攻关、工艺改良和提质增效”中充分发挥先锋模范作用，同舟共济，共谋发展。积极围绕发展战略和生产运营实践，及时开展基层党支部的“提品质、创品牌、争先锋”的组织活动。20 年来，邯钢 8000 多名党员汇智聚力、聚点成片，已经成为引领公司供给侧结构性改革的“时代舵手”。

去产能职工下岗再就业分化明显*

2016年4月14日，国家行政学院常务副院长马建堂主持召开了学员座谈会，云南楚雄、山西吕梁、湖北随州、辽宁营口、宁夏石嘴山和四川德阳六地市政府主要负责人就职工下岗再就业问题进行了交流。

一、职工下岗失业问题地区间分化明显

从2016年第一季度经济运行的实际以及相关经济指标表现来看，经济确实出现了一些积极变化。但随着去产能政策的加快和国有企业隐性失业公开化，就业形势依然严峻，就业压力预期不断加大，且地区间分化明显。

（一）以煤炭、钢铁为主导的重化工产业地区职工就业形势严峻

目前，重化工产业地区产能过剩现象严重，产品价格大幅度下跌，企业冗员急剧上升，工人工资缩减，拖欠工资严重，造成失业总量的不断增加。吕梁和石嘴山是以煤炭为支撑的资源型城市，吕梁的吨煤价格已由最高1500元降至500元左右，价格下跌三倍左右，吨煤净赔100余元，较低的煤炭价格影响已波及就业市场；石嘴山市230家企业中，减产32家、停产34家，神华宁煤集团2015年年底已下岗分流7252人，随着去产能政策的进一步推进，下岗再就业矛盾会更加突出。再者是重化工企业隐性失业问题严重，部分生产线关停，企业的用工量不到往常的一半，用工量锐减，劳动生产率极低，面临着严重的下岗分流任务，再就业形势空前严峻，诸如吕梁煤企。由此可知，重化工产业随着去产能政策的深入推进，用工需求的急剧萎缩且无法被新兴产业用工需求的增长弥补，缺乏有效的出口，没有就业新门路，职工安置就业

---

* 载《国家行政学院送阅件》（第36号），2016年5月27日，合作者孙飞博士后。

矛盾异常突出。

（二）以汽车制造和装备制造等传统制造业为主导的地区职工再就业压力相对较小

目前，由于产业转型升级和创新驱动发展能力存在一定的滞后性，传统制造业也存在一定程度的产能过剩，且行业利润下滑压力已经传递到就业端，用工需求量逐步萎缩，下岗分流压力逐步加大。如随州市是以专用汽车制造和汽车改装等为主导的传统制造业集聚区，随着近期三四线城市房地产业逐步下滑，建筑等专用车辆市场有效需求减少，出现了一定程度的产能过剩，但产能过剩压力相对重化工业较小，总体去产能与下岗就业矛盾不太突出。2015 年全市 90 家企业共有 1.6 万人下岗失业，转岗分流人数相对较少。2014 年以来重机行业的持续低迷，德阳二重公司出现持续亏损，资金链紧张，多次出现债务违约等现象，下岗分流任务较为繁重，但公司及时的债转股改造有效缓解了下岗分流和债务违约的压力。毋庸讳言，随着供给侧结构性改革的深化和去产能政策实施的加快，传统制造业的用工需求不断缩减，新的有效用工需求供给不足，职工再就业的压力预期会不断加大。

（三）民营企业职工比国有企业职工分流安置相对容易

目前，民营企业就业机制灵活性和适应性较强，注重产出效率，就业观念开放、能进能出，就业富有弹性，职工分流比国有企业分流规模小，容易解除就业合同；国有企业由于治理结构的弊端，就业依附观念固化，市场化具有弹性的劳动供求关系扭曲，能进不能出，长期累积下来冗余职工，隐性失业问题突出。如楚雄，2015 年的失业率为 3.1%，全市 89 家企业中，全停产 28 户，半停产 24 户，但由于企业中主要是以民营企业为主，民营企业用人机制较为灵活，企业用人应对外部环境变动反应敏捷，劳动力市场化程度高，分流职工转岗就业的积极性、主动性较高，故此下岗分流的规模较小，再就业周期短。再者是民营企业劳动生产率极高，用工成本较低。如楚钢是由国企转制为民企的市属重点企业，较高的劳动生产率，使楚钢的吨炼钢成本比国企昆钢降低了 300 元，成本和利润优势提振了企业用工需求。故此，不同所有制企业间就业形势分化明显，说明去产能和稳就业的核心和主战场是国有企业。

二、去产能职工分流安置的政策建议

(一)加快新经济发展,在“增”上做文章

目前新经济正在加速为经济发展积聚新动能,也是增加就业的新平台。一是发展新经济创造新的用工总需求。加快新产业、新模式、新业态、新产品、新服务增长“领跑”新经济,拓宽就业渠道,特别是“互联网+”催生的新兴业态释放出巨大能量,丰富了线上线下就业新形式;应把握好新经济创造新用工需求的契机,拓展富有弹性的就业空间。二是重视新经济下用工需求与供给的对接。应让新经济的用工需求引导再就业培训课程设计和就业导向,使供需匹配均衡;鼓励具备高学历和人力资本优势的年轻职工培训再就业,即能较快学习新的专业技能服务新经济,又能减少分流转岗压力,使得“招工难”和“下岗分流难”有效对接,缓解双方压力。三是放松管制来激活创新主体。对能大量创造就业岗位的新经济业态应放松管制、鼓励创新,尤其需要把吸纳就业能力大的服务业作为新的经济增长点发展起来。以滴滴为代表的“网约车”已成为分享经济的最佳样板,其出行平台已为1330万名司机提供了就业岗位。

(二)凸显再就业中心功能,在“稳”上下功夫

再就业中心是公益性再就业的有效缓冲平台,是再就业前的“稳定器”。一是保障再就业中心资金需求。需要中央财政、地方财政和企业全额拨付资金,强化公益性导向,切实保障就业培训费用和就业指导、职业介绍、政策咨询等劳务服务的支出。二是对再就业中心实施精细管理。要强化中心管理,制定多元化职工分流安置方案,避免选择渠道的单一性;及时提供就业信息、就业指导、就业培训等个性化的就业服务,尝试公共就业服务的“一对一”模式,通过细化管理补上再就业服务的短板。三是通过再就业中心妥善处置多方诉求。建立畅通分流职工与政府、社会和企业的对话机制,稳妥处理普遍诉求和合法诉求,重视历史遗留问题和个案诉求,及时应对分流人员的新变化、新问题,避免重大群体性事件发生。

(三)增加资金支持,在“帮”上拓思路

一是扩大帮扶资金规模。地方政府应积极撬动社会资本和利用自有财政

专项资金,形成与中央安置帮扶基金相配套的再就业资金支持体系,帮扶导向上应倾斜于国有企业剥离办社会功能、职工安置遗留问题解决和再就业中心运营的资金需求。二是引导、鼓励资金流入实体经济。要优化信贷结构和政策,提高金融机构向企业"输血供能"的积极性;防范实体产业被虚拟经济掏空的危险,降低企业的融资成本,"聚焦"现有产业板块的优化升级和技术改造,创造新的用工需求。三是增加对民营企业的资金支持。要支持民营企业做大做强,进一步放宽民营资本进入行业和领域,促进民营经济公开公平参与市场竞争,以多种形式参与国有企业改制和重组;疏通资金进入中小微企业的渠道,壮大一批主业突出、核心竞争力强的民营企业集团和龙头企业,充分发挥民营经济的就业蓄水池作用。

(四)剥离办社会职能,在"轻"上发强力

加快剥离国有企业办社会职能,切实减轻企业负担。一是要加快国有企业非核心经营业务的剥离,诸如供水、供电和供暖等后勤保障工作要尽早分离,实施社会化管理;国有企业的退休人员全面移交实施社会化管理;分类剥离国有企业办医疗、教育机构的职能,采取移交、撤并和政府购买服务的形式等途径。二是切实减轻企业的显性负担和隐性负担,显性负担主要是清理一切与政府挂钩的中介收费,隐性负担主要是以"协商"的方式要企业自愿承担一些费用和成本。三是要深化国有企业治理结构为核心的供给侧改革,增强劳动关系市场化调节的弹性,倡导就业新理念,充分激活就业机制的灵活性和适应性,彻底解决国有企业隐性失业的问题。

(五)奖补基金发放,在"准"上出实招

中央去产能职工安置基金要精准发放,在"准"上出实招,把钱用在刀刃上。一是以保基本促就业为导向,以精准为原则,解决核心问题,托底关键环节,严格发放程序、保证公平透明。二是要奖补在解除劳动合同这个关键环节,每解除一份劳动合同,就可以获得一份去产能职工安置补贴,这样才能真正把冗余职工分离出来,进而减轻企业的用工成本。三是要补转岗再就业的培训费,提高适应新经济发展的专业技能;补再就业前的失业、养老和医疗保险,免除后顾之忧;补相对困难职工的生活费,包括提前内退人员的退养费。精准发放,禁止所有制企业间歧视,切实缩短再就业周期,精准兜底的资金帮扶,才能避免引发新的社会矛盾和问题。

推动服务业实现更大的开放发展*

经过这么多年的改革开放，我们国家的发展已经站到一个新的历史起点上，这是一个什么样的起点呢？我理解应该是一个坚持中国社会主义道路自信、理论自信、制度自信和文化自信的新起点；应当是从经济大国向经济强国迈进的新起点；也应该是适应全球经济服务化的趋势，推动中国服务业更大开放发展的新起点。

从全球产业演化的规律看，服务业在国民经济的比重会不断的上升，并最终占据主导地位，从而达到经济的服务化阶段。迟福林院长做过研究，他发现发达国家有两个数字“70%”值得关注，一是服务业占比在70%左右，二是生产性服务业占服务业比重达到70%左右。应当说，发达国家服务业发展的动态趋势值得我们高度重视，也预示着中国今后也有可能在这个领域向这个方向进行攀升。

我理解，全球经济服务化在目前的历史条件下，有一些新的变化趋势。一是制造业服务化倾向日益增强，生产性服务日渐突出，并且越来越成为全球服务内容的增值点；二是国际服务业转移广度、深度不断拓展，制造业与服务业的双转型趋势日见明显；三是服务贸易成为新一轮经济全球化的重要引擎。

中国要完成经济转型，顶住经济下行压力，也必须抢占服务业开放的制高点。应当说，这几年，我国在这方面做了很大的努力，也有很大的成绩，现在服务业占比已经超过了50%，去年到了52.8%，这是我们经济发展中的亮点，也是很多领导人讲话中提到中国经济有信心的一个重要体现。但是，总体看，我们还有一些差距，尤其是在跟世界发达国家争夺服务业制高点的问题上，我们

---

* 本文系在中国（海南）改革发展研究院举办的第81次中国改革国际论坛暨2016新兴经济体智库年会的大会发言记录稿，2016年10月29日。

还面临着很多困难。这里有以下几个问题值得重视。

一是我国服务业发展的速度虽然很快,但是服务业占 GDP 的比重比较低。不仅低于发达国家,也低于处在同等阶段的发展中国家。所以,服务业的大幅攀升,对于提高中国经济增长的质量、推动中国经济转型担负着很重要的职责。

二是服务业内部结构仍然有待优化,生产性服务业总体上讲仍然是比较滞后的。也就是说,由于生产性服务业的滞后,对中国制造还不能提供十分满意的支撑。最近我参加国务院督查组到东北三省进行经济督查,东北制造业基础还是可以的,但是我觉得现在东北也面临着很多困难。其中,生产性服务业支撑不足是东北的一个很大差距。下一步,在发展中把它补上,才有利于东北振兴。

三是服务贸易增长较快,但是结构也不够合理,竞争力也不是很强。

四是服务业对内对外开放水平需要进一步加强。对内而言,现在工业部门的市场开放程度,大概能够到 80%以上,但是服务部门 50%以上还被行政垄断的格局没有完全打破。对外而言,服务业开放程度也有一个提升的空间。比如说,上海自贸区在金融开放方面走在了全国的前面,但是,它出台的 100 项负面清单中,可能有 80%是服务贸易方面的,也就是说,对服务贸易的限制是大头。

五是制度建设仍然滞后,不适应服务经济快速爆炸型发展的需要。制度大幅度的落后,不能有效地激发生产性服务业、生活性服务业的快速增长,特别是金融、电信、保险、通信等领域,基本被国企垄断。民用资本、外资很难进行有效的竞争。跟服务业发展相关的专利、影像制品等知识产权方面的保护也相对薄弱,制约了以智力投入为主的现代服务业发展。李克强总理曾经指出,中国服务业发展滞后最大的制约是体制机制的障碍,出路也在于改革。

因此,我提四点改革的建议。应当说,这些方面国家也在做,但是需要进一步加强力度。

一是以自贸区和"一带一路"建设为契机,提升服务业对内对外开放的水平。这里有很多工作需要做,除了原有的自贸区,又增加了一些新的自贸区,包括东北也新批了自贸区,我们希望这些自贸区能够在服务业开放方面探路,为国家大规模开放积累更好的经验。

二是以制造业结构升级为契机,大幅度促进生产性服务业的发展。"十三五"规划提出到2025年要变成世界制造业强国,现在是大国不是强国,通过十年的努力,我们要变成制造业强国。变成制造业强国是需要有配套做支撑的,其中,生产性服务业就需要有大幅度的提升。现在看来,我们在这方面还有很多欠缺,而且有一些地方甚至是空白。因此,要把中国变成一个真正的制造业强国,中国生产性服务业还有很多空间需要开放、需要加强。

三是以新型城镇化建设为契机,促进消费型服务业的发展。为了促进城乡统筹,为了体现我们国家的共享式发展,中央特别看重新型城镇化,也希望新型城镇化的建设解决更多的农民市民化问题,真正的体现以人为本。因此,到2020年的时候,常住城镇化人口可能到60%左右,这里有大量的消费需求。因此大幅度的发展生活、消费型服务业,是我们面临的一项很重要的任务。而且消费型服务业搞得好,对生产服务业也能够提供强有力的支撑,对工业化也可以提供支撑。凡是服务业搞得好的地区,制造业、工业化可能再上台阶。

四是以市场化改革为契机,提升服务业的竞争活力。特别是根据我国现在力推的供给侧结构性改革,下大功夫打破垄断,加强制度供给。供给侧改革,一个很重要的方面就是要提供好的制度,好的体制,让更多的民营资本能够从事这个领域的投资。现在民营资本投资下降的幅度很大,值得我们高度重视。

第八部分

东北振兴新机遇

经济新常态下的“新东北现象”辨析*

东北地区是我国重要的经济发展板块。从近代到改革开放中前期,其经济总量和比重一直领先全国。东北老工业基地曾一度辉煌,石油石化、汽车、煤炭、重型机械、建材以及粮食、林木等产业,在中国经济体系中曾占有举足轻重的地位。在很长一段时期内,东北地区无论是农业生产还是工业发展,都在国家调控下扮演着向全国“输血”的角色,还为国家培养并向全国输送了大量人才,为我国建成独立、完整工业体系作出了重大贡献。直到 1988 年,全国上缴财税前十名地区中,有 5 个来自东北地区。

进入改革开放中期以后,由于国家区域发展战略的调整,加上结构性、体制性改革的滞后,东北地区在社会主义市场经济的大潮中慢慢被落下了。为了提振东北经济发展,消除“东北现象”,2003 年中央出台了振兴东北老工业基地若干意见,东北老工业基地振兴战略正式启动。经过十多年的改造和振兴,经济质量和效益不断提高,老工业基地重新焕发了活力。从 2003 年到 2012 年 10 年间,东北地区生产总值翻了两番多,年均增速达 12.7%,城乡居民收入大幅提高。这一时期东北地区经济高出全国两个百分点,其中后 5 年,东北地区经济增速高出全国近 3 个百分点。

但是,新的情况又出现了。中国经济进入新常态后,四大区域板块中,东北经济首先下滑。2014 年,东北三省平均经济增速不到 6%,低于 7.4%的全国水平。虽然山西、河北等地也面临较大的经济下行压力,但从整个区域板块来看,并没有出现东北地区这种经济增速显著下滑的问题。

---

* 载《人民论坛》2015 年第 8 期。

一、“新东北现象”是经济发展新常态遇到的新问题

除了全国性的经济下行压力共性问题之外,出现“新东北现象”的原因是什么呢?

第一,与其他板块相比,东北地区受宏观经济大环境的影响更大。当前,我国经济发展进入“三期叠加”阶段,经济减速换挡的特征特别明显,而东北地区资源型产业、重化工产业、重型装备制造比重较高,经济增速必然受到影响。以吉林省工业结构为例,汽车、石化、冶金、建材、装备制造等占近 70%,这种经济结构极易受市场和环境变化的制约。2012 年以来,吉林省发展增速逐年走低。东北地区的产业特点决定了:当国家工业发展快,对其需求大时,增长就快;当产能过剩问题比较突出时,对其负面影响就大。

第二,结构问题长期积累的集中爆发。虽经过十多年的振兴发展,东北地区的经济结构发生了一系列的深刻变化,但长期积累的一些结构性问题并没有得到根本解决。一旦外部环境发生改变,就可能对经济增长形成剧烈的冲击。从黑龙江省来看,近两年经济增速回落的主要原因还是工业结构不合理。十多年来,工业对黑龙江省经济增长的贡献率始终保持在 50%以上,其中能源工业增加值占规模以上工业比重最高为 72. 9%,最低为 53. 8%,增速最高为 13. 1%,最低为 6. 3%。其中,2013 年回落到 0. 1%,2014 年为负增长。近几年我国重化工业增速的下行,石油产量的放缓,煤炭价格的攀升,都对东北地区经济产生了较大冲击。

第三,国有企业改革推进缓慢。东北地区最早进入计划经济,却最晚退出计划经济。东北地区的国企块头大、地位重,为国家工业化作出了突出贡献,但现在包袱也比较重。十多年来,国企改革取得了不小进步,但用人“铁交椅”、分配“大锅饭”、国有股“一股独大”等问题仍然存在。现在东北地区的一些国有企业中,市场经济意识还不够强烈,用积极的市场办法解决发展问题的水平仍然落后,存在着“等、靠、要”的现象。此外,东北是老工业基地,有大量的国企退休和下岗人员,社会负担比较重,社会保障体系建设方面压力很大。

第四,人口、人才流失严重。从人口经济学来看,一个地区的人口流失与

经济下滑有着非常密切的关系，还会相互作用，造成恶性循环。根据2010年第六次全国人口普查数据，东北三省共流出人口400万人，除去流入的人口，东北地区人口净流出180万。而2000年第五次全国人口普查时，东北地区人口净流入36万。"新东北现象"的背后是人口危机，许多年轻人包括受过高等教育的年轻人流向了东部发达地区，而一些老年人有的到东部发达地区帮助下一代带孩子、照顾家，有的到海南等环境好的地区去休闲养老。人口长期净流出，导致人才大量流失，这对振兴东北老工业基地无疑是釜底抽薪。

第五，领导干部发展经济动力的减弱。2016年4月，李克强总理在长春"督阵"东北经济发展时指出：为什么去年东北经济骤然出现如此低迷的状况，这里面的确有国际经济复苏低迷、国内深层次矛盾积累、区域经济结构不合理等原因，但东北三省要多从主观上找原因。我们理解，"主观上找原因"，主要是指领导干部发展经济拼劲不够，应对复杂经济问题的能力还需要提高。中央强调"不能简单以GDP论英雄"，是为了纠正过去的偏向，但并不意味着不重视GDP指标。在当前东北地区经济环境十分复杂的情况下，需要领导干部倾力研究经济发展问题，全力发展经济，关心GDP指标，推动东北经济走出低谷。

二、工业化仍将主导东北地区经济发展，对东北区域规划要实行分类指导

国家统计局的数据表明，今年上半年，东北地区规模以上工业增加值同比下降2.2%，降幅比一季度扩大0.6个百分点，规模以上企业就业人员下降9%。今年上半年全国规模以上工业增速，除了山西为负数外，其余比较低的就是东北三省了。但也应辩证地看到，虽然近两年东北经济下滑的幅度比较大，但就业、物价、收入等指标整体上是稳定的，经济发展呈现出许多积极因素。"新东北现象"的出现，是我国经济发展新常态遇到的新问题，需要认真加以研究。

第一，工业化仍将主导东北地区经济发展。在当今时代，现代化是每个国家追求的目标，而完成工业化则是实现现代化的基本前提条件，东北老工业基地尚未完成工业化发展的历史任务。应当看到，虽然近两年东北地区的能源、

钢铁等重化工业发展低迷,但更多地表现出来的是结构问题。从发展趋势看,东北老工业基地还蕴藏着巨大的活力,装备制造业在世界上也有很强的竞争力。在今后相对较长的一个时期内,东北经济仍将处在以工业经济为主导的工业化中后期阶段,工业特别是装备制造业在东北经济社会发展和国家竞争力提升方面的作用仍将是第一位的。当前,国家正在推进实施的“中国制造2025”,将会加速提升东北老工业基地的竞争力。

第二,对东北区域规划要实行分类指导。中央一直在高度重视区域协调发展问题,先后出台了推进西部大开发、振兴东北地区等老工业基地、促进中部地区崛起、鼓励东部地区率先发展的区域发展总体战略。这对推动区域发展成效显著,但也存在一些突出的问题,如总体规划幅度过大,政策执行针对性不强等。东北三省幅员大、人口多,各省自然、经济、社会发展条件差异显著。这种区域特征决定了区域发展必须实施分类指导。只有分类指导,才能提高区域政策的针对性和有效性,才能充分发挥各省的比较优势,增强区域核心竞争力。今后,东北三省在把握国家战略方向的基础上,应坚持从各省实际出发,设定不同的发展目标,提出不同的任务要求,采取不同的政策措施。

第三,融入“一带一路”发展规划。在《推动共建丝绸之路经济带和21世纪海上丝绸之路的愿景与行动》中,东北三省被确定为我国向北开放的重要窗口。为此,东北三省需要借力“一带一路”,发挥比较优势,加快“走出去”步伐。吉林可向东通过俄罗斯扎鲁比诺港等港口实现借港出海,开辟北冰洋航线,直达欧洲;向西,经内蒙古,通过蒙古国东方省,打通对蒙通道,再联通俄罗斯西伯利亚大铁路,构建沟通俄、蒙、欧的陆海联运通道。黑龙江省可以加强基础设施互联互通为先导,对接俄远东开发建设,变对内发展的“末梢”为对外开放的“前沿”。辽宁可借助“大连——满洲里——欧洲”东部大通道,不断提升经济社会发展水平。

三、东北地区需提升装备制造业的竞争力,尽快形成新的产业增长点

习近平总书记在长春调研时指出,东北问题千难万难,只要重视就不难;大路小路,只有行动才有出路。“新东北现象”表面上是外需不足、投资拉动

减弱造成的经济增长下滑，实质上是长期没有解决好传统产业发展困境和老工业基地深层次矛盾的集中爆发。我们认为，东北地区的根本出路在于工业结构的转型升级，在于提升装备制造业的竞争力，在于能否尽快形成新的产业增长点。

第一，贯彻落实各项中央政策，千方百计稳增长。东北三省要进一步贯彻落实《国务院关于近期支持东北振兴若干重大政策举措的意见》（国发〔2014〕28号文），并结合"十三五"规划，提前开工一批重大基础设施工程，破解发展瓶颈制约。中央政府要在基础设施项目建设、高端制造业投资布局等方面，给予东北地区更多的项目支持，在财税、信贷、土地等方面给予东北地区更多的政策倾斜。

第二，加大结构调整力度，推动工业转型升级。要紧紧围绕推进结构调整，聚焦"加减乘除"，推进东北地区的工业产业转型升级。要在稳增长与调结构平衡中实现升级发展，挖掘传统产业升级潜力、释放新兴产业发展活力，平衡工业与服务业发展。要进一步支持战略性新兴产业加快发展，对东北地区具有发展条件和比较优势的领域，国家应当优先布局安排。要深入实施创新驱动发展战略，把推动发展的着力点更多放在创新上，发挥创新对东北地区经济发展、结构调整的"乘数效应"。

第三，深化国有企业改革，促进实体经济发展。从整体上看，东北地区的市场化程度还有待提高，资本流动不活跃，上市公司较少。发展好实体经济是未来几年国内经济发展的重头戏，这与东北老工业基地的改革发展是一致的。

第四，实施更加积极主动开放战略，主动融入"一带一路"建设中。我国对外开放已经从招商引资为主，转向引进外资和对外投资并重，从被动适应转向主动参与和影响国际竞争。东北地区要准确把握这一新特点，实施更加积极主动的开放战略。

用新理念引领新一轮东北改革振兴*

当前,我国经济发展进入新常态,各地都面临经济结构优化、增长动力转换的重大机遇和挑战。近几年,东北地区经济持续回落,企业生产特别困难,财政收入大幅下滑,与全国经济总体情况相比,东北地区面临的形势更为严峻。东北地区是我国重要的装备制造业基地、原材料基地、现代农业基地和科技创新基地,其发展事关国家发展全局,事关全面建成小康社会。东北地区要走出困境,必须牢固树立发展新理念,以提高经济质量和效益为中心,加大供给侧结构性改革力度,提升经济发展活力、内生动力和整体竞争力。

一、东北地区经济发展面临严峻挑战

2013 年以来,在周期性因素和结构性因素双重影响下,东北地区经济增速持续回落。对东北地区当前面临的困难,要历史、客观、全面地看。首先,东北地区"重化"特征明显的产业特点,使其经济结构调整比其他地区更为剧烈,存在的问题和矛盾解决需要一定的时间。其次,十几年东北振兴,老工业基地深层次体制机制问题尚未根本解决,有些方面已经固化,缺少发展动力。再次,经济发展大环境的影响,使其发展越发困难。

从深层次看,东北地区面临的问题,归根结底仍然是体制机制问题,是产业结构、经济结构问题。从体制机制上看,东北地区市场化程度还不够,市场机制的决定性作用没有得到充分发挥,推动经济发展的行政色彩仍然比较重。国有企业历史负担较重,民营经济发展不充分,市场活力不足,全社会创业氛围不浓。从结构上看,东北地区产业结构偏重,战略性新兴产业规模小,尚未

* 载《辽宁日报》2016 年 3 月 8 日。

形成具有重要影响力的新增长点。从产业组织结构上看,"顶天立地"的大型企业多,"铺天盖地"的中小企业少,没有形成产业集群和大中小企业融合发展的局面。

影响东北地区经济增长,近两年还有些新的因素。一是有效投资增长乏力,基础设施建设投资增速回落,新开工的大项目明显减少。二是企业生产成本上升,特别是工资增长过快,使得企业竞争力越来越不足。三是传统发展动力减弱,新的动力尚未形成。四是公共资源大量配置到非生产部门,没有进入创造财富的生产部门。五是一些领导干部思想观念不够解放,基层地方党委和政府对经济发展新常态的适应引领能力不够。六是一些领导干部存在不担当、不作为、工作落实不力的问题。

东北地区面临的问题,必须引起高度重视。如果不及早采取有效措施,这些问题有可能传导影响到就业和民生领域,也会损及过去十几年东北振兴的根基。从东北地区特殊发展区位来说,还是有较大的发展潜力的。东北地区国土面积占全国的 1/7,人口有 1 亿多,资源、科教、人才等支撑能力较强,发展潜力巨大,是我国经济发展重大的回旋空间之一。特别是东北地区制造业基础好,拥有一批关系国民经济命脉和国家安全的战略性产业。

党中央、国务院对东北地区当前面临的问题高度重视。2015 年 7 月,习近平总书记在长春召开部分省区党委主要负责同志座谈会时,就推动东北老工业基地振兴提出"四个着力"要求。2015 年 4 月,李克强总理在长春召开东北三省经济工作座谈会,要求尽快启动一批可以增强发展后劲的重大基础设施项目。当前,《中共中央 国务院关于全面振兴东北地区等老工业基地的若干意见》已经下发,各方面围绕东北振兴发展的认识比较统一,为进一步解决相关问题创造了条件。

二、在改革中全力培育经济发展新动力

当前,东北地区经济增长面临的问题更为复杂,形势更为严峻,任务也更为艰巨。一方面,不能任由经济继续下滑,要牢牢守住就业、民生方面的底线。另一方面,要在产业结构调整、转型升级实践中,培育经济发展新动力。东北地区振兴,需要国家的支持,更要靠改革,要靠"自己的骨头长肉"。

在供给侧结构性改革中,培育经济发展新动力。东北地区是供给侧结构性改革的攻坚区域。东北地区是新中国成立初期最重要的工业基地,拥有石油、钢铁、煤炭、机械、化工等优势产业。但随着改革开放、我国经济的深入发展,东北地区的竞争优势逐渐丧失。东北三省工业部门经济总量占全国的比例由新中国成立初期的20%—30%,逐渐滑落到20世纪90年代以来的10%附近水平,近两年更是进一步下滑。东北工业现状正是我国传统工业的缩影,是中央提出供给侧结构性改革的主要对象。东北地区市场供给的问题主要存在于国企。钢铁、煤炭、石油等行业供需不对称,是整个供给结构调整中重要的问题,供给侧结构性改革首先要从国企改革做起。东北地区推进供给侧结构性改革,要用市场和政府结合的办法推进结构调整,减少无效和低端供给,扩大有效和中高端供给,增强供给结构对需求变化的适应性。中共中央、国务院印发的《关于深化国有企业改革的指导意见》,为供给侧结构性改革做了充分的准备与动员,国有企业是供给侧结构性改革的主体。

在混合所有制经济发展中,培育经济发展新动力。发展混合所有制经济,是深化东北地区国有企业改革的一个重要方向。国有资本、集体资本、非公有制资本等交叉持股、相互融合的混合所有制经济,是我国基本经济制度的重要实现形式。东北地区的国有企业,要坚持国有企业的市场化改革方向,积极发展混合所有制的多种实现形式,增强企业的创新能力和竞争力。对于央企和省属国有企业的改革,我们认为,要从混合所有制改革入手,首先从地方与央企下属企业混改,再与非公有制混改取得突破,来破除体制机制问题。要鼓励非公有资本参与国有企业混合所有制改革,还要鼓励企业员工持股。员工持股主要采取增资扩股、出资新设等方式,优先支持人才资本和技术要素贡献占比较高的业务骨干持股。

在创新驱动发展中,培育经济发展新动力。把创新作为引领东北振兴的第一动力,把人才作为支撑东北发展的第一资源。大力推进科技创新、产业创新、企业创新、市场创新、产品创新、业态创新、管理创新。建立市场导向的创新创业体制机制,积极营造鼓励创业的发展环境。要尽快将中关村国家自主创新示范区有关试点政策向东北地区推广,鼓励在科技成果处置权、收益权、股权激励等方面进行探索试验。打破制约科技与经济结合的体制机制障碍,打通产学研用之间的有效通道,统筹各方面资金并切实提高分配和使用效率。

支持战略性新兴产业加快发展，对东北地区具有发展条件和比较优势的领域，要优先布局安排。在创新中要注意提升传统产业，做强优势传统产业。积极支持重大技术装备拓展市场，鼓励引导国家重点工程优先采用国产装备，扶持核电、火电、轨道交通、石化冶金、高档机床等优势装备走出去。

在经济发展新平台建设中，培育经济发展新动力。中德（沈阳）高端装备制造业园区、大连金普新区、哈尔滨新区、长春新区是国家在东北新近设立的东北振兴发展平台。在适宜的地方规划设立新区，提升东北地区国际竞争力和国际影响力，积极培育创新发展先行区和经济发展新引擎，是国家振兴东北的重大战略布局。努力将东北地区打造成为我国向北开放的重要窗口和东北亚地区合作的中心枢纽，融入“一带一路”建设。努力推动中德（沈阳）高端装备制造业园区建设，促进“中国制造 2025”与“德国工业 4.0”战略实现对接融合。大连金普新区是东北地区第一个国家级新区，也是东北地区扩大开放合作的战略高地和哈大经济带的重要支撑。要将大连金普新区建设成为拉动辽宁省乃至东北地区经济增长的引擎，为新一轮东北地区振兴战略发挥更大的作用。哈尔滨新区主要是面向东北亚开放合作，促进黑龙江经济和东北振兴，建设中俄全面合作的重要承载区。长春新区则为推进吉林省经济发展和东北地区全面振兴而设立，主要是加快构建现代产业体系，积极推动产城融合和新型城镇化建设，努力把长春新区建设成新一轮东北振兴的重要引擎、图们江区域合作开发的重要平台。还要研究在东北地区符合条件的地方设立自由贸易试验区，提高跨境经济合作发展水平。

在县域经济发展中，培育经济发展新动力。县域经济是区域发展的基石，是发展升级的支撑。推动东北全面振兴，基础在县域，难点在县域，潜力在县域。东北地区与发达地区经济发展的差距主要体现在县域经济的强弱，未来东北地区县域经济所承载的内容和意义将更加重要。可以不夸张地说，东北地区将进入县域经济的突破时代，县域经济将成为经济增长的重要动力之一，将成为东北地区振兴的重要力量。一是东北地区城镇化的着力点在县域，城镇化是推进城乡经济社会融合的纽带，是承接大城市的辐射与带动、吸纳农村劳动力、促进农村现代化的主要依托。二是农业现代化的载体在县域，农业现代化本身就是县域农业现代化。要鼓励省市企业进驻县域工业园区，促进第一、二、三产业融合发展，提升县域工业园区投入产出水平。

三、用新的发展理念推动东北全面振兴

当前和今后一个时期是推进东北老工业基地全面振兴的关键时期，东北振兴要牢固树立并切实贯彻创新、协调、绿色、开放、共享的新理念，适应和把握我国经济进入新常态的趋势性特征，发扬前辈闯关东的精神，努力推动形成新一轮东北振兴的势头。

用新的发展理念推进形成东北地区新的发展动力。党的十八届五中全会提出的五大发展理念，是新一轮东北振兴的方向指引，只要我们抓住新一轮发展的重大历史机遇，着力破解体制性、机制性和结构性矛盾，依靠创新驱动、转型发展，新的发展动力是会形成的。完善体制机制是治本之策，要继续深化国企改革，真正确立企业主体地位，增强企业内在活力、市场竞争力、发展引领力。突出发展民营经济，着力在融资、用地、减负等方面加快完善配套政策。继续推动简政放权，确保权力下放到位。现代农业发展是东北振兴的一个重要方面。要加快构建现代农业产业体系、生产体系、经营体系，着力提高农业生产规模化、集约化、专业化、标准化水平和可持续发展能力，使现代农业成为东北振兴的重要产业支撑。

要学会尊重市场、热爱市场、拼闯市场、引领市场。如今，东北地区市场经济的总体氛围还不够浓厚，人们闯市场的意识还不够强烈，市场经济的关口还没有真正迈过。需要谦虚地、真诚地向广东、江浙地区的民营经济学习。另外，东北地区市场环境也有许多令人不满意的地方。只有把欠缺的市场经济意识恶补上，东北才能够走向振兴之路。

民生改善是衡量东北老工业基地振兴成功的重要标准。抓民生也是抓发展。要坚持把保障和改善民生作为推动东北振兴的出发点和落脚点，推动经济社会持续健康发展。要加大民生的投入，坚决守住民生的底线，防止经济下行压力传导到民生领域。当前，东北地区资源型城市是保障和改善民生的重点领域。进一步完善对资源枯竭城市财政转移支付制度，支持资源枯竭城市、独立工矿区等加快解决社会民生和生态环境方面的历史遗留问题。生态环境也是民生。牢固树立绿色发展理念，坚决摒弃损害甚至破坏生态环境的发展模式和做法，继续实施退牧还草工程，保护重点湿地，开展生态和环境综合治

理工程，完善对重点生态功能区的补偿机制。

把新的发展理念设计到对领导干部的考核之中。科学合理的政绩考核，能够引导领导干部增强带动振兴发展的职责意识。把新的发展理念设计到对领导干部的考核之中，从政绩考核导向、考核评价指标、政绩考核内容、责任追究等多个方面，提高政绩考核的合理性。通过考核，让中央的要求、新的理念真正落实到东北振兴实践中去。要允许干部因地制宜探索，鼓励地方创新，鼓励干部敢作敢为敢担当，让真正想干敢干和会干的干部脱颖而出。

东北全面振兴要精准发力*

近年来，东北地区经济增速出现较大放缓迹象，经济下行压力持续加大，引起社会各界广泛关注。东北经济的逐步回落，从根本上讲，是长期积累的体制性矛盾和短期的结构性问题所致。经济新常态下，有利于东北经济转型升级的各种积极因素在加速形成，新的增长动力正在积聚，经济发展前景依然光明。可以预期，在“十三五”时期，东北地区只要保持和增强战略定力，深入贯彻落实党中央、国务院的各项决策部署，牢牢把握新一轮发展机遇，对薄弱环节精准发力，就能够走出经济低谷，打造中国新的经济增长带。

一、总体形势：经济出现短期总量与结构性困难

东北地区是我国重要的经济发展板块，在国民经济体系中曾占有举足轻重的地位。近年来，四大区域板块中东北经济板块出现增速放缓迹象，经济下行压力加大。

从经济增量看，经济增速明显放缓。2010—2014 年，东北地区的经济增速呈现出较为明显的阶梯式放缓态势。从 2015 年上半年的数据来看，东北三省的平均经济增速仅为 4.6%，其中辽宁、吉林、黑龙江的经济总量分别为 1.3 万亿元、5730 亿元和 5430 亿元，增速分别为 2.6%、6.1%和 5.1%，位列全国后五位，远低于重庆、贵州等地区的增速水平。

从需求结构看，“三驾马车”明显波动。目前，东北三省的消费、投资、出口出现比较明显的波动，呈现出“摇摆式”下降的特征。东北地区消费增长速度曲线的拐点出现在 2008 年，在此之前，增速呈现出上升趋势，而在此之后，

* 载《辽宁日报》2015 年 10 月 27 日。

消费呈现出逐年下降的态势。2014年,东北三省平均消费增长率不到8%,明显低于全国平均水平。从2010—2014年,东北地区的投资增长速度下降16.2个百分点,投资下行压力日趋增大。而从出口需求角度看,形势同样不容乐观,2014年辽宁、吉林和黑龙江的出口总额分别为1139亿美元、389亿美元和263亿美元,同比增速分别为-0.5%、2.1%和0.1%。

从供给结构看,第二产业过快下滑,存在人口净流出。我们主要从产业结构的角度来分析东部地区的供给结构情况。2013年,东北三省三次产业结构比例为11.7∶49.7∶38.7,而全国同期为10∶44.4∶46.1,第二产业依然处于"一业独大"的格局。2014年,辽宁第二产业增加值14384.6亿元,增长仅为5.2%;吉林第二产业增加值7287.26亿元,增长6.6%;黑龙江第二产业增加值5591.8亿元,增长仅为2.8%。作为中国装备制造业的重要基地,以辽宁省为例,若从2010年开始算起,2010—2014年,GDP增速下降了8.4个百分点,而同期的第一、二、三产业增长速度则分别下降了3.6个、11.3个和5.3个百分点。可以看出,第二产业过快下滑是其经济下行的重要原因。而从人口要素的供给看,东北地区的劳动力流出数量越来越大,人口增长率持续下降。这无疑对东北地区的潜在经济增长率下滑造成了重要影响。

二、发展趋势:许多积极因素和机遇正在积聚中

从总体上看,由于东北地区长期积累的体制性矛盾,市场在配置资源中起决定性作用的体制还没有真正确立起来,使得要素配置效率难以提高。同时,在经济新常态下,产业的结构性矛盾突出,传统产业衰退过快,而新兴产业的发育还不足以弥补传统产业衰退所留下的缺口,这种"快打慢"现象也是导致东北经济放缓的重要原因之一。但我们也要看到东北地区"危"中蕴藏的"机",要善于从难中看机、缓中求变、化危为机。

(一)工业化的机遇

现代化是每个国家追求的目标,而完成工业化则是实现现代化的基本前提条件,东北老工业基地尚未完成工业化发展的历史任务。虽然近两年东北地区的能源、钢铁等重化工业发展低迷,但更多地表现出来的是结构问题。从发展趋势看,东北老工业基地还蕴藏着巨大的活力,装备制造业在世界上也有

很强的竞争力。在今后相对较长的一个时期内，东北经济仍将处在以工业经济为主导的工业化中后期阶段，工业特别是装备制造业在东北经济社会发展和国家竞争力提升方面的作用仍将是第一位的。当前，国家正在推进实施“中国制造 2025”，东北要坚决抓住这个机遇，加速提升东北老工业基地的竞争力。

（二）城镇化的机遇

从宏观上讲，城镇化既是保持经济持续健康发展的强大引擎，也是加快产业结构转型升级的重要抓手。东北三省作为老工业基地，其城镇化水平一直较高，很早就越过了 50%的临界点，但城镇化的推进速度却相对较慢，对经济拉动的潜力并没有充分释放出来。统计数据表明，2014 年辽宁、吉林和黑龙江的城镇化率分别为 66.45%、56.9%和 54.2%。按照衡量城镇化发展阶段的“纳瑟姆曲线”来看，东北地区的城镇化发展目前仍然处于第二个阶段，还有巨大的内需潜力和发展空间可以挖掘。随着中国新型城镇化进程的加速推进，东北地区也必将获得新一轮的巨大“城镇化红利”。

（三）信息化的机遇

当前，以“互联网+”为主导的信息化浪潮正在深刻地改变中国的生产方式和消费模式。近年来，在信息技术催化融合下，传统行业加快转型升级，新兴产业不断涌现，新产品、新业态、新商业模式层出不穷，这些新的变化蕴藏着无穷的经济发展动能。东北地区作为我国重要的工业制造基地，在信息化的推动下，将迎来移动互联网、云计算、大数据、物联网等与现代制造业相结合的新机遇，这也将推动东北地区的生产制造模式变革和产业组织创新，使智能制造成为一种新型的生产方式，从而为经济增长注入新的力量。

（四）对外开放的机遇

在《推动共建丝绸之路经济带和 21 世纪海上丝绸之路的愿景与行动》中，明确将东北三省定位为“我国向北开放的重要窗口”。“一带一路”作为我国新时期区域发展与对外开放的重要行动纲领，将为东北地区带来前所未有的“开放红利”。在国家“一带一路”的部署下，东北三省立足自身的比较优势，以优势换资源、换资本、换市场，加快“走出去”步伐，带动辽宁沿海经济带、沈阳经济区、长吉图开发开放先导区、黑龙江和内蒙古沿边开放带等重点区域开放水平的提升，使其成为拉动东北经济走出低谷的重要引擎。

三、振兴方略:打造中国新的经济增长带

“十三五”时期,振兴东北经济、打造中国新的经济增长带的根本出路在于深入贯彻落实党中央、国务院的各项政策措施,深化体制机制改革,升级东北工业结构,提升装备制造业的竞争力,进一步扩大对外开放,在关键节点上精准发力,打造产业经济带和增长极。

(一)贯彻落实各项中央政策,千方百计稳增长

东北三省要进一步贯彻落实《国务院关于近期支持东北振兴若干重大政策举措的意见》,并结合“十三五”规划,提前开工一批重大基础设施工程,破解发展瓶颈制约。中央政府要在高端制造业投资布局等方面,给予东北地区更多的项目支持,在财税、信贷、土地等方面给予东北地区更多的政策倾斜。要以推动装备制造业为重点,抓住高铁、核电、特高压等重大项目建设为契机,推动东北装备走向世界。值得重点指出的是,需要大力推进东北地区的交通运输等基础设施建设,这既是解决东北铁路入关“卡脖子”问题,也是以投资稳定东北经济增长的重要着力点。

(二)深化体制机制改革,激发市场活力

东北地区应当进一步做好行政审批改革工作,积极破除政府“对审批很迷恋、对监管很迷茫”的弊端,加大对投融资项目的审批体制改革工作。鼓励东北三省开展投资领域简政放权改革试点,对属于省一级审批的投资项目,在依法合规的前提下,尽量减少前置审批事项。深化投融资体制改革,进一步放宽民间资本进入的行业和领域,要在基础设施、基础产业等领域推出一批鼓励社会资本参与的重大项目,在城市基础设施建设、环境治理等领域,积极推广政府与社会资本合作机制等模式。

(三)加大结构调整力度,推动产业转型升级

紧紧围绕推进结构调整,聚焦“加减乘除”,推进东北地区的产业转型升级。在稳增长与调结构平衡中实现升级发展,挖掘传统产业升级潜力、释放新兴产业发展活力,平衡工业与服务业发展。加强科技研发投入,将装备制造业做大做强,进一步支持战略性新兴产业加快发展,对东北地区具有发展条件和比较优势的领域,国家应当优先布局安排。深入实施创新发展战略,把推动发

展的着力点更多放在创新上，发挥创新驱动对东北地区经济发展、调整结构的“乘数效应”。

（四）发展混合所有制经济，促进实体经济发展

从整体上看，东北地区的市场化程度还有待提高，资本流动不活跃，上市公司较少。发展好实体经济是未来几年国内经济发展的重头戏，这与东北老工业基地的改革发展是一致的。充分利用各类资本市场，大力推进国有资产资本化、证券化。结合东北地区国有资本总量和分布情况，组建区域性或跨区域性国有资本公司和运营公司，加快经营不善国有企业的重组和退出，推动国有企业不断提高效益和效率。同时，要加快民营经济发展，大力推动混合所有制经济，切实增强经济发展的活力。

（五）加大对外开放力度，主动融入“一带一路”战略

我国对外开放已经从招商引资为主，转向引进外资和对外投资并重，从被动适应转向主动参与和影响国际竞争。东北地区要准确把握这一新特点，实施更加积极主动的开放战略。一方面，积极引进技术含量高、发展前景好、服务业态新的企业和项目，促进东北老工业基地结构调整和优化升级。另一方面，深入实施“走出去”战略，全面贯彻“一带一路”愿景与行动。加强东北振兴与俄远东开发战略衔接，启动中俄远东开发合作机制，务实推进对韩、蒙、日、朝合作，支持更多企业“走出去”。

把脉东北民营经济发展现状*

《中共中央 国务院关于全面振兴东北地区等老工业基地的若干意见》提出“大力支持民营经济发展”，并强调“支持民营经济做大做强，使民营企业成为推动发展、增强活力的重要力量”。民间经济是东北地区经济发展的一个短板，也是理论界和社会舆论热议最多的话题之一。作者对东北振兴问题有长期研究，现围绕“创新体制机制促进东北地区民营经济和民间投资发展”这一主题为本版撰稿，本期为上篇。

自从这次我国经济增速放缓以来，东北地区经济增速明显低于全国。过去一年，东北经济虽然出现了几个积极的变化，但经济增速仍比较低，困难比较大，且省际之间出现比较大的分化。在东北新一轮振兴中，应把民营经济发展作为一个主导方向，提高到战略层面，使之对冲、填补国有经济战略性调整造成的经济增长动力不足。当前，促进东北地区民营经济发展，主要在于政府应给民间投资让渡一定的发展空间。

一、东北地区民营经济发展现状

东北地区民营经济发展现状与新中国成立以来我国经济发展布局高度相关。新中国成立初期，我国将大批工业项目放在东北地区，东北成为我国能源工业、重化工业、装备制造业和农副产品加工业的重要工业基地，获得国家大量投资，也为国家发展作出了巨大贡献。改革开放以来，随着沿海开放战略的实施，区域经济发展战略导致东北地区的传统优势产业竞争力下降。例如，1980 年辽宁省工业总产值占全国的 8.8%，是广东省的 2 倍，而到了 2003 年，

---

* 载《辽宁日报》2016 年 9 月 20 日。

东北三省工业总产值之和却只有广东省的58%。

面对市场经济环境，东北地区体制性、结构性矛盾日益凸显，内生增长力量受到抑制，东北地区国有企业发展困难逐渐显现。这一时期，本应是东北地区民营经济发展最有利的阶段，但由于政策限制，国有企业进入门槛较高，且国有企业一直比重过大，严重制约了民营企业发展空间。挤出效应导致东北地区民营经济只能集中在附加值较低的第二产业与技术和资金门槛较低的第三产业。

2003年，中央作出实施东北地区等老工业基地振兴的重大决策，采取了一系列支持、帮助、推动东北地区等老工业基地振兴发展的专项措施。从制度设定来看，主要是解决国有企业生存问题，进一步做大做强国有经济。这样的发展环境，不可避免地再次挤压了民营企业发展空间，尽管促进民营企业的政策文件也制定不少，但实际落实时各地还是以抓国有企业为主，对民营企业很多政策根本没有落实到位。因此，东北地区民营企业发展空间较小，无论是政府扶持力度、人力资源投放还是金融投资等方面，都受到严重制约。

目前，东北民营经济相比发达地区明显滞后。以2014年私营企业和个体从业人员为例，北京、浙江分别有550多万、1200多万，约为全部人口的1/4、1/5，但是辽宁、吉林、黑龙江私企和个体从业人员分别有675万、392万、353万，约占全部人口的1/7、1/7、1/10。

一项研究表明，现在东北地区“僵尸企业”占据更多资源，是民营经济发展缓慢的一个重要原因。国有企业中的“僵尸企业”，一般来说体量比较大，占据巨大的经济空间。民营经济发展因此受到进一步挤压，市场份额进一步下降。

我国经济发展进入新常态以来，中央出台了一系列政策促进民间资本投资，但是政策实施效果低于预期，民间资本投资的积极性和主动性不高，与东北振兴发展需要差距较大。数据显示，2016年上半年全国民间投资增速为2.8%，相比去年全年10%左右的水平，呈现下滑态势。民营企业投资大幅下降，正在成为一个不容忽视的风险点。全国民间资本投资不仅是整体增速下滑，而且区域之间和区域内部民间投资分化也非常严重。上半年东部民间投资增速是8.2%，中部和西部分别只有5.1%、1.9%，东北增速下降了31.9%。

民间资本蓬勃发展是整个国民经济发展的重要象征，是国民经济充满活力的基本表现。尤其重要的是,民间投资促进了民营经济的发展,民营经济的发展不仅创造大量的社会财富,而且提供了80%以上的就业岗位。当前,东北地区民营经济发展面临经济下行压力较大、多数行业和企业生产经营困难、人才外流、市场缺乏活力等挑战,体制机制深层次问题进一步显现。

在此背景下,东北振兴发展,政府要让渡出一定的投资空间给民营企业,在投资项目中引入更多的民营资本。要按照市场规则,让民营企业平等参与国有企业改革。

二、东北地区民间资本投资增速下滑成因

总的来看,东北地区民间投资增速下滑,既有老矛盾又有新问题,既有市场变化和投资空间压缩带来的影响,又有政策落实和体制机制原因,也存在民营企业自身发展的因素。民间投资增速的放缓,虽然有其必然性,但仍应关注民间投资增速放缓背后暴露出的体制机制性障碍。

(一)市场需求不振,民间投资信心不足

从民营经济发展的内外部环境看,当前国内国际经济下行压力较大,削弱了民间资本投资的动力和意愿。一是国内经济下行压力较大。一方面,我国经济由于受新旧动能转换衔接、部分行业产能过剩和产业转型升级相互叠加的影响,内生性增长动力不足。结构性的供需错配现象较为严重,导致国内市场有效需求不足,低端和无效供给短期内难以化解,相当一批民企市场订单减少,扩大投资的意愿和积极性不高。从东北地区来看,市场化程度低,民营经济遇到的困难更大一些。民间资本所集中的竞争性领域出现严重过度投资和低质产能过剩,大量低效产能和"僵尸企业"的存在对民间投资形成挤出效应,实体经济投资回报率变薄,民间资本投资意愿下降。另一方面,近年来工业品出厂价格持续下滑,尤其是部分产能过剩行业的企业利润严重下降,投资回报率不断降低,优质投资项目较少,多数企业认为经营风险加大。二是国际经济衰退势头仍在持续。当前,世界经济复苏步伐明显低于预期,全球市场产出能力过剩,劳动生产率增长缓慢和地缘政治问题等导致全球投资率不断下降。我国东北地区地处东北亚核心地带,东北亚经济发展对东北地区具有很大的影响。现在冷战格局遗留的一些问题仍没有解决,地区安全与信任机制

十分脆弱，存在一系列影响本地区经济发展的因素。国际金融危机以来，东北亚国家经济复苏进程缓慢，对我国东北地区经济促进作用减弱，直接影响到民营经济发展。

（二）政府存在缺失疏漏，影响民间投资

政府对民间资本投资的管理服务水平不断提升，但依然存在政府守信意识差、不依法行政和政策执行效率低等一系列问题。一是政府守信意识差。讲诚信是政府执政的基本要求，但政府管理服务中存在诚信不足、司法公信力差、商务诚信体系脆弱等一系列问题。在管理实施层面存在不严格执行合同规定、不兑现与项目有关的承诺、在合同之外增加义务和有失所有权公平等歧视性行为。二是政府不依法行政。政府作为外力促进民间投资，存在产权保护和合同法执行不到位问题，"权大于法"现象突出。产权和合法收益不能得到有效保障，使民企不敢投资。三是政策执行效率差。基层政府存在简政放权、放管结合和优化服务的政策落实时间慢、走样、变形、不到位等问题。总之，东北地区政府直接配置资源、管得过多过细以及职能错位不到位问题比较突出，在尊商、重商、亲商、爱商意识上与发达地区存在明显差距。

（三）融资难融资贵问题突出，民企无钱可投

这一直是东北地区民营企业反映比较突出的问题。一是融资难现象突出。融资难主要是银行信贷服务供给结构与中小企业的贷款需求结构不匹配，放贷导向过重偏于商业性和风险性，在规模上"重大轻小"，在身份上"重公轻私"。同时，民企贷款还存在手续繁杂、审批时间长、额度小、机制僵化、授信苛刻和附加条款多等一系列问题。二是融资贵问题明显。目前金融发展脱离实体经济，套利取向明显，而民企直接融资能力和议价能力不强，普惠性金融发展滞后导致较高的融资成本。三是抽贷、断贷、惜贷等融资风险问题比较普遍。这加剧民间投资增速下滑。民企融资难问题一直未得到有效解决，大量社会资金流入国企和政府平台，刺激投资的专项建设基金也因需政府回购担保而很少由民企获得，融资难制约民间投资能力。

（四）民营企业负担重，难以扩大投资

目前，民营企业生存负担重，没有充裕的资金实力扩大投资规模。一是民企生产经营存在隐形门槛高、税费重问题。一方面政府没有彻底清除行业监管、市场准入等"有形门"，涉及民企生产运营的检验评审和资格认证等成本居高不下。另一方面，当前税费规则体系复杂，制度履行成本较高，税收政策落实不到位。二是对民企的乱摊派乱收费名目繁多。地方政府监管不力、政策配套不完善，导致民企生产运营的制度性交易成本、风险成本和市场准入成本依然较高，行政性收费清理不彻底，乱收费乱摊派名目繁多。三是民企的生产要素成本不断攀升。当前，民企生产经营面临用工成本、原材料成本、房屋租赁成本和电力能源成本不断攀升的压力，综合生产要素成本的上升明显快于技术进步、生产效率提升、产品附加值增加、商品市场占有率扩大等带来的效益提升，致使投资的比较优势不断下降，严重削弱制造业的竞争力。

（五）门槛高渠道窄约束多，民企无处投资

一是国资国企对民资民企的挤出效应明显。一方面，国资国企凭借其地位和授信优势挤对民资民企现象明显。从2016年上半年东北地区投资来看，在民间投资大幅度下滑的同时，国有企业固定资产投资增速却在加快。另一方面，央企国企及其子公司渗透到市场的各个领域，存在管理和法人层级多、子企业数量庞大、与民企民资争夺市场、挤压民企民资发展空间等突出问题。二是民企可投资产业空间进一步收窄。目前，东北地区民营企业投资主要集中于房地产业和制造业。一些三四线城市房地产业近期持续低迷，债务违约集中爆发；传统制造业初级产品缺乏竞争优势，转型升级缓慢，产能过剩严重，投资机会不多。此外，部分领域准入门槛高，民营企业没有平等参与竞争的机会，一些基础设施建设、电力、石油和交通等垄断领域没有真正放开，银行、保险、电信等行业对民间资本的介入依然存在严格限制。三是PPP（政府与社会资本合作）项目实施中存在多重弊端。PPP项目是激发民间投资活力的关键领域，从我们在东北一些中心城市的调研来看，一方面，政府在PPP项目招标中明显地“重公轻私”，优质PPP项目资源基本上都被国企垄断，民企要投入PPP项目，特别是参与好项目比较困难。另一方面，由于PPP项目的立法缺位，许多部门都出台了政策措施，但统筹不够，在执行中部门间的政策比较难以适应。

破解东北民营经济发展难题*

2016 年 4 月,《中共中央 国务院关于全面振兴东北地区等老工业基地的若干意见》正式印发,明确了新一轮东北振兴的总体要求、战略地位、重点任务。8 月,国家发改委发布《推进东北地区等老工业基地振兴三年滚动实施方案(2016—2018 年)》,提出了对东北振兴有全局性重要影响、能够有效补短板和培育新动能的重大项目。在短时间内,如此密集地出台东北振兴文件,把东北振兴在国家发展中的地位提高到前所未有的新高度。由此,东北地区民营经济发展进入了快车道。但目前的状况是,东北地区民间投资增速下滑,这既有老矛盾又有新问题,既有市场变化和投资空间压缩带来的影响,又有政策落实和体制机制原因,也存在民营企业自身发展的因素。

破解东北民营经济发展难题,有效提升民间资本投资增速,最重要的是完善促进民间投资发展的政策体系,放宽民间投资市场准入,明确“非禁即入、平等待遇”的原则,鼓励和支持民间资本进入法律法规未明确禁止的一切产业和领域。

一、加大对外开放寻求东北振兴新机遇

东北地区要依靠地缘优势,加大对外开放力度,寻求振兴发展的新机遇。2016 年 1 月,国务院发布了《关于支持沿边重点地区开发开放若干政策措施的意见》(国发〔2015〕72 号文),重点为沿边地区开发开放出台更为务实的支持政策。同时,4 个自贸试验区的发展,已经探索出一些有价值的经验和做法。这一切,将成为东北地区在对外开放中寻求振兴发展的重要路径和参考。

---

* 载《辽宁日报》2016 年 9 月 27 日。

东北地区民间投资具备改革创新的条件和能力，具有先行先试的优势，这些都将有力支撑对外开放的扩大，让东北地区民间投资走向更大的发展空间。

二、推进供给侧结构性改革鼓励民企做大做强

当前，政府应主动让渡一些投资空间给民营企业，使之投资增速快些回升。要积极引入各类社会资本参与国有企业结构调整，大力发展混合所有制经济。拿出一定量的国有企业，特别是地方竞争性国有企业，整体出售给民营企业，以提高其市场份额。出台有利政策，支持PPP（政府与社会资本合作）项目发展，要让民间投资感受到利益的确定性。东北振兴要全面推进供给侧结构性改革，敢于让“僵尸企业”死掉，使之占据的资源回归市场。出台有利政策，支持民营企业做大做强，为东北经济注入活力。今后东北地区的国有企业，主要是瘦身健体、增强活力，这样才能给民营经济腾出更大的发展空间。

三、发展新经济增强民间投资新动力

新经济是以信息技术和知识创新为主导、生产力发展出现重大突破的一种表现形式。东北地区民间投资应坚定不移地实施创新驱动发展战略，通过新业态、新技术和新模式等的应用创造更多的投资机会和就业机会，创造更多的供给和消费需求，为发展新经济注入强劲动力。同时，应深化行政管理体制、金融体制和资本市场改革，进一步简政放权，为新经济发展创造富有活力的体制机制环境和资本市场环境，尤其要深化产权制度改革和建立健全社会信用制度体系，这不仅是全力发展新经济的重要基础，也是增强民企投资动力和提振投资信心的有力保障。

四、组建东北亚合作开发银行提升国家间合作水平

组建东北亚合作开发银行，可以有力推动东北亚经济发展。当前，东北亚地区局势错综复杂，各国应加强协作，从经济合作起步，加强本区域内的基础设施建设、跨境旅游等方面合作。金融合作是东北亚区域合作的重要内容，也

是东北亚经济共同体和一体化的重要推动力量，有关国家尤其是中日韩三国应该加强对东北亚合作开发银行的联合研究和论证，加快银行组建步伐，并与亚洲开发银行、亚洲基础设施投资银行等金融机构加强协调，以此提升东北亚国家合作水平，拓展民营投资的国际空间。

五、强化政府主体责任构建“亲、清”新型政商关系

地方政府要切实履行主体责任，有效解决民企反映的突出问题。现在，诚信和依法行政是东北振兴的迫切要求，是构建“亲、清”新型政商关系的前提。社会主义市场经济是法治经济，更是信用经济。地方政府应注重自身信用体系的建设，建立健全信用制度，提升自身行政公信力。应注重培养政府行政管理的法治化意识，按照法律明确授予和规定的职能范围、权限大小与关系依法行政，严格执法，维护法治的权威和尊严。同时，强调行政程序法定化，履行管理职能过程中应遵循法定化的行为步骤、方式与过程，履行合同，信守承诺，重点是依法保护民企的产权和合法权益不受侵犯。

六、创新体制机制破解融资贵和融资难

破解民营企业融资贵和融资难问题，需全面创新财政和金融体制机制，厘清财政、金融和实体经济发展的关系。一方面，政府应创新财政支付体制，拿出部分预算内资金、专项建设资金、创业投资引导资金等主动为民企增信，激发民企投资活力。另一方面，通过积极的财政政策为民营企业授信宽信，建立政府政策性信用平台，弥补小微企业贷款难和贷款贵的信用短板。探索逐步由银行主导的信贷模式向风险资本市场的股权投资模式转型，构筑利益捆绑、风险共担的新型伙伴关系。

努力补齐民营经济这块短板*

2016年,中央再次出台东北地区等老工业基地振兴政策,提出"大力支持民营经济发展""支持民营经济做大做强"。在十多年时间里连续出台振兴政策说明了什么?说明与全国相比,东北遇到的困难更大、问题更突出。从宏观角度看,"新东北现象"出现的原因主要是市场化程度不高、国有企业活力不足、民营经济发展不充分。其中,民营经济发展滞后是突出的短板。在国有企业发展遇到比较大的困难时,民营企业如果不能及时顶上,就难以支撑地区经济稳定在合理区间。

新中国成立初期,我国将大量工业项目放在东北地区,由此东北形成了国有经济点多面广、比重高的特点。改革开放后,东北传统优势产业竞争力逐步下降。这一时期本应是民营经济发展最有利的时期,但由于体制机制转换缓慢、民营经济发展政策跟进不力、国有企业改革滞后,这一有利时期被错过了。2008年国际金融危机后,东北本应刮骨疗毒,加快经济转型升级,但一些国有企业习惯于国家政策托底,改革动力不足;民营经济发展空间不大、环境不佳,民营经济短板问题更加突出。应当认识到,东北振兴离不开国有经济和国有企业发展,也离不开民营经济和民营企业发展;二者不是你上我下的对手,而是合作共赢的伙伴。只有坚持"两个毫不动摇",让国有经济、国有企业和民营经济、民营企业各自发挥比较优势、同向发力,才能全面激发东北经济活力。因此,东北振兴首先要解决的是处理好政府和市场关系,补齐民营经济这块短板。

强化加快民营经济发展的统一认识和行动。东北地区国有企业多,但大多数自成体系,留给民营企业的配套发展机会不多,而且在当前经营遇到较大

---

* 载《人民日报》2016年10月9日。

困难的情况下，对地方经济的带动有限。从东部地区发展经验看，促进民营经济健康发展是繁荣地区经济的重要举措。东北各级政府应转变过于依赖国有企业的振兴方式，给民营经济更大发展空间，实实在在地加快促进民营经济发展的政策落地。民营经济活东北、民营经济富东北，应成为东北振兴的新理念。

坚定不移加快推进供给侧结构性改革。应落实好中央关于东北振兴的政策措施，全面推进供给侧结构性改革，着力优化所有制结构，支持民营经济加快发展。积极引入各类社会资本参与国有企业改革，大力发展混合所有制经济，努力成为混合所有制经济发展的重要试验区。敢于让"僵尸企业"出清，使之占据的资源回归市场。完善促进民间投资发展的政策体系，下大力气放宽民间投资市场准入，加快现代服务业发展，采取务实有效的政策支持 PPP（政府与社会资本合作）项目发展，为民营经济拓宽市场空间。

在参与"一带一路"建设中加大开放力度。东北地区毗邻俄罗斯、韩国、日本，处于东北亚核心地带，是我国参与东北亚区域经济合作的前沿阵地。要充分利用好这一优势，寻求发展新机遇，努力将东北地区打造成我国向北开放的前沿地带。上海、广东等自贸试验区已经探索出一批有价值的开放经验和做法，应加快促进这些经验和做法在东北地区的复制和推广，按照负面清单要求倒逼改革开放。抓住辽宁获批建设自贸试验区的契机，通过机制创新激发东北地区民间投资先行先试的活力，探索东北在对外开放中振兴发展的新路径。

营造规范有序的市场秩序和公平合理的竞争环境。近年来，推进政府简政放权、放管结合、优化服务改革的成绩很大，但以治理为导向的政府工作理念还没有完全形成。在这方面，东北的问题更多一些。切实转变政府职能，营造规范有序的市场秩序和公平合理的竞争环境，对东北振兴意义重大。应彻底摒弃官僚作风，降低制度性交易成本，为民营经济发展清障搭台。深化金融体制和资本市场改革，设立产业引导基金平台，吸引创投和各种风险投资，形成有活力的体制机制和资本市场环境。加大产权保护力度，建立健全社会信用体系，增强民营企业投资安全感，提振其投资动力和信心。

在创新驱动发展大潮中加快发展新经济。东北过去有过创新创业的辉煌历史，今天更需要树立创新创业的精神和形象，坚定创新创业的意志和决心。

要坚定不移实施创新驱动发展战略，形成激励创新的体制机制，留住并吸引更多勇于创新创业的人才队伍。发扬"铁人精神"和"工匠精神"，鼓励各类企业通过发展新业态、应用新技术、采用新模式，创造更多的投资和就业机会，充分发挥创新引领发展的第一动力作用。

从东北"去产能"引发的思考与建议*

日前,参加了东北三省督查,在督查和调研中看到,东北去产能正在有序推进,但也遇到了一些矛盾和问题。透视东北去产能,寻求解决矛盾和问题之策,对全国也有一定现实意义。

一、东北三省去产能有序推进

东北三省党委、政府坚决贯彻落实党中央、国务院的重大决策部署,努力抓好供给侧结构性改革,钢铁和煤炭去产能有序推进,成效初步显现。截至2016年9月底,钢铁去产能:辽宁省完成全年计划的80.07%、吉林省完成100%、黑龙江省完成50%;煤炭去产能:辽宁省完成全年计划的44%、黑龙江省完成62%、吉林省完成62%。整体上看,东北作为老工业基地,是最后退出计划经济的区域,历史包袱较重,面对当前经济下行的巨大压力,能够有序推进去产能,并保持了经济社会大局的稳定,实属不易。东北去产能有三个突出特点:一是切实推进责任落实。强化顶层设计,明确省市县三级责任,签订目标责任书,严格执行退出标准,制定退出企业责任清单,建立退出时间表和路线图。二是迎难而上重点突破。面对老国企的突出困难,东北不回避矛盾,集中攻坚,聚积智力财力,重点突破龙头国企——龙煤、吉煤、鞍钢和通钢,取得明显进展。三是着力开展专项行动。积极开展淘汰落后产能专项治理行动、违法违规项目专项清理行动、环保安全违规违法专项排查行动等,为去产能任务的完成努力创造条件。

---

* 载《国家行政学院送阅件》(第68号)2016年11月29日,合作者孙飞博士后。

二、去产能过程中存在的难题

从东北了解的情况看，顺利推进去产能工作，还需要着力解决面临的一些难题。

（一）分流职工安置任务重，资金筹措难

化解过剩产能、处置"僵尸企业"需支付各项历史拖欠、解除劳动合同补偿、发放各项退养费用、代缴社会保险和职工转岗培训费用等。东北去产能过程中，不少国有企业冗员多、历史负担重、分流安置费用高，分流安置资金缺口大，中央奖补资金和地方配套资金严重不足。例如，吉煤需分流安置31929人，资金缺口17.106亿元；阜矿需分流安置30560人，资金缺口17.3亿元；鞍钢和龙煤分流安置资金缺口近百亿。巨大的资金缺口影响了去产能的进程。

（二）国企累计欠账多，债务重组难

东北钢铁、煤炭等行业的国企大都是亏损的"重灾区"，也是拖欠的"困难户"。一是不少企业存在拖欠职工基本工资、五险一金和医保费用等问题。二是不少企业拖欠银行贷款本息，银行债务负担重。如黑龙江去产能涉及的4家钢铁企业累计贷款额度116亿元。2016年8月末，吉煤集团累计欠发职工工资4.5亿元，欠缴社会养老保险32亿元，欠付货款25亿元；通钢集团欠缴养老保险43182万元。企业债务负担重、亏损多，导致债权人推动、接受重组的积极性不高，企业重组困难。

（三）有些压减产能早已停产，多少存在"顶任务"之嫌

东北一些地方压减的有些是长期停产或闲置产能，有的甚至是已关停的产能，希望能够充顶当年任务多得些"奖补资金"。这种情况其他省市也存在，如国家相关部门表示2016年前三季度钢铁和煤炭去产能已经完成全年任务的80%以上。但从国家统计局数据看，2016年9月份，全国粗钢产量同比增长3.9%，生铁同比增长4.1%，钢材同比增长4.3%。一边产能在大幅度压缩，一边产量还在增长，说明部分压减指标可能是闲置产能或已关停的产能。

（四）价格回升刺激部分企业增产复产，去产能难度增加

目前，全国钢铁和煤炭价格均出现大幅度回升。2016年10月下旬线材价格已反弹到2500—2600元/吨，发热量5500大卡煤炭价格已反弹到570

元/吨。价格的回升,一方面说明党中央、国务院大力去产能政策是正确的,必须坚持并完善。另一方面,确实增加了持续、真正去产能的难度。有些企业已列入去产能关闭企业名单,并上报国家有关部委,但又在“做工作”希望从名单中去除。不少已限产停产的企业出现增产复产的动向。需要针对这一形势变化,研究制定更加可行的、更加市场化和法制化的去产能途径。

三、东北去产能政策调整的出路与举措

东北去产能面临的难题,也是全国面临的共性问题。为进一步落实推进供给侧结构性改革的部署,我们建议从以下几点进一步做好去产能工作。

(一)妥善处理职工安置工作,用好奖补和配套资金

一是多措并举做好职工安置工作。坚持“保人不保企”的政策底线,积极做好去产能分流人员的再就业帮扶,妥善处理劳动关系,加大培训力度,提高公共就业服务,对确实存在就业困难和零就业家庭,优先利用公益岗位托底帮扶。二是用好奖补和配套资金。适当提高奖补资金标准,规范各项配套资金使用程序,实施透明化、精准化管理和发放,切实防范骗取奖补资金行为。

(二)加快企业债务重组,依法化解去产能企业债务负担

一是协调法院、金融部门和债权债务双方,依法制定具有可操作性的债务处置方案。指导去产能企业综合运用债务重组,破产重整或破产清算等手段,开展债务清理和债务整合,创新不良资产处置模式,妥善处置企业债务。二是推进市场化债转股。按照市场化、法治化的方式开展银行债权转股权,在定价转股资产、筹集资金、管理和退出股权等环节,切实尊重银行债权人权益和选择权,鼓励多类型实施机构参与开展市场化债转股。

(三)行政化、市场化和法治化协同推进,提升治理效率

一是去产能应坚持“三化”的协同推进。应充分发挥市场在配置资源中的决定性作用,按照市场出清的原则,运用市场手段化解过剩产能、优胜劣汰、平衡供需,完善产能市场交易机制,引导企业主动去产能。依法淘汰落后产能,严格环保、质量、能耗、技术和安全执法标准,利用“三化”协同建立长效治理机制。二是精准识别,切实做好去产能的“减法”。应利用现代大数据技术等现代信息技术完善去产能可追溯体系,精准识别,依法严惩去产能中的弄虚

作假行为，完善去产能的激励机制，引导用市场竞争能力和环保标准倒逼企业去产能。

（四）坚定去产能决心，同时解决好局部地区出现的供给缺口

一是坚定去产能决心不动摇。当前全国钢铁煤炭供给结构性过剩的基本面没有变，应从上到下坚定去产能的决心，将压减任务层层细化落实，并完善去产能进度动态监管体系。二是统筹煤炭去产能和稳定供应的关系。对局部供应结构性偏紧现象，采取精准滴灌措施，增强针对性和统筹性，确保煤炭供需形势和价格平稳。尽快统筹协调东北存在的较大煤炭缺口问题，确保冬季供暖用煤。

（五）全面深化改革，把国企去产能与国企改革更好地结合起来

一是深化去产能国有企业改革。产能过剩企业实际上是负担太重、机制不活、市场竞争力低下，所以去产能不能"单打一"，要推进去产能国企的全面改革，要瘦身健体、减员增效、化解多种历史包袱；要引入战略投资者，积极稳妥推进混合所有制改革；要加快依法破产重整、破产清算，使"僵尸企业"真正退出市场。二是积极向去产能标杆企业邯钢、杭钢、鸡西矿业等学习，眼睛向外，盯市场调结构；眼睛向内，抓改革要效益。坚持走市场化之路，主动淘汰落后产能。

对黑龙江省经济工作的几点感想*

根据国务院关于开展第三次大督查的统一部署，第20督查组于2016年9月26日至30日对黑龙江省进行了督查。我参加了第20督查组，现就有关情况，谈点感想和建议。

一、主要做法和成效

黑龙江省委、省政府把学习贯彻习近平总书记针对黑龙江工作发表的重要讲话作为强大动力，把奋力走出黑龙江全面振兴新路子作为共同行动，紧紧围绕中央经济工作会议部署和政府工作报告提出的任务，认真落实中发〔2016〕7号和国发〔2014〕28号文件要求，坚持以经济建设为中心，直面困难、努力进取，统筹稳增长、调结构、促改革、惠民生，多项工作取得积极进展。一是初步稳住经济下滑势头。推动重大投资项目开工建设，注重促进社会民间投资，努力扩大有特色的制造业、旅游产业发展，推进"龙江丝路带"建设。截至2016年8月底，全省地区生产总值增长5.7%，固定资产投资增长5.8%，民间投资增长9.9%，社会消费品零售总额增长10%，机场旅客吞吐量同比增长16%。二是积极推进供给侧结构性改革。下大力气推进钢铁煤炭去产能，截至8月底，已完成煤炭、炼钢、炼铁去产能年度任务的56.5%、50%、54.3%。以龙煤集团改革为重点，抓住人员安置这个"牛鼻子"，龙煤已完成首批2.25万人分流安置。简政放权方面，截至8月底，取消下放行政权力事项192项，推动网上政务服务中心数据信息共享，启动全省行政权力清单的统一规范，推行责任清单制度，清理规范省政府各部门行政权力的中介服务，新登记市场主

* 载《中国东北振兴研究院简报》第25期，2016年12月30日。

体增长 8.8%。三是加快推动创新创业。实施“千户科技型企业三年行动计划”,2016 年 1—7 月新注册成立科技型企业 1477 家。各高校建立创业孵化平台 160 个。在全国率先组建省级农业担保公司,支持粮食适度规模经营等新型经营主体和现代农业发展。引导农民树立市场观念,截至 6 月末,全省创业农民达 34.1 万个(户),拉动就业 227.8 万人。公布 2016 年“互联网+”行动计划,1—6 月电子商务交易额增长 10.5%,网络零售额增长 23.1%。1—7 月快递服务业业务量增长 84.3%。四是千方百计保障民生。克服经济下行压力较大的困难,就业形势总体平稳。截至 8 月,实现城镇新增就业 44.65 万人,完成全年的 81.2%。二季度城镇登记失业率控制在 4.42%,低于控制目标 0.08 个百分点。多措并举应对企业养老金入不抵支的严重形势,在中央的支持下,总体做到了企业养老金及时足额发放。同时,对改革脱困企业下岗职工、残疾人等困难群体开展了专项救助,保持了社会稳定。

二、存在的主要问题

保持经济平稳发展方面。经济增长的动力偏弱,稳增长任务仍然艰巨。一是传统行业仍在下滑,结构性矛盾突出。油、煤、粮、木等传统资源型产业下行压力仍然较大,接续替代和新兴产业比重偏小,尚处于起步和培育阶段。二是民营经济发展滞后,民营企业中房地产企业偏多,科技型企业、先进制造业偏少,与国有企业没有形成产业集群发展态势,配套融合发展能力不足。三是固定资产投资增速缓慢。由于受气候等多重因素影响,一些重大投资项目进展偏慢,截至 8 月底,中央预算内投资项目仅开工 45%,完成投资额 36%;水利工程开工率仅 34%,完成投资额 22.1%。今年 1—8 月,亿元以上投资项目个数减少 21.8%,投资金额下降 14.4%。

推进供给侧结构性改革方面。一些领域改革尚需突破,深层次的矛盾尚待解决。一是“放管服”改革仍有盲区。从投资项目审批到竣工验收的程序仍较多,耗时仍偏长。一些地方和部门依法行政意识不强,主动服务意识和服务质量不高,部门之间推诿扯皮现象仍有发生,基层工作人员懒作为和不作为问题比较突出。二是民间投资环境有待改善。民间投资进入部分领域仍存在审查程序烦琐、隐形门槛较高等问题,中小微企业融资难、融资贵问题突出,企业经营成本较高，造成民营资本观望、惜投。三是化解钢铁煤炭过剩产能进展偏慢，低于序时进度。国有企业去产能涉及的人员安置资金缺口较大，筹措困难。

促进创新驱动发展方面。创新意识不够，创新活力不足。一是科技成果转化平台发展培育不够。科技活动产出排在全国第 8 位，但高新技术产业化排在全国第 24 位，“两层皮”现象没有解决。二是孵化平台服务功能偏弱。现有孵化器主要集中在几个中心城市，边远城市孵化器少，且孵化器服务多停留在物业办公等低层次服务，专业化、市场化服务能力亟待提升。三是市场意识和创新意识不强。创新创业人才流失严重，研发投入不够，创新创业发展后劲不足。

保障和改善民生方面。经济下行的压力依然存在，并已传导到某些民生领域。一是就业压力仍然较大。钢铁煤炭去产能和资源型传统行业用工收缩，已出现裁员或隐性失业情况，结构性失业问题凸显。今年二季度全省调查失业率为 6.46%，尽管 8 月份下降为 5.99%，但均高于全国平均水平。二是农民增收面临较大压力。伴随国家玉米收储制度的调整，黑龙江玉米价格将会继续下行，甚至会回落到历史低位，卖粮难情况将更加突出。三是环境保护压力仍然较大。全省河流仍有 33.3%的断面水质达不到功能区目标要求，13 个县以上城市水源水质存在铁锰以外超标问题，燃煤污染仍然比较严重，清洁能源利用率低。

三、加强和改进工作的建议

一是以推进重大项目建设为抓手，用更大力气稳住经济。目前全省经济企稳基础尚不巩固，稳住经济仍然需要下大功夫。要采取更加得力措施遏制油、煤、粮、木等传统资源型产业下行的压力，减缓这些行业对经济增长的负面拉动。要高度重视投资项目论证、储备、开工、建设各环节工作力度，确保投资平稳增长。黑龙江气候寒冷，有效施工期短，要切实加大项目组织管理和监督检查力度，具备条件的项目力争尽快开工建设，在建项目加快工程进度，确保有效投资的规模和强度。积极创新投融资机制，大力推进 PPP 模式，推动中央企业加大投资力度，尽快扭转亿元以上新开工项目不足和在建项目减少的局面。

二是以化解历史包袱为重点，加快推进国有企业改革。当前黑龙江在经济领域出现的困难，某种程度上都与国有企业包袱重、活力弱有关。要把煤炭、农垦、森工改革作为国企改革重中之重，认真总结龙煤集团改革经验，以去落后产能、人员转岗分流、剥离办社会职能、解决历史遗留问题为重点，全力推动厂办大集体、"三供一业"分离移交，创新体制机制，切实瘦身健体，实现国企脱困发展。按照不同国有企业功能类别有序推进分类改革，以产业转型升级引领，探索改组组建国有资本投资、运营公司，积极探索发展混合所有制经济的具体模式和途径。

三是以改革创新为动力，加大产业结构调整升级力度。做好"老字号""原字号""新字号"三篇大文章，"老字号"重点抓创新，通过技术、产品、工艺、管理创新来实现改造升级；"原字号"重点抓开发，深度延长产业链，并围绕产业链进行招商引资，提高资源的转化能力。"新字号"重点抓改革，培育壮大新产业、新业态、新模式、新动能。进一步发挥黑龙江气候、旅游等独特资源的优势，大力发展旅游、休闲、养老、观光等新兴产业，发挥新经济的助推作用。国家玉米收储政策调整对黑龙江是挑战也是机遇，要抓住粮食转化的关键，开展深加工、延长做精产业链。要研究出台粮食转化的政策，出台相应的保障措施。

四是以弥补养老保险缺口为关键，努力防范民生风险。当前和今后一段时间，黑龙江面临的最大困难是养老金缺口的风险。要在已经采取的大力征缴、严格支出、广开渠道等措施基础上，进一步加大工作力度，要研究采取划拨部分省属国有企业股权充实养老金，以及发行长期国债弥补缺口的举措，以切实保证养老金足额发放。把扩大就业创业放在突出位置，确保全省就业形势总体稳定。把解决好重大民生问题放在重要位置，进一步加大教育、收入、医疗卫生、食品安全、保障性住房建设、环境治理等民生领域的投入力度。

五是以改善营商环境为着力点，大力发展民营经济。对标先进地区深化"放管服"改革，下大力气简政放权，减少行政审批，提高行政效率。强化依法行政和诚信意识，集中解决一批企业和社会反映的强烈问题，认真梳理并解决拖欠企业工程款、已经承诺优惠政策不兑现等问题，积极打造服务政府、法治政府、效能政府、诚信政府。创新开展民营经济培育壮大行动，真心实意帮助企业搞好服务、排忧解难，让企业家受尊重、心气顺，改变“投资不过山海关”的被动局面。要对涉及企业的收费进行清理，努力降低企业运营成本。引导正面舆论宣传，营造公平发展环境，努力扩大民间投资。切实优化发展环境，制订合理的、差别化的激励政策，留住和吸引各类适用创新创业人才。

六是以建立激励机制为支撑，着力营造创业干事、敢于作为的良好政治生态。针对部分基层干部“怕出错、怕问责、绕道走、不想为、不敢为”等现象，积极营造有利于创新的政策和制度环境，抓紧建立奖掖改革的激励机制，为干事创新者鼓劲撑腰，鼓励干部在改革发展中主动作为、敢于担当，营造愿干事、敢干事、能干事、干成事的良好环境。

对吉林省经济工作的几点感想*

根据国务院关于开展第三次大督查的统一部署，第 20 督查组于 2016 年 9 月 22 日至 26 日对吉林省进行了督查。我参加了第 20 督查组，现就有关情况，谈点感想和建议。

一、主要做法和成效

吉林省委、省政府认真学习习近平总书记系列重要讲话精神，坚决落实中央经济工作会议和政府工作报告的要求，切实贯彻党中央、国务院关于振兴东北、振兴吉林的决策部署，强化组织领导，主动作为，精准施策，各项工作取得了积极进展。一是千方百计保证经济平稳发展。在去年实施 28 项稳定经济增长措施的基础上，2016 年又新增 29 项措施。把抓好重大项目作为稳定经济的“定海神针”，1—8 月份，全省完成投资 9845.5 亿元，同比增长 10.1%，民间投资增速 11.9%。上半年，主要统计指标增长已基本与全国同步，经济发展总体呈现稳中有进的态势。二是积极推进供给侧结构性改革。深化“放管服”改革，推行“五证合一”，清理行政审批中介服务，建立省市县三级权力责任清单，制定审批事项通用目录，实施“一张网”综合改革，把有条件的行政审批向乡镇和街道下放延伸。“三去一降一补”工作积极有序推进，压减炼钢产能 108 万吨，完成全年计划。关闭退出煤矿 24 处，去产能 722 万吨。精准补贴粮食深加工企业，降低企业生产经营成本。持续推进补短板，实行“千个单位保村、万名干部包户、百万党员参与”的全覆盖脱贫包保责任制。三是深入推进创新驱动发展战略。制定《中国制造 2025 吉林实施纲要》，推动制造业

---

* 载《中国东北振兴研究院简报》第 24 期，2016 年 12 月 15 日。

转型升级。大力培育双创基地和众创空间,培育科技企业孵化器(众创空间)62家。长春市双创培育势头良好,机制灵活,一些民营企业进入孵化器领域。出台完善股权激励、分红激励制度等政策,建设技术创新和服务转化平台,努力推动科技成果市场化的转移转化运营体系。四是全力以赴保障和改善民生。围绕高校等重点就业群体,制定了31条促就业、稳就业的政策措施,保持了全省就业形势的基本稳定。截至8月末,全省城镇新增就业44.35万人。上半年,城镇登记失业率3.52%,低于全国平均水平0.53个百分点。在玉米价格下降10.7%的情况下,全省农村常住居民人均可支配收入6012元,同比增长5.3%。

二、存在的主要问题

保持经济平稳发展方面。一是传统产业下行压力仍然较大,经济持续增长基础仍不牢固,汽车行业增长快但其他行业仍比较困难,存在着较大的不确定性。发电用电指标和货运量仍处在低位。新兴产业、新兴业态占比较低,新旧动能转换动力不足。二是重大项目储备不足。特别是亿元以上新开工项目数量和计划投资总额均下降较多。亿元以上新开工项目同比减少201个,下降20%,完成投资下降19.6%,央企亿元以上重大项目新开工数量较上年下降81%,完成投资下降69%。三是服务业发展滞后。扩大消费需求的动力不足,1—8月,社会消费品零售总额增长6.2%,低于全国10.3%的增幅。电商消费处在起步阶段,城乡电商物流配套服务体系建设还有较大差距。

推进供给侧结构性改革方面。一是"放管服"改革还有待深化,投资建设中设计审图和竣工验收环节仍然繁杂,事中事后监管需创新和加强。二是国有煤矿去产能进展缓慢,所涉及国企职工安置资金尚不到位,缺口较大。三是中小微企业融资难、融资贵等问题突出,部分企业杠杆率较高,银行实际贷款利率有的上浮20%—30%甚至更多,直接融资少,资本市场发育不足。四是区域性电力过剩与一些企业用电成本高并存,企业生产经营成本负担仍较重。五是国有企业历史遗留的问题较多,企业办社会负担重,富余人员多,"三供一业"移交存在困难。

促进创新驱动发展方面。一是双创基地建设地区间发展不平衡,长春市以外的区域培育力度不够、功能不强，创新政策服务体系有待完善。二是有利于鼓励创新创业的金融市场环境发育不够，缺乏产业基金、天使投资、风险投资等金融工具。三是R&D投入比例偏低，高新技术企业数量少、个头小，仅占全国的0.4%。科技成果本地转化困难，长春应化所的科研成果90%以上到江浙、广东等地转化。四是吸引人才、留住人才机制不够完善，科技人才流失比较严重。

保障和改善民生方面。一是养老金缺口逐年加大，欠缴社会保险费问题比较普遍，增加了社会风险的集聚。二是居民收入增长有所放缓，增速低于全国平均水平。三是隐性失业增加，调查失业率偏高。2016年二季度和8月份，全省城镇调查失业率为7.2%和6.39%。四是个别保障性安居工程基础设施配套困难，影响按期交付使用。前8个月新建农村公路完成42.2%，完成比例较低。

三、加强和改进工作的建议

一是狠抓重大项目建设，进一步筑牢经济持续增长的基础。从吉林省资源优势和产业基础出发，积极谋划并推进实施一批重大项目。吉林地区气候寒冷，施工期短，要加大项目组织管理和检查力度，具备条件的尽快开工，已开工的加快进度。努力发展新兴产业、新兴业态，培育发展新动能。加大推动进出口业务和服务业发展力度，努力扩大电商消费，加强城乡电商物流配套服务体系建设。抓住经济回稳向好的积极态势，乘势而上，争取成为东北地区实现全面振兴的领跑者。

二是狠抓营商环境改善，大力发展民营经济。注重借鉴先进地区经验，深化“放管服”改革，切实转变政府理念和职能，强化服务意识。以投资建设为重点，进一步减少审批要件，优化程序，提高审批效率。以创新监管为重点，更好地利用电子化手段，推广“双随机、一公开”的监管方式，加强事中事后监管。创新开展民营经济培育壮大行动，完善落实促进民间投资的措施。创造条件增加直接融资，降低民营企业杠杆率和成本，帮助民营企业解决发展难题。引导正面舆论宣传，营造有利于吸引投资的环境。

三是狠抓解除国有企业历史包袱，进一步推动改革新突破。在建立完善市场化机制方面采用更灵活、更有效的改革措施，全力推动厂办大集体、“三供一业”分离移交。妥善解决好去产能中的分流安置职工问题、债权债务及不良资产处理问题。积极稳妥推进国有企业混合所有制改革，探索有效的实现形式和途径。不等不靠、主动作为，集中力量和资源尽快解决国有企业历史遗留问题。进一步推进央企与地方合作。

四是狠抓科技成果转化，进一步推动创新驱动发展。积极营造有利于创新的政策和制度环境。制订合理的、差别化的激励政策，完善创新政策服务体系和投融资环境支撑。积极发展众创空间，大力发展科技转化经纪人群体，构建有利于创新创业的完整链条，提高科技成果在本地的转化比例和效率。研究制定更加吸引和用好人才的政策措施，在经费管理、股权激励、分红奖励等方面进行更大力度的改革，最大程度缓解人才外流的趋势。着力培育高新技术企业，引导企业提高 R&D 投入比例，强化企业创新主体地位。

五是狠抓养老金保险缺口弥补，进一步切实保障和改善民生。坚决守好民生底线，防止经济下行压力传导到养老、就业等民生领域。把确保养老金按期足额发放摆在首要位置，采取综合性措施，确保养老金不欠发、不迟发。把扩大就业创业放在突出位置，确保全省就业形势总体稳定。把解决好重大民生问题放在重要位置，加大推进农村危房改造、棚户区改造、农村公路建设等工作的力度。作为农业大省和全国粮食基地，要采取有效措施，妥善解决因受国家玉米收储制度改革带来的农民增收面临较大压力的问题。

六是狠抓激励机制建设，着力营造创业干事、敢于作为的良好政治生态。针对部分基层干部“怕出错、怕问责、绕道走、不想为、不敢为”等现象，抓紧建立奖掖改革的激励机制，为干事创新者鼓劲撑腰，鼓励干部在改革发展中主动作为、敢于担当，营造愿干事、敢干事、能干事、干成事的良好环境。

打赢东北振兴这场新的“辽沈战役”*

1948年，在中国东北大地，共产党领导的军队战胜了国民党领导的军队，解放了东北全境，史称“辽沈战役”。2016年4月，中共中央、国务院出台了《关于全面振兴东北地区等老工业基地的若干意见》；8月22日，《推进东北地区等老工业基地振兴三年滚动实施方案（2016—2018年）》印发；12月19日，《东北振兴“十三五”规划》印发，中央在如此短的时间内，密集地对东北提出振兴。在国家发展改革全局中，东北振兴的战略地位被提升到了前所未有的新高度，说明什么？说明，近70年过去了，东北经济又出现了新的困难。我们又面临一场新的东北振兴的“辽沈战役”，我们需要打赢东北振兴发展这场硬仗。这里，我结合2016年9—10月参加国务院第三次经济大督查到东北三省督查的实际情况，谈几点感想，与大家分享一下。

一、东北振兴当前要抓好三个方面问题

第一个问题：推动东北三省经济尽快企稳向好，必须发挥投资对稳增长的关键作用。2015年东北三省经济增长率都低于全国平均线，辽宁省出现了负增长的情况。近年来东北三省积极采取措施，希望奋力改变这种状况。但现在看，当前，东北经济还在分化筑底盘整中，压力很大。辽宁、黑龙江两省经济增长率仍然低于全国的平均线，吉林省经济增长率开始超出全国的平均线。但三省出现根本性好转，还需要时间。下一步，需要以推进重大项目建设为抓

* 本文系两个会议上的演讲汇集。一个是在中国（海南）改革发展研究院举办的新兴经济体智库国际会议上的演讲要点，2016年10月30日；另一个是在中国经济体制改革研究会主办的“2016中国改革论坛”上的演讲，2016年12月4日。

手,用更大力气稳住经济。第一,东北三省各级政府根据“十三五”规划和中发7号文件、国发28号文件确定的重点支持领域,大力开展项目谋划储备。特别是各级发改委部门,要主动性、创造性地开展工作。第二,根据经济平稳发展的迫切需要,积极优化投资结构,围绕完善基础设施网络体系,抓紧实施交通、能源、水利、城市设施等领域的重大项目;围绕形成新动能,抓紧实施一批重大产业升级项目和创新支撑项目,确保有效投资的规模和强度。第三,积极创新投融资机制,大力推进PPP模式,推动中央企业加大投资力度,充分利用各方面资金,推进项目建设,尽快扭转东北三省亿元以上新开工项目不足的局面。第四,对一些重大的项目,国家有关部门要积极支持,比如,配套政策支持,提高审批效率,推动项目落地。当然,要把过去那种简单的输血改为现在的造血,增强内生的动力,还是要坚守市场配置资源起决定性作用的原则和前提下,更好地发挥政府的重要作用,把这些事情办好。

第二个问题:加快东北市场化改革进程,加大国有企业和国有资本自身的改革力度,为混合所有制经济和民营经济发展开拓空间。东北国有资本大量分布在传统重化工业,而进入新的发展阶段特别是整体上进入工业化后期,这些行业大多处在需求增长空间较小的阶段,甚至少数行业已经到了“天花板”。我们现在看到一些行业已经出现经营困难,未来更多行业有可能会出现困难。如何办?解决的办法主要有四个大的方面:一是加快东北国有企业和国有资本自身的改革力度。在新中国的经济建设历史上,东北国有企业曾经有过辉煌的历史,即使在上一轮重化工业大发展的经济周期里,东北国有企业日子也还过得去。有些国有企业忙于粗放增长、规模扩张,对改革的重要性和紧迫性关注不够,结果错过了重要的改革窗口期,出现了温水煮青蛙的现象。要按照中央关于推进国有企业改革的总体部署,有序推进国有企业分类改革。按照不同国有企业功能类别推进改革,积极探索发展混合所有制经济的具体模式和途径,东北应当成为积极探索发展混合所有制经济的重点试验区,推进建设一批产业合作园区。对于这些困难的企业,改革创新的力度还有待加大。二是要以化解历史包袱为重点,加快推进国有企业改革。全力推动厂办大集体、“三供一业”分离移交。不等不靠、主动作为,尽快解决历史遗留问题,尽快搬除压在国有企业身上的沉重“大山”。三是大力发展民营经济。营造公平发展环境,加大产权保护和政策支持力度,帮助民营企业解决发展难题,引导正面舆论宣传,改变各种负面报道和影响,稳定企业家的预期和信心,努力扩大民间投资,支持和鼓励东北地区民营经济有新作为,创新开展民营经济培育壮大行动。

第三个问题:“解决东北特殊困难,需要特殊政策”,国家和中央有关部门也要大力支持。东北三省在历史上对共和国发展作出了巨大贡献,促进东北三省振兴,关系到国家发展稳定全局,是需要下大功夫的事业。一是着力帮助解决养老保险刚性缺口问题。要立足当前,采取加大财政转移支付力度、提高中央财政补助比例、对缴费困难群体给予专项补助等措施,确保东北三省养老金当期支付不出现问题。同时,要着眼长远,研究确定东北三省养老金持续支付的长效举措。比如,可否将设立在东北地区的中央企业部分股权划归东北三省社会养老保险基金持有,专项解决养老金不足问题?比如,可否允许东北三省以省级信用为担保发行长期专项国债,解决东北三省养老保险短期内难以收支平衡的问题?二是切实加大对粮食等农产品加工转化的支持力度。粮食是东北地区的基础性、战略性产业,当前面临着粮食(特别是玉米)加工转化严重不足和库存居高不下问题,在国家加大力度推进农业供给侧结构性改革的背景下,东北这方面会遇到更大的困难。要继续实施和完善农产品产地初加工补助,提高就地加工转化水平,培育一批农产品加工产业集群和绿色食品加工产业基地。三是切实加大金融资本的支持力度。当前,全国许多地方都存在着融资难、融资贵、生产要素成本居高不下等问题,东北更加严重,更加困难。可考虑在金融方面加大支持力度,比如为东北三省企业发行债券、并购重组等开辟绿色通道,设立国家级政策性东北振兴银行,增加东北民营银行,设立按市场化方式运作的东北三省产业振兴投资基金等。

二、东北振兴要以供给侧改革为主线

为了顶住经济下行的压力,也为了中国经济的转型升级,实现中国经济再平衡。中国共产党和中国政府提出了供给侧结构性改革这一重大的战略部署,现在全国都在落实和推进这项重大的任务,而且把它列入了“十三五”经济发展的主线。供给侧结构性改革要供给什么呢?我觉得有三个层面的供给,第一个层面,政策、制度和体制的供给,也就是说,要供给一个好的政策,供给一个好的制度，供给一个好的体制。第二个层面，要素的供给。鲜活的要素供给，有激励的要素供给，可持续的要素供给。第三个层面，供给好的产品和服务。这既是对企业，也是对政府提出的更高要求。

从现在各地推进的去产能、去库存、去杠杆、降成本、补短板“三去一降一补”来看，取得了不少的成绩，但是，也发现了不少的问题。供给侧结构性改革从最本质来讲是体制机制的创新、是深化改革，而且在这里面要以更大的决心、更大的勇气作出更大的突破才行。

从东北的情况来看，现在确实遇到了一些困难，有一些经济数据不是很理想，有一些问题具有全国普遍意义，其他省份也同样遇到困难。但是，有一些问题在东北有它一定的特殊性，所以，从供给侧结构性改革来看，对东北有特殊的意义。

第一点，从政策体制、机制来看，东北要振兴必须有一个好的政策、好的体制机制。党中央国务院最近陆续出台了一些振兴东北老工业基地的政策，国家发改委也提供了关于重大项目的支撑。这对东北振兴会提供强有力的支持。但是，我们觉得，东北振兴更需要有好的体制和机制，特别是东北的国有企业，一定要在这次新的改革浪潮中走出一片新的天地。我希望，东北能够成为混合所有制经济的一个重要实验区，国有企业改革的特区，打一场真正的辽沈战役，重振东北制造业的雄风。同时，我们也看到了，东北出现了一些问题，与东北的民营经济发展滞后有很大的关系。所以，我在《人民日报》上写文章的时候也讲到，东北要振兴需要两个毫不动摇，当然是国有企业、国有经济发展毫不动摇，民营企业、民营经济的发展也要毫不动摇，这里更重要的短板是民营企业的短板，要下大功夫补上才行。我们去督查的过程中，看到了一些情况和数据，东北作为老工业基地，负担很重，历史包袱很重，有一些企业极度困难，怎么能够通过国家政策的支持，包括尽可能地缩小养老金缺口，完成更多的职工分流安置、创新体制，这是很大的一件事。所以，好的政策供给体制机制的创新，对东北振兴意义十分重大。国家发改委这些大的项目出台以后，对东北会有支撑，但是社会上也有议论。国家发改委发言人也指出，这些项目也不都是国家投资，也需要带动民间投资和社会资本进入。这样的话，东北这个棋才能走得活。

第二点，从要素来看，东北这几年人才出现了外流，人口也出现了外流。

所以，怎么吸引更多的优秀人才，对东北来讲十分重要。我说，要供给鲜活的要素，有激励的要素、可持续的要素，希望东北也在这方面拿出切实可行的办法。据我观察三个省都有一些办法，但是，我觉得可能有一些政策力度还不够，还需要继续加强。没有人才、没有高水平的人才，特别是高新技术产业方面的人才，振兴东北可能会更加困难。

另外，从东北的资本来看，资本市场、金融体系都不是很健全，不是很活跃。跟广东、深圳相比差距甚远，一些重要的天使基金、风险基金、产业基金等很少，上市公司也少，深圳一个市就有 300 多家上市公司，东北 3 个省加在一起也只有 100 多家上市公司。资本要素的缺失，今后也要下大功夫进行改变。当然，这也需要国家政策的支持，但是，东北也需要练内功。比如说，怎么能够更好地建设一个让市场接受的环境，一个好的产权市场、一个安全的市场，这对未来振兴意义十分重大。

第三点，供给好的产品、好的服务。这对东北的企业来讲，提出了更高的要求，在计划经济年代，东北的国有企业为国家作出了突出的贡献，应当说，也供给了一些有特点的、有特色的产品。但是，在市场经济条件下，东北有一些企业慢慢地落后了，排在后面了，产品的供给能力、竞争能力在全国越来越下移，当然，这里不排除有个别企业、少数企业仍然在国内有竞争力，但是多数企业出现了很大的困难。所以，怎么能够使自己的产品和服务更有竞争力，瞄着国际水平、瞄着和美国人、欧洲人、日本人进行竞争，这对东北产业、制造业的重新崛起意义十分重大。对政府来讲，如何建设一个诚信政府、法治政府、说话算数的政府，让企业家感到有安全感的市场环境，对东北来讲也是十分重要的。供给好的产品和服务，不仅是企业，政府也具有重大的历史责任，只有在政策、体制、机制方面有好的供给，在鲜活的要素、有激励的要素、可持续的要素上有好的供给，在产品和服务上有好的供给，推动供给侧结构性改革逐渐向纵深发展，东北振兴才是可以期待的。

参考文献

1. 习近平:《关于〈中共中央关于全面深化改革若干重大问题的决定〉的说明,〈中共中央关于全面深化改革若干重大问题的决定〉辅导读本》,人民出版社 2013 年版。

2. 习近平:《关于〈中共中央关于制定国民经济和社会发展第十三个五年规划的建议〉的说明》,《人民日报》2015 年 11 月 4 日。

3. 习近平:《坚持走中国特色自主创新道路,不断在攻坚克难中追求卓越》,《人民日报》2014 年 1 月 7 日。

4. 习近平:《敏锐把握世界科技创新发展趋势,切实把创新驱动发展战略实施好》,《人民日报》2013 年 10 月 2 日。

5. 习近平:《谋求持久发展,共筑亚太梦想——在亚太经合组织工商领导人峰会开幕式上的演讲》,《人民日报》2014 年 11 月 10 日。

6. 习近平:《深化科技体制改革增强科技创新活力,真正把创新驱动发展战略落到实处》,《人民日报》2013 年 7 月 18 日。

7. 习近平:《习近平谈治国理政》,外文出版社 2014 年版。

8. 习近平:《习近平在中国科学院第十七次院士大会、中国工程院第十二次院士大会上的讲话》,《人民日报》2014 年 6 月 10 日。

9. 习近平:《在党的十八届五中全会第二次全体会议上的讲话(节选)》,《求是》2016 年第 1 期。

10. 习近平:《在十八届中央政治局第九次集体学习时的讲话》,《人民日报》2013 年 10 月 2 日。

11. 习近平:《在中央城镇化会议上的讲话》,中共中央文献研究室:《十八大以来重要文献选编》,中央文献出版社 2014 年版。

12.《习近平出席 2015 减贫与发展高层论坛并发表主旨演讲》,《人民日报》2015 年 10 月 17 日。

13. 李克强:《凝聚共识、形成合力,推动城镇化更稳更好发展》,中共中央文献研究室:《十八大以来重要文献选编》,中央文献出版社 2014 年版。

14. 马凯:《转变城镇化发展方式,提高城镇化发展质量,走出一条中国特色城镇化道路》,《国家行政学院学报》2012 年第 5 期。

15. 马建堂:《保持中高速,迈向中高端,全面建成小康社会——“十三五”时期我国发展环境、深刻变化和主要任务》,《国家行政学院学报》2015 年第 3 期。

16. 魏礼群:《继续深入推进行政审批制度改革》,《人民日报》2014 年 7 月 31 日。

17. 吴敬琏:《中国增长模式抉择》,上海远东出版社 2013 年版。

18. 西奥多 · W.舒尔茨:《论人力资本投资》,北京经济学院出版社 1990 年版。

19. 王一鸣:《适应新常态,必须转机制》,《人民日报》2014 年 9 月 1 日。

20. 王小广、张占斌、王海燕:《对当前经济运行中几个问题的看法》,《国家行政学院送阅件》2014 年 11 月 19 日。

21. 马庆钰、廖鸿:《中国社会组织发展战略》,社会科学文献出版社 2015 年版。

22. 新华社:《中央经济工作会议在北京举行》,《人民日报》2014 年 12 月 12 日。

23. 徐洪才:《“新常态”下的中国经济可持续发展》,《中国发展观察》2014 年第 9 期。

24. 薛澜:《行政审批改革的最大难点》,《人民论坛》2013 年第 25 期。

25. 叶剑峰:《人力资本:中国经济强劲发展的源动力》,《中国人力资源开发》2008 年第 10 期。

26. 约瑟夫 · 熊彼特:《经济发展理论》,商务印书馆 1990 年版。

27. 曾磊、雷军、鲁奇:《我国城乡关联度评价指标体系构建及区域比较分析》,《地理研究》2002 年第 6 期。

28. 张定安:《全面推进地方政府简政放权和行政审批制度改革的对策建议》,《中国行政管理》2014 年第 8 期。

29. 张占斌:《从战略全局研判中国经济新常态》,《光明日报》2014 年 10 月 15 日。

30. 张占斌:《简政放权、激发市场经济新活力》,《经济参考报》2013 年 5 月 14 日。

31. 张占斌:《解析新型城镇化》,经济科学出版社 2014 年版。

32. 张占斌:《经济中高速增长阶段的新型城镇化建设》,《国家行政学院学报》2014 年第 1 期。

33. 张占斌:《李克强总理城镇化思路解析》,《人民论坛》2013 年第 7 期。

34. 张占斌:《新型城镇化的战略意义和改革难题》,《国家行政学院学报》2013 年第 1 期。

35. 张占斌:《中国新型城镇化健康发展报告蓝皮书(2014)》,社会科学文献出版社 2014 年版。

36. 张占斌、黄锟:《叠加期城镇化速度与质量协调发展研究》,《理论研究》2013 年第 10 期。

37. 张占斌、周跃辉:《两个百年战略节点与中国经济强国梦研究》,《中共党史研究》2014 年第 1 期。

38. 张占斌等:《中国新型城镇化建设方略》,湖南人民出版社 2013 年版。

39.《中共中央关于制定国民经济和社会发展第十三个五年规划的建议》,人民出版社 2015 年版。

40.《中共中央关于全面深化改革若干重大问题的决定》,人民出版社 2013 年版。

41.《中国共产党第十八届中央委员会第五次全体会议公报》,人民出版社 2015 年版。

42. 中国国际经济交流中心课题组:《打造中国经济升级版》,人民出版社 2014 年版。

43.《中央城市工作会议在北京举行,习近平李克强作重要讲话》,新华网 2015 年 12 月 22 日。

44. 左停:《精准扶贫战略的多层面解读》,《国家治理》2015 年第 36 期。

45. 陆大道等:《中国城镇化发展模式:如何走向科学发展之路》,《苏州大学学报》2007 年第 3 期。

46. 本书编写组:《打造中国经济升级版》,国家行政学院出版社 2014 年版。

47. 蔡昉:《中国经济增长如何转向全要素生产率驱动型》,《中国社会科学》2013 年第 1 期。

48. 陈芳:《施芝鸿独家解读新常态:认为 GDP 不再重要是误解》,凤凰网,2015 年 3 月 4 日,http://news.ifeng.com/a/20150304/43268312_0.Shtml。

49. 国家发展改革委、外交部、商务部:《推动共建丝绸之路经济带和 21 世纪海上丝绸之路的愿景与行动》,人民出版社 2015 年版。

50. 国家行政学院经济学教研部:《中国经济新常态》,人民出版社 2015 年版。

51. 黄锟:《中国城镇化的最新进展和目标模式》,《武汉大学学报(社会科学版)》2014 年第 2 期。

52. [美]霍利斯·钱纳里、莫伊思·赛尔昆:《发展的型式:1950—1970》,李新华等译,经济科学出版社 1988 年版。

53. 简新华、何志扬、黄锟:《中国城镇化和特色城镇化道路》,山东人民出版社 2010 年版。

54. 简新华、黄锟:《中国城镇化水平和速度的实证分析和前景预测》,《经济研究》2010 年第 3 期。

55. 简新华、杨冕、黄锟:《中国城镇化的质量问题和健康发展》,《当代财经》2013 年第 9 期。

56. 焦秀琦:《世界城市化发展的 S 型曲线》,《城市规划》1987 年第 2 期。

57. [美]科佩尔·S.平森:《德国近现代史》,范德一等译,商务印书馆 1987 年版。

58. 李小云:《精准扶贫才能精准脱贫》,《人民日报》2015 年 11 月 6 日。

59. 厉以宁:《中国经济双重转型之路》,中国人民大学出版社 2013 年版。

60. 刘世锦:《在改革中形成增长新常态》,中信出版社 2014 年版。

61. 隆国强:《全球新一轮科技创新风起云涌》,《人民日报》2015 年 5 月 22 日。

62. Evans, A.W., "A Pure Theory of City Size in An Industrial Economy", *Urban Stud-*

ies, No.9, pp.49–77, 1972.

63. Northam, R.M., *Urban Geography*, New York: John Wiley & Sons, 1979.

64. United Nations, *World Urbanization Prospects: The* 2005 *Revision*, 2007.

65. World Bank, *World Development Indicators*, 2007.

后　记

党的十八大以来，在以习近平同志为核心的党中央强力推动下，改革正以“快马加鞭未下鞍”的气势展开，主要领域“四梁八柱”性重大改革方案基本形成，已经进入全面深化改革的攻坚期。与此同时，经济新常态、新发展理念、供给侧结构性改革等重大理论思想也陆续提出来，深刻地影响着改革的进程。本书收录的文稿正是在这一背景下，作者围绕经济学科教学、科研、咨询形成的成果，时间大致是 2014 年年末到 2016 年年末。

这些文稿大体分为四类，一是应报纸杂志网站约请，写成（或访谈）的理论时政文章，多属于命题作文，有长有短，有繁有简，时效性很强。二是经济学专业领域的学术研究文章，主要侧重在经济改革和经济政策方面，对政府经济管理中的重大前沿问题展开研究。三是参加国务院第三次大督查、参加国务院办公厅委托的第三方评估，围绕东北经济振兴、政府放管服改革、民间资本投资等问题，写了几篇内部报告或专题性的文章。四是就一些改革发展中的前沿热点问题写成的咨询报告，供党中央、国务院领导和相关部委负责人参阅。

生长在改革发展的岁月，亲身经历国家改革进步的年代，能为改革发展贡献绵薄之力，是人生幸运。利用假期整理书稿，是多年来的一个习惯。自己深感水平有限，书中的有些内容还不是很满意。在本书即将出版之际，感谢多年来国家行政学院领导和同事的鼓励帮助，感谢人民出版社郑海燕主任的努力和建议，感谢布置任务的领导、约稿的编辑和访谈的记者，感谢几位文章合作者的付出，感谢北京国发研联经济咨询中心主任张国华和国家行政学院经济学教研部博士后孙飞对书稿编辑工作的帮助。

本书的出版，还得到了国家社会科学基金重大项目“把握经济发展趋势

性特征 加快形成引领经济发展新常态的体制机制和发展方式研究”（项目批准号 15ZDC009）、国家行政学院智库重点项目“加强供给侧改革对策研究”（项目批准号 NSAZK（ZB）2016003）的资助和支持，在此谨致谢忱。

作　者

2017 年 2 月 19 日于国家行政学院